作者简介

覃川，青岛职业技术学院院长、教授。毕业于曲阜师范大学数学专业，获中国人民大学公共管理硕士学位。主要从事于教育经济与管理方向研究。在国家核心期刊等刊物上发表论文68篇，出版图书12部，承担省部级研究课题15项。获国家教学成果奖2项、省部级成果奖16项。2016年获学生最喜爱的大学校长荣誉称号。

Let Every Student
Achieve
a Brilliant Future

让每位学生成就出彩的未来

覃 川 ◎ 著

中国海洋大学出版社
CHINA OCEAN UNIVERSITY PRESS
·青岛·

图书在版编目(CIP)数据

让每位学生成就出彩的未来 / 覃川著. —青岛：
中国海洋大学出版社，2020.12
ISBN 978-7-5670-2705-3

Ⅰ.①让…　Ⅱ.①覃…　Ⅲ.①高等职业教育－研究－
中国　Ⅳ.①G718.5

中国版本图书馆 CIP 数据核字(2020)第 249899 号

书　　　名	让每位学生成就出彩的未来 RANG MEIWEI XUESHENG CHENGJIU CHUCAI DE WEILAI
出版发行	中国海洋大学出版社
社　　　址	青岛市香港东路 23 号　　　　　　　　邮政编码　266071
出 版 人	杨立敏
网　　　址	http://pub.ouc.edu.cn
电子信箱	oucpublishwx@163.com
订购电话	0532－82032573(传真)
责任编辑	王　晓　赵孟欣　　　　　　　　　　　电　话　0532－85901092
印　　　制	青岛国彩印刷股份有限公司
版　　　次	2020 年 12 月第 1 版
印　　　次	2020 年 12 月第 1 次印刷
成品尺寸	180 mm×246 mm
印　　　张	21.25
字　　　数	420 千
定　　　价	68.00 元

发现印装质量问题,请致电 0532－58700168,由印刷厂负责调换。

努力让每位学生都有人生出彩机会
（代序）

2016年9月，世界职教联盟年会卓越院校颁奖大会在巴西维多利亚市举办。青岛职业技术学院作为学生支持服务项目的牵头者之一，在大会上接受卓越院校金奖。作为青岛职业技术学院院长，我代表学院做了获奖发言。我在发言中进一步倡导了青岛职业技术学院所奉行的"学生支持服务"理念，呼吁职业教育工作者坚持初心，坚守职责，坚定信念，从职业教育的原点出发，为助力每位学生成长成才，获得人生出彩机会做出应有的贡献。

以下是大会发言的部分内容，是为代序。

在中国，"学生支持服务"的理念可以追溯到古代。两千多年前，中国古代杰出教育家孔子已将这一教育观贯穿于教学实践中。他倡导"有教无类"，将教育的核心价值定位在人的发展本身，以人为尊、以人为重。到了现代，随着"经科教一体化"可持续发展，教育，尤其是职业教育在经济社会发展中的支撑作用日益凸现。培养知行合一、全面发展的高素质技术技能人才，实现"优其学""乐其业"，高职院校责无旁贷，正如习近平主席所言，"要努力让每个人都有人生出彩的机会"。

多年来，青岛职业技术学院以"让学生成为最好的自己"为目标，通过践行"学教做合一"的人才培养模式，开发"修能致用""课程商品"，实施卓越人才培养计划，重视创新创业教育，加大人文素质培养力度，构建了全院、全员、全程的学生服务运行机制，逐步完善了适应学生全面、可持续发展需要的现代职业教育育人体系，为学生成人、成才、成功奠定了基础,使其日渐具备求职、生存的竞争力和日后可持续发展的"迁移力",在社会上体面、有尊严地生活,在各行各业尽展其才。近年来,青岛职业技术学院的办学质量稳步提高,社会声誉不断提升,学院毕业生就业率一直保持在97%以上,成为"全国就业竞争力示范校"。

当下,随着全球经济一体化进程的加快和信息技术革命的深化,世界越变越小,国与国之间、人与人之间的关系愈来愈紧密。2015年,第38届联合国教科文组织全体大会发布《反思教育:向"全球共同利益"的理念转变》报告,提出教育应以人文主义为基础,为可持续的未来承担共同责任。这是我们的共同愿景与共同责任,也是我们推动实施"学生支持服务"项目的意义和根本所在。

中国有句古语:"三人行,必有我师焉。"教育需要更多的合作与分享。衷心希望致力于"学生支持服务"的研究者、参与者,广泛交流,密切合作,分享研讨,为促进职业教育发展,为创造学生的未来贡献更大心力!

覃 川

2020 年 10 月

目　录
Contents

第二篇

合作办学篇

第 三 篇

教育教学篇

第四篇

致辞言论篇

第 五 篇

理论探索篇

第一篇

综合管理篇

"三抓两促" 精准发力
在推进专业建设转型升级上狠下功夫

——在学院 2015 年冬季学期处级干部培训班上的讲话

今天,我就如何推进"三抓两促"(抓教学、抓管理、抓实训,促进校园文化建设、促进学院科研)工作,如何落实《学院 2015 年工作要点》,从专业建设、课程改革等七个方面与大家进行交流。

一、服务转型升级,提升专业能力

要做好专业建设的转型升级,对此我曾在全国的有关会议上提出过。产业结构的转型升级需要高职教育有所作为。德国提出工业 4.0,美国提出先进制造业,其目的就是通过技术革命提升产业的竞争力。中国产业升级换代的规划也在制订中。与之相对应,作为与产业关系密切的高职院校,我们的专业、课程以及办学模式就应该顺势提升档次、丰富内涵。如,我们所推进的以"大课程体系"为驱动的课程改革,就是要改变传统课程结构单一的问题,更好地适应产业发展的需求。

职业教育的转型,核心是专业教育的转型。如何体现职业教育办学特征?首先要厘清高职院校的办学定位和专业教育的定位。高职院校的基本属性是教育,它是中国高等教育的重要组成部分,而不仅仅是职业培训。强调专业的针对性和对口性,是体现职业教育功利性的一面,目的主要是学以致用,但往往忽略专业的迁移性,忽视专业能力培养涉及的职业态度、职业精神和职业素养等。我认为,专业教育过程中注重迁移能力培养,才算是成功的专业教育。如果仅仅是对应某个岗位的专业教育,不考虑职业教育的迁移性,这种专业教育的质量就会大打折扣。

要抓好专业教育与产业的对接工作。

一是校企合作处要从促进就业的角度组织好专业与产业的对接活动。邀请市、区发改委的同志来学院做报告,进一步了解青岛市和西海岸新区下一步产业结构调整和经济发展规划。要把这次对接活动筹划好、组织好。

二是二级学院要有合作企业的增量指标。现在的问题是,有些专业长期以来对应的就是那么几个合作企业,多年没有增加新的合作企业。在推进专业对接企业时,有的二级学院缺乏主动性,被动等待。这种现象今后要有所改变。希望校企合作处抓好统筹,各二级学院主动作为,跑政府、跑企业,广交朋友,加强联系,争取支持。

三是科技处要牵头抓好与青岛中小微企业的对接与合作。不要局限在科技、科研方面的对接,还应拓展到人才供给与需求的对接,通过搭建合作平台,把产学研理事会建立起来,建立友好型合作关系。

四是要发挥青岛商会副会长单位的作用。要履行好轮值会长的职责,在5月份组织学院相关专业与商会所属会员单位进行一次对接与洽谈活动,希望培训学院与校企合作处共同做好策划与准备工作。

各二级学院的专业建设指导委员会要建立起来,并开展实质性的工作,对推进专业建设真正起到作用。专业建设指导委员会在指导专业时要提高精准度,具体、聚焦、细化到专业的有关细节。学院应该建有校、院、教研室三级专业建设的相关组织,要把专业建设的重心下移到教研室,把工作做得更扎实些。校企共建专业教研室,也是今年专业建设工作的重点。学院要出台校企共建专业教研室的标准,各专业要以此标准进行建设。

专业人才培养方案的修订制度早已建立起来,通过每年上半年组织的专业调研、论证和修改,为新一届学生三年的培养做好准备。但是,三年一个培养周期的人才培养方案,每年也需要对一些教学要求、教学内容进行微调,因为形势在不断变化,技术标准、流程要求也在不断变化。作为贴近市场的职业教育,就应该顺势而为。一些老师在这方面的认识还不到位,认为这样做是"添麻烦"、没有必要,"变来变去"不利于人才培养方案的稳定性。且不说应不应该变,假若把有的人才培养方案和教案拿出来"晒一晒",这些一定是满足社会需求、是高质量的?所教的内容是企业认可的、学生喜欢的吗？我们不能自己认为行就行，只有用户评价满意才行。

在高职教育发展不够成熟的当下，在高职教育变革求进的当下，在新技术、新工艺不断涌现的当下，人才培养方案需要不断刷新。刷新不是推倒重来，另起炉灶，而是对一些过时的、不适合的内容进行调整，增加一些与时俱进的内容。譬如，要求专业课程增加相对应的技能教学内容，就是满足复合性专业人才的需求，培养能与高新技术相衔接的技能型人才。

人才培养方案要有针对性。今后，人才培养方案论证、审核的重点就是要看看，是否能体现学院的办学理念和工作要求，是否能体现课程改革的精神，是否具体涉及教学与实训内容、教学方法、评价方式、课程标准、教学环境、校企专岗标准的对接度、新技术、新规程等。还有，今年的学院工作要点中所提到的"增设实践课程学分，推进专业大类之间的学分转换"，这些新的要求应在人才培养方案中体现出来。学分制改革的着力点是学分互认，学分转换的目的是为学生个性化的学习提供多种可能。人才培养方案在制订或修订时，除了业内同行专家外，还要有两类人员必须参加，一是企业人员，二是校友，因为在这方面他们最有发言权。

二、深化课程改革，推进内涵发展

深化课程改革，推进内涵发展，重点在于要理清学校（平台）、专业（载体）、课程（产品）、教学（营销）、学生（客户）之间的逻辑关系。两年多来，课程改革工作在面上做了统一部署，很多点上的工作也在推进。这是一个边实践、边研究、边总结、边进步的过程，这其中有困惑、有疑问、有障碍、有困难也很正常。因为课程改革是一项全局性、综合性的工作，涉及学院工作的方方面面。

在顶层设计上，我们确立了"大课程观"，构建了"一主两翼一支撑"的课程改革模型（以大课程体系为主体，以人才培养模式改革实践、教学管理与学生服务一体化为两翼，以教职员工队伍为支撑）。课程改革工作是一个相互联系、相互衔接的系统，每个部门都有任务。比如后勤、保卫工作，尽管与课程改革工作没有直接关系，但如果没有稳定的环境、优良的服务，教师、学生就不能安心开展课程改革，教学工作就不能得到保障。再者，劳动课、食品安全课、安全警示课（消防、逃生）、军事理论课等都可以开设，教职员工所具备的职业规范、岗位标准等也都是"课程"，能反映出学校的文化，这种隐性课程对学生也起到教育作用。关于劳动课，希望学生处和后勤服务中心商量一下,认真总结一下这几年的做法。在这方面的工作上,我们还有很大的改进空间,劳动课的策划、准备、考核还有不足,各二级学院要认真考虑。今年冬季学期我们开展了"我为父母做顿饭"的活动,这也属于劳动课的范畴。开学后,团委要牵头组织好各二级学院的考核答辩工作,包括社会实践答辩。答辩期间,学生处、教务处、质控部可到现场了解情况。

过去两年提出的课程改革任务,在今年的学院工作要点中仍作为重点工作继续抓下去,因为课程改革工作是持续性的,这也是物化工作成果的要求。"课程改革每月一讲"活动,是将课程改革好的思路、好的做法、好的典型呈现出来,今后还要继续做好。课程改革是一项长期、艰巨的工作,需要一件一件地抓好落实,需要反复不断地推进,不能开了头就算完成了任务,要用成果考核来检验任务是否完成以及完成的质量如何。课程改革工作不能一年一个花样,不能浅尝辄止,每一项任务都需要长期、持续不断地抓下去才能见效。"1+N"教学模式的推进,多师同堂的探讨,小班化教学、案例教学、项目教学都需要再深化。此外,还有一些新的要求,譬如微课程的开设,也是课程改革内涵丰富的推手。它是通过将繁琐的学科式课程体系进行拆解、删减和重组,构建一些对学生发展有直接作用的课程。这些微课程是一些新技术、新知识、新技能的短学时、小学分课程。比如物流专业可以增加一些港口物流、汽车物流的微课程内容等。

课程改革的工作既要有统一推进的要求,也应该有不同专业、不同情况的不同要求,并不都是"一刀切"。在进度上,有些工作对有的部门来讲可以有快、有慢,但不能不去做,很多工作成果是需要积累的,有的是在试点的基础上再扩大面,有的课程改革任务是有指向性的。譬如,在微课、翻转课堂、信息化教学方面,信息学院在要求上就要高一些,要率先推进。总结我院这几年课程改革的工作,可以发现,凡是那些注重课程改革规划设计,研究课程改革实施,全面推进课程改革的,他们的成果就多一些,教师发展得就快一些,学生培养质量也更高。

实践性课程的开设与考核也是课程改革的重要任务。每一门专业课,甚至一些基础课程,都应该设置核心技能。以前,我们的课程内容主要是理论教学,没有配套的技能,有的仅仅是专业方面的综合性技能,技能教学没有体现在每门课程的教学内容之中。这样往往使理论教学与实践训练相脱节,不能体现"理实一体"。因此,从今年开始,首先从专业课程做起,专业课程的教学内容、结构要发生变化,这对我们来说是个挑战,过去传统的教学就要发生变化。教育部要求专业实践性教学比例达到60%,我们要据此推出具体实施方案。实践性教学分校内外实践活动,不单是要挖掘校内的实践资源。社团活动、技能大赛与展示、项目作业、信息资料查询、"双创"活动等,还有社会实践资源的利用、顶岗实习、冬夏季学期社会志愿服务,这些都属于实践性教学的范畴。

技能大赛与交流活动。每个专业都应确定大赛的项目,全院有大赛,二级学院也应有大赛。以往,技能竞赛往往是少数人的舞台,没有做到面向每一位学生。为什么会这样?其中一个重要原因是人才培养标准、课程标准方面的问题。今后,要把面向少数人的功利性、锦标主义的竞赛变为面向全体学生的学习课程。这样做就是尽可能实现为了每一位学生发展需求的培养目标。启动大赛团体赛项制的目的就是尽可能扩大学生参与面。大赛与技能交流活动要做到经常化、制度化。大赛作为一种教学活动,应该列为实践性学分,学院层面要研究制定技能竞赛与交流的工作机制。

校内的实训室建设还存在着一些问题。之前调研时,发现个别实训室利用率低,理由是教学计划就安排了这些教学量,认为完成教学计划规定就算是实训室100%的利用率。问题是,原先所确定的实训教学量是不是不足?实训室的功能是什么?仅仅是传统意义上的按教学计划实训这个单一的功能吗?教务处、资产处研究一下,实训室的功能到底是什么、该如何规范?实训室有没有做到在课外向学生开放?我们到我国台湾研修的老师、学生回来说,台湾高校的实训室每天十几个小时都在使用,而我们呢?有些实训室课余时间门是关着的,学生进不去,教师也不进去,长时间闲置,这些都是问题。今后,实训室的功能、使用标准也要再完善,每个专业实训室要利用起来,要有实训室开放使用的工作流程,二级学院要执行好使用规程。实训室不足的,要规划好,逐年解决。此外,"理实博一体化"(理论、实践、收藏展示)教室还要进一步建设,这方面要舍得投入。

三、做好统筹规划,加强队伍建设

教师的专业知识、专业技能、教学能力都需要进一步提高。目前,学院教师培训三级体系的作用还没有很好地发挥出来,特别是教师发展中心的引导性、专门化的培训功能作用还没有发挥好。要对学院教师发展学校的总体规划进行系统规划。教师发展中心应该建设不同类别的培训课程,应该有相应的培养方案。各二级学院的教师发展分中心要侧重于专业培训、研修,也需要有类似计划,学院教师发展中心也要加强指导。教研室的培训主要是通过教研活动来实现,包括集体备课、听评议课等活动,应该每周有固定的时间进行,教研室不能形同虚设。

师资队伍的发展规划需要分类指导。希望人事处、二级学院,根据不同的职责分工,分析每一位教师的情况,"量身定做"地制订培养、帮扶计划,促进他们的职业发展、专业发展。教师队伍的梯次建设,涉及名师队伍的建设。原有的名师培养工程,今年就到期了,要做好考核、总结。新一轮名师的评选、选拔要组织好,要制定出新的选拔、培养方案,要制定出更有利于激励教师成长、发展的政策,鼓励多出人才、快出人才,出好人才。要组建校内外的名师培养导师团,组建教师发展中心的校内导师团,导师团导师的培训课程也应作为教学任务,计入教学工作量。教师研修应坚持集中与分散相结合的原则,关键要把工作做实。2015 年的工作要点提出推进整建制研修模式。这项工作如何实施?如何保证质量?如何真正做到在岗研修?这些都需要研究。

"双师素质"教师认定也是 2015 年的一项工作任务。首先要看教师的企业工作、研修经历,要看他们承担专业实训教学任务与能力的状况,这方面要出台认定办法,这也是职称层级竞聘的重要条件之一。兼职专业课教师承担教学的比例,要下达指标。这方面,我们的存量不够,更不用说是增量了。为什么兼职专业课教师聘得少?是专业课开得不足?是我们的教师过剩?还是找不到兼职教师、经费不足?这些都需要调查研究,这也是专业自评的重要指标。近些年,教学中心地位得到加强,我们已经把工作的注意力放到人才培养上,放在高质量的教育教学上,但还需要整体推进。为保障教学质量,规范教师履职尽责行为,教师与学院签订了专业技术职务的聘用合同。因此,对教师工作情况与业绩的考核应与聘用合同的执行情况结合起来。

这些年来,我们注意了对教师的培养力度,如依托北京师范大学开展的骨干培训。从 2014 年起,我们还通过国家外专局争取赴国外研修的任务。2015 年争取了16 个赴国外研修的名额(新西兰 6 名,德国 8 名,爱尔兰 2 名),还获批了国内访问学者 3 人,赴国外访学 1 人。赴国外培训的教师带着任务出发,要求与课题研究结合,与中新合作项目结合,与推动学院的课程改革结合,还要与自身发展需求结合。请人事处、国际处拿出选拔办法。今后还要扩大覆盖面,争取更多名额。2015 年 4 月份开始,要对 2012 年以来参加国外培训人员进行跟踪考核。

四、加强工作研究，提高工作水平

工作研究的目的在于提升工作的层次和水平，这也是品牌办学的要求。对研究的理解，要扩展它的内涵。工作就是研究，工作也需要研究，倡导行动研究，推进学习、研究、工作一体化。一些同志习惯于自身经验式的思维模式，自觉不自觉地拒绝吸收新东西。我常常把看到的一些有价值的资料通过 CRP、微信传给大家，这里面不单是同行的做法，还是普通高校、中小学校的做法。给大家提供这些，有的是工作意见，有的是希望大家看后能够有所启发，在借鉴的基础上，理清、开拓工作思路。

研究要与课题结合起来。课题研究是我们的本职工作。现在的课题研究势头挺好，我院很多老师的省级课题得到立项，希望进一步努力，争取国家级的课题。教学改革的课题研究，要与课程改革的研究相呼应、相衔接。教学成果奖的培育，2015 年四五月份要启动，教务处要拿出一个方案来。研究所牵头，整合力量，鼓励教师多在核心刊物上发表文章。在各学术机构兼职的同志，也应有课题研究的计划、撰写文章的计划。不占学时素质教育学分的研究、教育教学心理化的研究，是我们的创新项目，希望教务处、学生处、公共部、团委、各二级学院组织力量进行研究，将研究课题与推动课程改革工作结合起来。

教改课题的立项要进行改革，不能仅局限于理论课题，还应有行动课题。技能研究与展示课题，如出一堂公开课、示范课，这都可以纳入应用课题中，课题可以考虑应用型的，体现实用性、实操性。我们要有这样的制度，鼓励教师钻研教学技能。这里面也涉及很多教学法的课题。很多优秀教师没有写多少论文，可是，他的课讲得很出彩，效果就是好，我们应予以认可。对二级学院来讲，对各教研室来讲，内部的教学观摩活动应是常态化的。这些对每一位教师来讲也应是一种常态化的任务。教师不能被动地接受"被听课"的任务，而应该自己组织"邀你听课"的教研交流活动。听课的重点不在听、评上，而在议、研上。公开课、示范课应作为一种激励。凡是在全院举办公开课、示范课的，在职务评聘、评先评优方面应该有激励政策，在教师工作量、课题研究方面也应该有倾斜政策。

研究要与工作推进相结合。文化建设是体现办学竞争力的核心，我们的校园文化已经有很多亮点，但还需要在整体上有一个大的规划，现在还比较零散，点与点之间的呼应关系还没有衔接好。亮点不仅仅是让人眼前一亮，还需要达到让人过目不忘、印象深刻的目的,这就需要往深处去挖掘内涵,把工作做得更精细些。希望大家注意对办学文化、管理文化、育人文化、校园文化等进行研究,不断积累工作成果。齐鲁优秀文化、青岛文化应该作为课程引入学院,形成具有山东和青岛特色的校本课程。与此同时,体现学院文化特质的人文读本也应该开发出来,这也是提升学院吸引力的重要方面。

五、加强内引外联,聚集办学资源

我们的资源在哪里? 在企业,在社区,在政府,在校友,在学生家长中,同时,也在国际合作机构中。我们提出了"校政企社家生友"的大合作体系,目的就是广泛扩展合作面,充分发挥外部资源对学校发展的积极效用。比如与政府部门的对接,全院各部门都应该有这种意识和主动性。对接与不对接、联系与不联系其结果是不一样的。2014年,我院争取各级财政项目资金近3000万元,争取社会各方资助近600万元。由此可见,我们要常去"找经费,争项目,要政策"。政府在"两会"上发布的2015年青岛市财政支出项目安排经费,大到数亿元,小到几万元。我们应好好研究,看看哪些项目可以争取由我们来做。

会后,请各部门梳理一下本部门能够对接的区、市、省、部的政府部门有哪些,联系状况如何。没有联系的要建立起联系,已有联系的要加强联系、主动对接。必要时,院领导要亲自出面,和部门同志一起去政府联络工作。年内准备联系哪些政府部门,各部门应有一个计划安排。校企合作处、院办要建立联系政府部门的年度工作情况跟踪、督促制度。除政府部门外,非政府的协会组织、社会组织等机构,也要加大联系。2014年,我们抓住部、省学术机构换届、调整的机会,很多同志成为专业委员会的成员,目前已有35人担任各级学术机构的职务。这些方面还需要继续加强,再去争取,因为还有一些教学指导委员会在换届,还有一些学术机构待成立。

培训也是资源。要积极开拓培训市场,扩大培训量,这就需要找政府、找企业、找学校,把我们的培训项目推出去。另外,一些专业课程应该借鉴培训课程模式,在课程体系中加入培训模块。教师应该具有培训师的教学技巧与能力水平,希望学院课程改革办公室、各二级学院要研究、探索,这也是为培训项目储备师资。我们现在这方面的存量、能力还不足,社会培训、创收的这一只轮子还比较小,大家要重视。我在春节期间了解到,青岛广播电视大学有人社局经费支持的全市大学生职业能力培训项目,有妇联的培训项目,他们还准备引入创业培训。相对而言,我们做得还不够。我校培训处成立后,引入了不少项目,但仅靠培训处还不够,也要给其他二级学院任务指标。二级学院不能被动地等着学院给项目,重点是自己去开发和争取项目。

校友也是我们的资源。要加大联系校友的工作力度。校友俱乐部、联谊会应该建立起来,校友 QQ 群、微信平台也要建立起来,从业处要有专人负责校友的协调、联络工作。校友返校日,一天的时间太短了,可以拓展为校友返校系列活动,必要时可以持续开展一段时间。系列活动要有创意,要策划好,内容要丰富,可以有论坛、访谈、专业咨询、学术交流、讲座、表彰、校企签约、新生拜师、兼职教师聘用等。优秀校友追踪调研要集中开展好。学生的资源、潜力要进一步发挥。"学教做合一"人才培养模式的一个重点,就是要发挥好学生参与教学、参与管理的主人翁作用,设立学生助教、学生助理。学生也是办好学校的重要资源。

六、规范教学秩序,强化质量管理

在教学质量评价方面,要引入社会资源来启动专业内部的评价。要在评价标准制定的基础上,选择几个专业来试点。学校的评价要在各二级学院自评的基础上实施。

要抓好教学秩序的规范。这些年来,教学秩序一年比一年有进步,但还是有漏洞,有很多环节还有待于规范。如"三本"(作业本、笔记本、书本)的要求要逐步紧起来,这也是学习规范,学生学习的行为规范。有的同志不理解,认为职业教育怎么还要有书本、笔记本、作业本的要求?譬如,实施的是项目教学,项目做完了就完了,还需要"三本"吗?我想说的是,口说无凭,怎么才能知道学生做了项目?做出产品,拿出设计方案,写出心得体会,这些不就是作业吗?即便是产品项目,这个产品项目是怎么策划的?思路、技术指标与含量、使用价值是什么?这些都要有文字呈现,这不就是作业吗?不能把作业本狭隘地理解成固化、物化了的传统意义上的作业本。作业应该有教师的评价。

笔记本需要在教师的指导、督促下实施。有的学生学习习惯不好,平时学不会,又不善于记东西。这种现象在我们当中也存在。有的同志,在开会、研究工作、听取报告时,也往往是两手空空,即便是带了本子也不记东西,这样怎能抓好工作的贯彻和落实?

教材建设对高职院校来说应该通过改革进一步完善。选配给学生的教材应该体现以应用为导向的原则，突出"手脑并用"的特色，符合职业教育的育人规律，满足学生的实际需求。教材应该是图文表格并存，有典型案例、精彩故事，有实操训练作业，有重要学习资料链接、二维码等。这些方面是我们选择教材的要求，也是教材编写的要求，直观、生动，便于学生理解、自学和实操。同时，产品说明书、实训手册以及开发讲义，这些都应列入教材建设的范畴。

教学秩序体现教、学、管的和谐统一。2015年开始推进的规范教学与学习的督导，应持续不懈地抓下去，应重点考查教师岗位职责与行为规范、学生学习要求与制度规定的落实情况。学生上课玩手机、睡觉，甚至逃课，任课教师有责任追查、提醒和制止。如果教师容忍这些，那就是失职、不负责任，情节严重的应该作为教学事故进行处理。

另一方面，对教师而言，如果备课不认真，课讲得不好，教学方式陈旧，学生不愿意听，学生玩手机、睡觉也是必然的。所以，对教师"教"的督导检查，就应该针对出现的问题提出具体要求和改进措施。对学生"学"的要求、管理也是如此。从"管"上来讲，日常性、常态化的教学管理工作还是由各二级学院来做，不能仅靠学院层面的督查。

各二级学院院长是教学工作的第一责任人，教学工作是第一要务。对于如何落实学院教学工作的总体要求院长应有具体工作思路，不能把这项工作推到分管教学的副院长身上，院长也应该担负起教学质量评价、督导以及质量把控的责任。二级学院院长今年也要参与"三说"（说专业、说课程、说教学）活动。与教师的"三说"不同，侧重点不一样，主要是听一下各位院长对加强专业、课程、教学基本建设的思路。

七、加强人文教育，促进学生发展

学生工作也是育人的重要方面。这些年来，学生工作逐渐形成了一些品牌，希望学生处、团委把学生工作的品牌特色总结好。

文化育人工作应该高度重视。一些高职院校在专业技能培养方面"过热"现象严重，忽略了对学生核心价值观的培养。我们现在提的"技高品端"培养要求，就是要将学生核心价值观的培养落到实处。要做好学院精神（卓越、唯是、协同、学习）的传播与传承，把它作为新生入学教育的重要内容。要把学院精神宣讲、解读与推进工作结合起来。企业文化、人文文化进校园系列活动要策划好，组织好，相关部门要有实施的措施。最近，我参加了市摄影协会组织的活动，会上得知，摄影协会有一个摄影公益大讲堂。我院也应开展类似的公益大讲堂活动,包括书法协会、作家协会的公益讲堂活动进校园。这些活动要与培养学生通用技能、推进"阅读工程"结合起来。要讲好青岛故事,教育学生热爱青岛。例如,青岛微尘是一个热心公益事业的群体,是一个体现爱心的公益品牌,也是青岛社会精神风貌的一个缩影。这种青岛的开放精神、奉献精神,要通过文化传播在教师、学生身上体现出来。

2015 上半年,我们牵头组建"中国职业教育学会人文素质教育专业委员会",这是中国职业教育学会对我们的信任,也反映出我们工作的成效。公共部、院办牵头把筹建工作做好,同时把学院人文素质教育的工作经验总结好,提炼出成果。

学生教育与培养工作应进一步探索创新有效的实施途径。思政课怎么上才能有效?怎么与人文素养、专业教育有机结合?怎么与现实生活、实践行动、行为养成结合起来?思政课的教育资源、师资队伍如何建设?这些问题都需要进一步探索。大学生基本素质训练构建内涵、课程体系、师资配备、学分要求,学生处要与教务处、公共部协调好。礼仪教育、公民教育、职业教育、法制教育课程要进班级,可以通过不占学时的素质教育学分来推进,通过学生骨干讲师团来推进。这四个教育项目,各二级学院应有骨干讲师,也可以聘"学生讲师"。"学生讲师"在大学生基本素质学校受训后,进入班级实施培训,协助教师做培训。

志愿服务工作也是人才培养、服务社会的重要工作。志愿服务工作应与学院文明单位建设紧密结合。作为品牌打造,我们可以通过工作总结、课题申报等形式,把几年来积累的志愿服务工作经验进行总结、提炼。

志愿服务工作成果要通过载体体现。我们目前的载体有青岛市志愿服务学院,有灵珠山社区学院,有我们牵头组建的高职校志愿服务联盟,要充分发挥好这些载体的作用,还需要通过课程化的方式来体现。社区学院要体现出"专业服务社区、课程走进家庭、技能惠及百姓"的特征,将学生社会实践的锻炼提高与社区服务结合起来。每年的 3 月,学院可以确立为学雷锋志愿服务月,通过学生冬季学期、春季学期的社会实践来开展志愿服务活动。每年应该有学雷锋志愿服务和文明标兵的典型评选、表彰活动,以促进学院的文明建设。志愿服务培训课程要面向学生开设,确定志愿服务培训学分和社会实践志愿服务活动学分,实施培训、实践双学分制,通过提供志愿服务机会,培养学生的志愿服务意识和能力,提升学生的思想境界,从品德的角度加强对学生素质能力的培养。

学院志愿服务协会的社团要发挥作用,要吸纳更多的学生入会。二级学院也可以成立分会。每个二级学院应结合专业,把志愿服务的项目确定下来。这些项目可以借助青岛市设在我院的志愿服务项目孵化基地,吸收社会资金,倡导校企合作开展志愿服务。志愿服务培训课程要开发出来,不仅面向社会培训,还应面向我院学生培训。这方面,公共部与培训学院商量,研究如何面向学生开设志愿服务培训的通识课程。此外,西部支教项目、贵州支教项目的推进、选拔、培训、管理都要跟上,应该有一个系列计划,做好专门培训,如教学法、教学基本功的培训等。贵州支教项目还可以通过志愿服务孵化项目的形式,积极争取社会资金支持。

"三进一上"(进宿舍、进教室、进车间、上讲台)在推进中可以形式多样。从转变工作作风上看,是领导干部深入学生;从拓展教育资源来看,是解决育人资源不足的问题;从育人导向看,是全院、全员、全程、全域育人格局和文化的形成。首先需要解决的是思想统一问题。这方面的工作要做好系统设计和统筹安排,不能搞形象工程。进宿舍、进教室、进车间具体去做什么要设计好,通过与学生交流、谈心,了解情况,帮助学生,密切关系。上讲台,主要是通过兼任公选课、专业课以及参加班会等形式,参与到共同培养学生的任务中。领导干部要做"三进一上"的表率,这方面要形成制度,这也是贯彻落实"立德树人"根本任务的重要体现,也是上级教育主管部门的要求。

要加强书院制建设。书院制不能仅是生化学院一个学院的事情,生化学院通过试点做出样子在全院推广。其他二级学院应按照书院制的理念组建自己的书院,强化宿舍育人载体的建设。辅导员进宿舍今年开始要推进,不能认为宿舍管理工作只是宿管员的事情,是学院的事情,与二级学院没有关系。这么简单地看问题,是推卸责任的表现,也没有把学生真正放在心中。宿舍管理也是课程改革的需要,学生在课余时间里,不管是学习还是休闲,都需要引导、关心、帮助和指导。休闲育人模式也应该对其价值和作用进行探讨。要推进学生自我管理的工作机制,发挥学生在自我管理中的作用,把班级建设、宿舍建设抓好。

(2015 年 3 月 11 日)

提高认识　把握大局　勇于担当向前冲

——在学院院长办公会上的讲话

2015年1月、2月，我参加了全市经济工作会议，出席了"两会"，列席了市委全委会议。3月17号上午，我又参加省职业教育人才培养与社会用工需求适应性问题专题调研会。在这些会议期间，我听了市委、市政府两位主要领导的讲话，听取了《政府工作报告》。我一边听一边思考，考虑我们的工作如何推进。

下面，我就如何提高认识、把握大局，与大家交流，谈几点认识。

一、认清形势，明确方向

市委书记在会上提出了"青岛要率先发展，要强化责任担当"的工作要求。我觉得这也是对学院提出的要求。需要考虑的问题是，面对新常态、新要求，我们该如何再谋发展？作为国家示范校，我们在哪些方面应该走在全国的前列？"率先"一直是青岛城市精神中的重要内容。学院精神中的"卓越"，所表达的是追求卓越，也就是率先发展。当然，这里有一个工作标准问题。青岛市提出"寻标、对标、达标、夺标、创标"，那么，我们的"标杆"是谁？和谁比较？我们创设了哪些标准供同行学习？目前，我们正在重点建设"国字号"项目，力图以此打造学院工作品牌，进行成果积累，体现了学院率先发展的良好势头。

学院的发展、在全国的位次，要与青岛的发展相呼应、相匹配。

经济增速放缓，但并不意味着所有的省市都是一种尺度，都是一个增速。条件好的沿海开放城市，可以突破现有的增速，可以发展得快一些，这是总书记视察山东时对山东、对青岛的要求。学院的发展也应如此。

《政府工作报告》提出，"积极培养新的消费增长点"，扩大养老家政、旅游休闲、信息等消费产业，发展文化创意、电子商务，旅游业向休闲度假型转变，开展入境游、海上游、冬季游，实施 3D 打印、工业机器人高端项目建设，发展由大数据、互联网、云计算、4G 网络所产生的新兴业态。200 个市级重点项目涉及 6000 个亿。对照青岛市的产业发展方向和具体项目，学院的专业建设就应该未雨绸缪，及时对专业、课程进行必要调整和更新。

自 2014 年全国职教大会之后，职业教育迎来了新的发展时期。国务院发布了《关于加快发展现代职业教育的决定》，很多相关配套政策陆续出台。在产教融合、"五个对接"（专业与产业、职业岗位对接，专业课程内容与职业标准对接，教学过程与生产过程对接，学历证书与职业资格证书对接，职业教育与终身学习对接）、人才培养模式改革、职教集团建设等方面，学院将有大量的工作要做。兄弟院校都铆足了劲、各显神通，我们该怎么办？

在学院所确定的品牌发展之路上，大家要进一步统一思想，看清形势，把握方向，不断提升学校办学的竞争实力和办学水平。在座的各位同志，是关键的少数，大家的认识统一了，工作就好做了。

二、锐意进取，勇于担当

我们应该有担当精神。回顾学院发展的历史，回顾自己所负责、所从事的工作，凡是能实干、有作为、敢担当的，工作就会有新突破，就能取得显著成绩。部、省的政策和项目出台后，我们应该紧盯不放，寻求机会，积极争取。

不进则退。对每一所高职院校来说，机会都是均等的，就看谁能够抓得到。

学院的办学应该在与青岛市功能区的衔接上发挥作用。西海岸新区、中德生态园，我们已有对接的专业和项目；高新区，我们对接了机器人、3D 打印项目；蓝色硅谷核心区中的涉蓝高端项目，我们还没有对接。希望各二级学院进一步与功能区中的产业做好对接。

对接"功能"来变革校企合作模式，是创新的机遇也是发展的挑战。学院在职业教育战线的影响力，在青岛市的地位，需要通过我们的服务、贡献来体现。有为才能有位。对青岛的贡献大，政府才能给学院更多的红利政策和支持；办学质量高，才能吸引更多的企业与学院合作。要不断探索校企合作的新模式,在服务地方发展上更加精准到位。与开发区相关街道办事处合作成立的社区学院,要充分发挥社区学院的服务、辐射功能。市南校区的青岛市服务外包实训基地应在市商务局的指导下,在引进达内、甲骨文等项目的基础上再进一步拓展新项目,同时,积极争取市教育局、人社局、文明办以及市北区的支持,引进更多的培训项目。而做好这方面工作的前提是,学院要具有主动服务青岛经济社会发展的意识和能力。

要进一步强化责任意识。不作为的现象应该纠正,消极的工作状态应改变。学院工作要点分解中的第 16 项工作提出了"完善干部督查、评价和问责机制,深入开展'庸懒散慢拖瞒'治理,把'三严三实'落实到工作中、体现到行动上"的要求,在这方面,希望大家率先垂范。

位置决定责任。大家在各自职位上都担负着一定职责,在其位就应履职尽责。前几天,我与市里的一些领导交流时聊起,有人问张新起市长,为什么工作精力这么旺盛,抓工作如此执着? 张市长回了一句:"你当市长时也会这样的。"听后,我就在想,这就是位置决定责任吧。希望大家要有勇于担当、敢于担当的责任意识。

责任心还体现在是否具有把工作一抓到底的劲头。有的工作质量不高,从面上看,会开了,文件发了,仪式搞了,任务也布置了,但效果怎样? 质量怎样? 没有去认真考量,这些年来有些工作就存在着这方面的问题。

三、问题导向,突出重点

善于发现问题、解决问题是良好的工作作风和工作方法。当领导的就应有"问题意识",对问题视而不见的领导不能算是一个称职的领导。2014 年,我去市委王鲁明秘书长那里汇报工作,请示书记到学院来视察。他首先问起的是学院有什么困难和问题。书记到志愿服务学院视察时,他也是问起学院办学有什么困难。关注问题,对领导者来说应该是一种习惯。因此,在推进工作时,不仅要有工作热情,还应立足于解决问题。问题解决了,工作的质量就会有大的提升。

希望大家强化问题意识,掌握处理问题的方法。无论是工作还是生活,矛盾、问题会始终伴随在我们身边。不管是常规工作还是重点工作,常常会面对老问题、遇见新问题。老问题解决了,新问题又出现了,特别是那些创新性的工作,标准是新的,要求是新的,遇到的难题也是新的,因此,我们应直面问题,采取措施去解决。在问题解决的过程中,要善于抓主要矛盾,对问题的发展趋向应有预见性,采取的措施也应有针对性、可行性。学院的重点工作很多是针对问题解决而确定的。这些工作需要下大功夫,久久为功才能破解难题,实现新突破,取得新成果。

2014年,青岛的县域经济发展很快,各县级市的税收在全省列前5位。对比之下,学院事业发展的各项指标,在全省的位次怎样?问题有哪些?历史上遗留的问题有哪些?在新形势下出现的问题又有哪些?这些问题的原因是什么?这些问题需要分析透彻。对一些不确定的问题、一些潜在的问题,需要有防范的预案。有问题不可怕,关键是要有解决问题的勇气和意识,不能绕着走,不能视而不见,不能应付了事。

要善于抓住主要问题,找准制约学院发展的瓶颈。譬如,办学机制不活的问题如何解决?是消极等待还是积极争取、寻求突破?很多改革的举措今后将陆续推进,会涉及每位教职员工的切身利益。如,高职院校生均拨款制度的启动,高职院校作为事业单位要进行分类管理,以往那种"吃皇粮"的舒服日子即将成为历史。现行的聘任制,应体现与职称、职责、职位相对应的用人机制。这一机制建立好了,就会激发教师热心教学的主动性、积极性。上周,我与人事处的同志到市人社局就职员制改革试点、绩效分配政策、聘用制教师招聘等工作进行了沟通,力图通过这些工作、政策,来解决制约学院发展所面临的一些突出问题。

四、系统思考,统筹兼顾

领导干部应该具有大局意识,善于系统思考。能够站在学院全局对待工作、谋划工作,从本位主义、狭隘的利益观中跳出来,体现出领导者的境界、视野与能力素养。在一个单位里,有重点工作部门,也有辅助工作部门,尽管职责、分工不同,但它们都是学院做好工作不可缺少的部门。比如教学工作,这是学院的中心工作,是学院的主业,其他部门、其他方面的工作都应该服务于教学。但是,如果没有其他部门的配合,仅靠教学部门、二级学院,就不能保证教学工作的顺利实施,其他方面的工作没做好也会给教学工作"拖后腿"。

工作任务有重点与常规之分,有的工作是带有全局性的,有的则是局部的。无论是常态化的、列入计划的工作,还是临时性的、重点的工作,都应该树立"一盘棋"思想,服从大局、支持大局。很多工作需要不同部门、不同团队、不同个体的密切合作,不可能有"包打天下"的全能组织或个人。在过去的工作中,有时候出现配合、协调不够充分,或是单打独斗,与其他部门的合作不够顺畅等问题,或者面对职责交叉、工作交叉时,存在着等待、拖延、推诿的现象。这些问题的出现,反映出有的同志缺乏大局意识,团队精神不强。还有的同志工作缺少前瞻性,做工作只考虑当下,不思考未来,只做经验性工作,不做探索性工作,老是跟着别人后面跑,让别人拖得很累。

应该全面、系统地做好学院工作要点的分解工作。工作目标分解应该与工作研究相结合,与学院整体目标要求相一致,体现学院的办学理念,做到有标准、能量化、质量高、可实施。如"深化教学改革,推进多师同堂"这项试点工作,在考虑工作任务分解、确定实施方案时,就应该考虑专业群建设、课程整合中,教师团队如何组建的问题,通过用活教师资源,促进人才培养模式的改革,提高人才培养的质量。

系统思考、统筹兼顾,是履职尽责的一项必修课,既是思维意识,也是工作方法,需要在工作实践中不断修炼和积累。

(2015 年 3 月 17 日)

关注三"三" 久久为功

——在学院 2015 年度处级干部述职述廉大会上的讲话

听了大家一天的述职述廉汇报,我想用三个"三"来做一个简单总结。第一个"三"是三个"新",即成绩肯定,第二个"三"是三个方面的问题,第三个"三"是三个关键词,指明了努力方向。

从大家的汇报当中,我感觉到有三个"新"。

第一个"新"是新发展。这种新发展的势头体现在工作的增量、新领域的拓展等方面。比如就业率、报到率 2015 年都再创新高;工作的新领域有拓展,新项目也有增加,大家确实做了很多有创意性的事情。这次我带着一个团队到友好院校成都航空职院,去做有关专业建设和课程改革方面的交流,通过召开现场会、说课程等形式,互相学习、借鉴,彼此之间都有收获。对方在评价我们的专业建设、学校发展、课程改革时,认为我们在这方面的工作已经"进入了一个文化层面",我想,能够得到同行这样的评价,也是对大家多年来的努力和付出的一种肯定。

第二个"新"是新品牌。主要体现在我们的亮点工作方面,比如我们的社团、志愿服务,在社会上产生了良好的影响力。下周,省教育厅要到我们学院进行工作调研,调研的关键词是"创新",调研的内容涉及学院人才培养模式改革等多个方面的工作,希望有关部门按照调研的要求,把我们的工作认真梳理一下,特别是把工作中带有亮点、新意的创新成果、经验总结出来。

第三个"新"是新突破。一些难点、痛点的问题,通过我们的努力有了新的突破。比如,今年我院第一次派老师参加全国职业院校信息化教学大赛,取得了大赛二等奖的好成绩,这是我院教师首次在全国获得这一奖项。此外还有其他老师获得省级一等奖、二等奖。在刚刚结束的计划单列市高职五校联盟的年会上,五校联盟三个具体项目的合作协议签订。这项工作我和林宇处长汇报过,林处长肯定了我们的做法,希望创造经验,在全国做示范。

三个方面的问题:一是不平衡。从汇报的情况看,部门和部门之间、部长和部长之间的工作情况是有差距的。二是标准低。尽管工作任务完成了,但有些工作完成的标准、质量不高,与示范院校的地位、要求不相符。三是不系统。表现在工作的计划性、前瞻性、持续性上存在差距,重点与非重点工作在协调、统筹方面不够和谐。

今后工作的努力方向,我强调三个关键词。

一是创新。创新是学校可持续发展的灵魂,只有坚持创新才能在竞争中立于不败之地。希望大家具有创新的意识,形成创新的自觉,让创新成为工作的主旋律。我们的工作应该与时俱进,每年都要有新变化,每年都要有新发展,这样,我们实现卓越发展的目标就指日可待了。

二是开放。我们以前"实境耦合"人才培养模式中的"耦合",其内涵就是开放,通过"良性的互动关系"聚合资源,并把资源用活、用足。校内资源在使用、运作上应该体现出开放,无论是院系之间、部门之间,还是部门与院系之间,已有的资源都应打通、共享。开放,也包括面向校外,通过开放办学加强与校外各种机构的合作。我们牵头成立的计划单列市高职院校联盟,其目的也就是建立起合作关系,用活、用好资源,这也就是开放。

三是研究。研究包括学术研究、工作研究,这里我指的是工作上的研究。在述职中,一些同志在反思问题、不足时,总会说到理论学习不够,研究不够,这说明这些同志在工作中缺乏学习的意识,学习还没有成为习惯,更不用说工作研究了。研究式工作与随意性工作,最终的效果、质量、标准是不一样的。建议大家要主动学习、善于学习、反思学习,工作与研究有机结合,不仅把工作完成而且还能总结出工作的得与失,归纳出工作的经验与教训,总结、提炼出工作成果,这样长期坚持下去的话,大家的工作业绩是一流的,大家的工作能力也是高水平的。

高质量、高水平推进工作应该坚持问题导向。学院在发展过程当中,会面临着各种各样的问题,我们当领导的就应该直面问题、了解问题、解决问题。眼中是否能够看到问题、看准问题、看透问题,首先是责任问题,其次是能力问题。问题是做好工作的起点,有了问题意识,有了反思问题、解决问题的能力和习惯,那么,我们的工作就会在一个一个问题的解决中取得成效。

下周学院要召开务虚会,请各分管院领导分享一下 2015 年全年的工作经验,交流一下 2016 年工作以及"十三五"规划思路。各部门在制定工作要点时要注意四个方面:一是,对应全国职教会精神与会议若干文件,我们要进行"对标",确定出高水平发展的目标。二是,结合青岛发展和产业转型升级的需要,做好专业建设规划,制订满足青岛未来发展要求的人才培养质量标准。三是,结合学院发展的目标需要,聚焦突出问题,确定今后的工作重点。四是,保持工作的连续性,继续做好 2015 年工作要点中未能完成或需要持续加强的工作任务,久久为功,坚持不懈。

(2015 年 12 月 10 日)

健全诊断改进制度　提升学院办学质量
——在学院质量保证体系诊断与改进工作研讨会上的讲话

今天的这个会议很重要，也很有意义。会上学习、讨论的有关质量保障和诊断与改进文件，希望会后各部门在开学前的内训时集中组织学习，让广大教职员工都了解这个文件的精神。

今年是学院的质量年，其目的就是通过集中力量把学院的各方面工作质量抓上去，再上一个新台阶，提升办学新水平。而抓好质量管理的一个很重要的方面，就是通过建立和完善诊断改进制度，实施精细化管理。

应该深刻理解学院确定质量年的意义和内涵。抓质量内涵，很重要的一个方面就是高职院校办学的转型升级问题。高职院校的办学应该是一个类型，这种办学类型应该与产业转型升级相适应，也就是说，高职院校现有的办学模式与办学层次也应该进行"转型升级"。去年，我在中国高校科技杂志发表了《新常态下高职院校的转型升级》的文章，建议大家看一下，文中的一些观点不仅是我个人的，这里面还有大家的智慧。青职学院的转型升级，要未雨绸缪，持续做好积累，通过评估、诊改，在完善中强化办学质量、提升办学能力，使得学院在全省乃至全国有较强的竞争实力，很多指标应该在全省、全国位居前列。

与企业经营活动面临市场竞争一样，学院现在也面临市场竞争的考验，特别是教师人力资源的竞争、学生生源的竞争。一些企业技术改造升级后开始缩减用工计划，对高职院校来说，将来学生就业会面临很大的压力。毕业生将在招聘市场中去竞争有限的工作岗位，能否能胜出就看他们是否有竞争力。学生就业情况如何也决定着办学的走向,就业率低、就业质量差,就会对学校招生产生不利的影响,生源下降、生源不足,就会影响学校的正常运行。学校没有足够生源,办学就面临着困难,这一恶性循环的结果就会导致学校关门,教职工下岗。从学校的办学职责来说,我们应综合考虑如何更好地服务于学院办学的利益相关方(含直接或间接),这些利益相关方的主体是人,即学生、家长、雇主,还有其他纳税人。

诊断与改进工作应与学院的转型升级相适应,其工作的重点主要涉及以下几个方面。

第一个是专业。对专业内涵的准确理解程度,决定着诊断与改进工作的效能。以往的评估是对专业而言,现在的诊改也是基于专业。我认为,仅仅对个体专业的诊改是不够的,应该拓展到"专业+",加互联网,加数字化,加与其他专业的共享情况。在信息时代、互联网环境下,搭建了高职院校专业建设的新平台,形成了新机制,尽管如此,还是应体现"专业+互联网",而不是"互联网+专业",互联网对专业而言是工具。专业为主体,互联网为手段,如果为了互联网而互联网,在课堂教学中搞出很多形式多样的"电灌",非常炫的电子化教学课件,而丢掉了专业内涵的东西,其结果就是本末倒置,如同实体经济与互联网经济的关系那样。"互联网+"推进了专业建设、教育教学的流程再造,导致专业建设模式、教学方式的重大变革,但是,专业本质的内涵、根基的东西还是应该坚守的。深圳职业技术学院称之为复合专业,其目的就是要破除专业独自封闭的篱笆,改变陈旧的专业观。在专业大类中,专业与专业之间应该走融合发展之路,互动交流,共享资源,把资源用活了就可以达到事半功倍的效果。以专业大类为基础推进专业群建设是未来专业建设的新趋势。

专业建设诊改工作应坚持评价的多元化,否则就会出现不全面、不科学、不系统的问题。现在的问题是,专业建设往往被"大而统一的"所谓"标准"绑架。就考核人才培养质量的评价标准而言,"一刀切"地把就业岗位的专业对口率高低作为质量评价的唯一标准。那么,专业不对口的就业就一定意味着办学质量低,毕业生的能力、素养低吗?最近我与一位注册会计师闲聊时得知,她所在的会计师事务所中的执业人员大学所学的专业有中文、英语,还有数学,他们是专业不对口地在会计师事务所找到了工作,并且有的还考取了注册会计师、注册评估师资格。他们挤占了财务、会计、审计专业毕业生的就业岗位,对这些人的评价能用"专业对口"的标准吗?我认为,毕业生能够跨专业就业,抢了别人的"饭碗",更显示出其职场择业的竞争实力。

第二个是课程。课程究竟是什么？有人说课程是教学内容,有人说课程是"产品",从表面来理解课程的内涵是很肤浅的。如果说课程是"产品",那么,这种"标配"的课程是不是学生所能接受、喜欢的？如果学生不愿学、学不好、没效果,并且也不满足企业的需求,这种"课程产品"的质量就有问题。课程产品要能经得起"教育市场"的检验,假若成为能够在"教育市场"流通的"课程商品",有人购买这种教育服务且产生效益,那么所开设的课程就是高质量的。借用经济学的术语抛出"课程商品"的概念,就是从供需关系的角度来理解课程究竟如何开发和建设。高职院校的课程体系建设是一个大题目,需要持续不断地探索,前提是要有先进的理念、正确的方向。学院所推进的课程+课程融合计划,启动短课时的微课程试点,其目的就是要顺应千变万化的产业发展需求,一是突出课程资源的整合,二是突出与企业人才需求的互动。昨天我看了一个资料,美国的高中生自己制作课程,学生根据自己的兴趣和需要开设课程,这是很有意义的一件事。如果师生共同开发课程资源,那么,学生主动学习的积极性就会更高些,况且,对学生而言,这一过程是更有效的学习过程。如果真的能做到这一点的话,我们的课堂、我们的课程就活了,"学生中心""以生为本"的学校才能真正实现。这些年来我们持续不断地构建大课程观和大课程体系,其目的就是要建设一种生态化的课程体系,在这方面诊改需要发挥出应有的作用。

第三个是教师。如何理解双师型教师的内涵？一些人对双师型教师的理解往往是单维度的。双师型教师是相对的,对教师个体而言,"能文能武"的教师资源是稀缺的,也不可能每一位教师"十八般武艺"样样精通。教学名师+技能大师也好,骨干教师+能工巧匠也罢,这种师资队伍的构成在当下并不是一种常态。双师型教师队伍建设很重要,需要通过制度设计、培训考核,建设一支符合职业教育属性要求的教师队伍。但是,就现有职业院校的教师队伍而言,也不是所有教师都适合、都能够掌握与本专业相匹配的技术技能,解决这一问题的关键是优化双师素质教师结构,建立起开放、多元的双师素质教师团队。因此,诊断与改进在考核标准的设计上,就应该体现双师型教师队伍建设模式上的创新。

第四个是人才培养模式。人才培养模式改革应该体现传承性、动态化的特征,与时俱进,力求解决问题。实境耦合人才培养模式经过十年的探索与实践,在解决封闭办学、纸上谈兵的问题上发挥了重要作用,在这一点上,学院上下已经达成了共识。但是,我们面临的一个问题是如何在有效教与有效学的过程中,体现学生中心、学习本位,使工学结合、校企合作真正得以落实。探索"学教做合一"人才培养模式就是基于这方面的考虑。从实证研究的角度,省部级课题的立项、核心期刊文章的发表,"学教做合一"人才培养模式在理论探索、体系模型、行动框架已基本确定,下一步就要做更深层次的、聚焦式的推动,与课程改革有效地结合,包括构建专业层面的人才培养模式、学徒制试点的专业人才培养模式、教学方式方法改革,等等。这些方面的内容应该体现在诊断与改进方案中。

第五个是评价。一个是新的诊断式的改进,一个是传统式的评估,我觉得这两种评价应该一起做,至于怎么做就是方式方法的问题,两者应该是相辅相成的关系,不能各自为政,自成体系。

诊断与改进的前提是"诊断"。诊断应"因需求诊,按需问诊"。求诊者的需求、动机是基础,假若需求不实、动机不纯,求诊不积极、不主动,被动地接受自上而下的问诊,就会导致问诊的失效。同样,对问诊者来说也面临类似的问题。就教学诊改工作而言,二级学院、专业教研室、教师没有"求诊"的需求,不够配合,或者学校组织的问诊不精细、不科学、不认真,也就不会有好的效果。需要注意的是,教学诊改过程中的"诊断者"的理念、能力、水平很关键,否则就会出现"误诊",把教学工作带入误区。

求诊、问诊均应体现针对性。诊断首要的是透过"病状"查找并确定病因,如果病因不能确定的话,就需要由几个部门的几个专家一起来会诊。诊断或会诊结论做出后,拟定治疗方案,开出药方,启动治疗。一个疗程结束后,要对治疗效果进行评估,没有治愈的再确定继续治疗的方案,痊愈的或做出结论或要定期进行复诊。教学诊改工作也应该是这样的一种流程。

改进什么、如何改进,应坚持问题、目标与结果"三导向原则"。在现有的环境、政策下,教学改进的前提是二级学院、教研室、教师"自觉自愿"地接受改进,或者是"自我革命",有了这种主观愿望,才能使改进工作落实到位。但是,仅仅依靠教师的主观意愿来推进改进工作也不现实。作为与学校建立契约关系的教职员工,作为学校的教学部门,就应该按照学院办学的理念、标准、要求来改进教学工作中存在的不足,这方面需要从制度上进行约束和规范,不能单纯地依靠自主改进,还应该有统一规定的"集体体检"和"集体整改",其目的是为了整个学院能够沿着健康的轨道运行,保障学院整体工作的质量,推进学院的"全面发展"。

质量保障体系应该健全、多元。诊改体系、评估体系、认证体系,甚至还可以有

"保健体系"，这些体系之间有什么异同，我们要从顶层设计上进行考虑，把合适的评价用在合适的方面。开放、多元的评价系统，有助于学校的生态化发展，多把尺子评价不同的对象。"多元组合"实施多维度评价，有利于学校的各项工作协同发展，也有利于促进单项工作向品牌发展目标迈进。

诊断与改进工作方案中所列的检测点，一是要具有针对性，二是要具有可操作性。检测点标准的高低反映工作质量的成色如何。我们应该体现示范院校的标准、层次，一些核心指标的标准不能定低了，达不到理论值的就应该采取措施去改善、改进。要对照标准找问题，去进行诊断，查找出现问题的原因，这样"对症下药"，为日后的持续改进奠定基础。监测点的确定应该从问题出发，而问题的确定又源于数据的状况。因此数据平台建设和平台数据共享是诊断与改进工作的基础。其中，作为真实数据的来源，教学档案、工作建设很重要。教学管理档案、教师发展档案、教师研修档案、资产管理档案、就业跟踪档案、校企合作档案等都应该是健全的、真实的，今年就档案建设进行一次专项检查，以此推动档案建设，进一步完善档案管理的规范标准。

要切实加强学院诊断与改进工作的管理。一是，建立标准并不断完善。诊改的标准制定需要上下结合、集思广益、达成共识。标准既体现学院办学的目标、要求，又兼顾不同二级学院、不同专业之间的个性，体现多元化、发展性的理念。二是，改进培训模式。倡导行动培训，把自评、互评、他评作为培训的过程，同时，在试点评价项目中，组织观摩分享活动，通过"做中培"持续改进、不断完善。三是，实施网格化管理。建立学院、二级学院、专业常态化下的三级诊断与改进体系，其中，最基础的工作应该聚焦到教研室这一单元上。诊断与改进工作应该全覆盖，不仅仅是教学部门，管理部门也应该纳入进来，应该按照全面质量管理的要素构建网格化的"全面诊改"体系，才能真正实现诊断与改进的理想目标。四是，构建"互联网＋诊改"新模式。改变以往传统评价模式，将诊断与改进融入信息环境之中，发挥信息化手段在教学运行、行政管理中数据采集、实时监控、预警提示的作用。

（2016 年 1 月 13 日）

坚持新发展理念　不断提升办刊质量

——在学院学报编委会 2015 年度工作会议上的讲话

很高兴在这个一年一度的会议上与大家一起回顾过去,展望未来。一年来,学报的工作取得了长足进步,有很多亮点,影响力不断扩大,办刊质量不断提升。在人员不够的情况下,克服了很多困难,做了大量工作。在这个过程中,各位编委、顾问也做了很多工作,提了很多好的意见、建议,为高质量地办好学报做出了贡献。在此,我向大家表示衷心的感谢。学报今后的工作该怎么做,如何进一步提高质量,借此机会与大家沟通、交流一下。

今年是"十三五"的开局之年,根据教育部、省教育厅的要求,我结合学院发展谈一下自己对办好学报的一些思考和体会。

一、把握"四个关键词"

一是质量。学院把今年作为"质量年",目的就是要狠抓质量,这与教育部工作会上提出加强质量管理的要求是一致的。以质量求生存、谋发展,是我们工作的永恒主题。二是结构。从调整专业结构来理顺人才培养的供求关系。师资结构、校企合作关系等也需要优化,进一步增强办学的"耦合度"。三是效能。通过加强信息化工作、完善制度建设、推进办学模式改革,来优化办学环境,提升工作绩效。四是研究。研究与工作结合、与学习结合、与反思结合,这是我们实现高水平发展的有效措施,在这方面,学报可以发挥重要的作用。

二、形成"三个力"

一是影响力。办刊的质量上去了，服务上去了，工作上去了，影响力自然也就形成了。影响力不能仅局限于学报的学术圈内，还要拓展到社会其他领域，包括社区、企事业单位，也包括家长、学生、校友。二是引领力。作为高职示范院校，我们有责任、有义务在职业教育发展方面起到引领作用，通过学报这一窗口，把我们新观念、新探索、新成果、新做法推广出去。三是服务力。要服务于职教战线，服务于人才需求，服务于校企合作，服务于社会需求，起到智库、智囊、咨询、参谋的作用。

三、注重"四个追求"

一是求新。创新在路上，只有创新，才能进步，小到版面设计，大到运行模式、文章新意。二是求优。求优就是树立品牌、质量意识，追求卓越，好上加好。三是求实。稿件题目的遴选、内容的编辑要有针对性，要落地，要解决问题，接地气。四是求特。要体现高职院校的属性特征，要有服务青岛的特色专栏，在办刊风格上还要体现出学校的理念、文化。

四、坚持"两个导向"

一是目标导向。要把握方向，服务大局。从办刊方向上，要与党和国家要求相一致。无论是从国家职业教育发展战略、青岛经济社会发展的需求，还是专业建设、人才培养，都要体现出方向性、学术性、应用性、层次性的统一。二是问题导向。聚焦热点、难点问题，聚焦主流问题，去研究、探索。如，产教融合、转型升级、中高职衔接、学徒制、信息化、学生服务、人文素养、课程改革、创新创业、教师发展、国际职业教育比较研究等等。

五、创新"一种办刊模式"

要以新发展理念为指导，在互联网环境下推进学报资源的整合，不断探索合作办刊新模式。要多渠道开放办刊、校企合作办刊。如，与合作企业联合开设特色专栏，推介校企合作典型经验，探索校企合作新模式，宣传名优企业的文化；要与境内外友好院校加强学术交流，互聘编辑，合作办刊；通过学报联盟定期举办学术交流、专门培训等活动。办刊模式的创新有助于学报质量的提升,使学报所刊发文章的转载率提高,对学院的课题研究、教育教学、教学管理、师资队伍建设等工作起到指导、引领和服务作用。

（2016 年 1 月 22 日）

聚焦"五突出" 坚持"五不断"

——在学院 2016 年冬季学期处级干部培训班上的讲话

今年是"十三五"的开局之年。一年之计在于春，无论是"十三五"的起步，还是今年的年度工作，都需要在回顾过去的基础上，展望未来，谋划工作。

《学院工作要点》以及工作要点任务分解已经发布，各二级学院部要据此再细化、再分解。无论是职能部门还是二级院（部），都应将这些工作任务落实到人，落实到位。从今年开始，学院要对各职能部门、各二级学院的工作情况进行量化考核，以确保工作的顺利实施。

《学院工作要点》中出现的现代化、质量年、信息化、国际化，以及创意之校、标准等关键词，是今年工作的重点方向，希望大家予以重视，下大气力去抓紧、抓实和抓好。下面，我就以"新发展理念"为指导，从"五突出""五不断"的角度与大家交流一下做好今年工作的想法，提一下工作要求。

一、突出创新发展，不断提升教学质量和办学效益

创新是与改革联系在一起的。中央提出了供给侧结构性改革要求，作为学校，我们也面临着类似的任务要求，通过减法和加法，去掉那些过时的专业、课程和知识与技能，增加一些新产业、新行业需要的新专业、新课程和新知识与新技能。

（一）关于专业建设

应以适应"三个需求规律"为逻辑起点，对专业进行调整，充分体现高职院校的属性与定位。以专业调研为基础修订专业人才培养方案,是一项常做常新的工作,应体现系统化、多维度的整体思维。这方面,大家应该统一思想,提高认识。有的同志认为,专业人才培养方案,没有必要每年都去调整。问题是,现有的专业人才培养方案是不是都成熟了? 是不是经得起推敲? 是不是体现出"三个需求"的基本要求? 事实上,我们的专业人才培养方案还有很大的改进空间。就拿实践性课程、顶岗实习来说,我们的校内外实训条件、实习安排还有很多不到位的地方。一些该开的实训课程、人文素养课程没有开设,顶岗实习还没有完全做到课程管理。如果我们一直沿用陈旧的专业人才培养方案来培养学生的话,那就是我们的失职。

专业人才培养方案指南也应该不断地完善,这涉及标准问题。张新起市长在《政府工作报告》中提出,青岛市要实施标准+战略,实施青岛标准,这是一流城市的一个重要标志。对我们来讲,作为示范校,应该在标准方面做出样子来,在全国做出示范。应开发、研制一系列高水平的工作标准、质量标准,体现示范院校的层次和水平,希望各部门结合工作职责,结合工作实际,推进工作标准、质量标准的建设工作。

专业建设如何深化? 专业内涵如何优化? 希望各二级学院组织专门的研讨。最近,教育部、省教育厅通过第三方调研,列出了一些亮红黄牌的专业目录。这些红黄牌专业所涉及的问题,或是毕业生就业率低,或是生源偏少,或是市场岗位饱和。面对这种情况,我们该怎么应对? 如何对专业进行调整、调适和优化? 专业的"关停并转"应提到议事日程上来,而这又取决于我们专业建设的能力。专业调整,无论是新增专业还是专业加方向,师资力量、课程结构、实训条件跟不上怎么办? 这就需要以创新的思路进行改革,未雨绸缪,提前启动,充分准备。

创新,仍是今年工作的主旋律。今年提出了创新工作的要求,希望大家按照创新的理念和要求去推进。譬如,为落实青岛市"三创",我们提出了要建设"创意之校"的要求,但是,如何使这一口号变为实际行动,有大量的工作要去做。如,出台创业教育的实施意见,组建创业学院、孵化基地、创客列车等"三创"载体;构建创业教育课程体系,通过深化课程改革来推进创业教育。不要把创新工作看得那么难,其实,只要现在的工作比以往有所变化、有新意,与众不同、有成果,就可视为是创新。

现在的问题是,我们当中的一些人在观念上或是陈旧或者是拒绝,结果导致行动上的消极和迟缓。因为,专业调整,要增加工作量,要有付出,面临的困难要多一些,多年不变的专业多省心、多省事? 职业教育的专业应该随着市场需求变,随着求学者的需求变,就像产业结构随着市场需求而变那样,否则,企业所生产的产品没有销路,企业就将面临着倒闭。学院办学也是这样。学生毕业找不到工作,办学质量上不去,学院的信誉度就下降,就面临着生源危机,进而因招不到学生而关门。对于专业调整的问题,我们不能盲目乐观,必须立足长远,必须对接青岛乃至山东的产业结构调整,必须与大项目落地所需的劳动力相匹配。去年,青岛市的服务业的比重加大了,按张新起市长的话来说,理想的目标是将来要到70%,这就是青岛市今后产业结构调整的风向标。因此,我们的专业、我们的课程应考虑如何对接,就需要研究如何向学生提供未来适应青岛市服务业新业态所需的新课程。"十三五"的专业调整,无论是新增专业,还是加专业方向,还是增加专业课程,各二级学院都要提出专业建设的意见,以此作为学院专业建设"十三五"规划的依据。

专业建设与对接要同步考虑专业建设的标准,希望教务处、二级学院要进行研究。专业标准要在全国、全省有影响力。我们的专业标准应该分解为课程标准、师资标准、教学标准、评价标准、质量标准等等。这些标准,对学生来讲,应该体现出技能要素、职业要素、品格要素等等,同时应体现出校企合作特征、学生发展特征。各专业要关注新技术专业,如机器人、3D打印、虚拟现实(创建和体验虚拟世界的仿真技术,利用计算机模拟产生三维空间的虚拟世界,通过视觉、痛觉、嗅觉等感官的模拟,为使用者提供身临其境的仿真感受)等专业。诸如大数据、云计算、移动互联网的新技术要考虑如何进入课程。前几天,我和旅游学院院长齐洪利商量,青岛市提出了"旅游+"的概念,我们的"旅游专业+""旅游专业的课程+"体系该如何构建问题。青岛市作为旅游目的地,要城市建设,要开发旅游产品,这些行动我们应该积极参与进去。青岛市要推进海洋休闲旅游、乡村旅游,我们的课程也应该及时介入。现在,"互联网+"是一热词,青岛市还提出"标准+""海洋+",我想,对我们而言应该是"专业+""课程+",通过加法,改变、完善我们的专业内涵、课程结构。另外,青岛市在"十三五"期间要发展影视文化、动漫游戏产业,要在西海岸、红岛建设会展中心,发展会展新业态,我们应按照供给侧的变革思路去改造专业、推进课程改革,使专业结构、课程体系不断优化、不断合理,达到节省时间、财力、人工成本的目的。

(二)关于课程改革

我们从2013年开始至2015年经历过三年一轮的改革。这一轮的"1211"课程改革,从构建"大课程"体系,从系统思考运作模式出发构建了学院独特的课程改革模型。在这轮课程改革中,首先是理念更新,学校与北师大合作进行了教育理论的"补课式"培训,先是对课程改革骨干进行培训,然后再实施二级培训,同时组织到兄弟院校参观学习。其次是平台建设,建立三级教师发展中心、课程中心,开展教师培训、课程改革研究。以列入教育部职教所的课题立项为标志,确定了课程改革的整体研究行动计划,在这期间,还分别对"学教做合一"人才培养模式、教学管理与学生服务一体化的内涵进行了初步的研究,一些同志在核心期刊发表文章,一些同志在省教育厅、职教学会进行了课题立项。学院坚持不懈地推进"学教做合一"人才培养模式,并进行理论探索和具体实践,在人才培养过程中突出"学生""学习",这背后体现出办学的育人理念,体现办学的目标定位。试想,假若我们的眼中没有学生,办学质量会出现怎样的问题?第三是典型引路,开展"每月一讲"活动,进行经验分享交流,对发现的课程改革骨干苗子,给他们参加大赛、举办公开课、到校外进行交流活动等机会,通过组织听评议课交流分享活动,对这些教师进行扶持。第四是从完善、修订专业人才培养方案着手,从制度上进行顶层设计,体现出课程改革的教育理念和目标定位。

当然,课程改革是一项复杂的工作,不可能一蹴而就,不可能立竿见影。前一段时间,有的同志对课程改革提出这样那样的意见,认为课程改革做得不实,效果不好。其实,有些疑虑也很正常。毕竟,课程改革是一件复杂的工作。面对学院的现实情况,应在不影响正常教学任务的前提下,有计划、有步骤地推进,采取审慎的策略,不能急于求成。为此,第一轮的课程改革更多的是做了一些打基础的工作。如果观念不统一,能力跟不上,政策不配套,环境不优化,课程改革是很难推进的。课程改革的推进要动每一位教师的"奶酪",教师多年来的教学模式、教学内容、知识与技能结构,已经固化下来了,你让他改,让他变,从 X、Y 理论来讲,一些教师打心眼里是消极的,特别是在动力机制不够完善的当下。

经过三年的探索、磨合、争论、修正,课程改革目前应该说是步入了常态化的运行轨道。下一步,课程改革应更系统地全面推进,推进的举措应在课程改革的"十三五"规划中体现出来,教务处、课程改革中心,要牵头把规划拟定好,要有具体的实施目标和实施措施。新一轮课程改革的一个重点是关注课堂教学,关注学徒制下的课程实施与管理,关注顶岗实习、社会实践的课程实施与管理。同时,课程结构与课程运行还应进一步优化。譬如劳动课,不能在一周的时间里只待在一个岗位干同样一项工作,也不能是"放羊"不管。课程改革的实施应体现精细化,不能粗放管理。课程改革的另一个重点是教师队伍建设与教学能力提升问题,在这方面,教师发展中心的三级培训体系应该发挥作用。

课程改革的推进,离不开大家的智慧。我想,一个有责任心、有使命感的高职人是不会反对课程改革的,而是从积极的角度提出搞好课程改革的意见、建议。希望大家从积极、善意的角度对课程改革工作提出合理化建议,以不同的方式积极参与进来,而不是在圈外当裁判员、评论员。

课程改革应该与时俱进,充分体现社会进步、经济发展对技术技能人才的新要求、新标准。最近,《中国青年报》刊文,介绍了广东番禺职院把高职生当"研究生"培养的做法。该校已有 10 名学生在专业核心期刊发表科技论文,有的同学参与发明专利。这是该院的"优才计划",他们作为教改工程来培养尖子学生。这与我们让学生承担课题研究、开设荣誉课程、倡导建设创意之校、推进"1＋N"教学模式与教学内容改革、实施导师制是相类似的。这些方面,就是课程改革的要求。这三年有很多提法、做法,也来自比较研究,是借鉴了国内外同行的做法,也来自我们的具体教学实践,来自大家的创造性。譬如,开设荣誉课程,首提的是齐洪利教授,积极响应的一个是张微教授,另一个是我。一年来的教学实践,我看到了学生的明显进步,了解到学生的具体需求。对我来说,掌握了如何推进学院课程改革的一手材料,拥有了发言权。在这里,我倡导其他教授也开设荣誉课程。

课程,已不是院校教育的专属。年前,我走访了烟台万华集团,没想到,万华这些年来所开设的培训课程就有 1700 多门。更让我惊讶的是,万华提出了"企业学术"的理念,企业设有培训机构,为每一位员工设置了晋升的阶梯和发展的通道。万华崇尚文化管理的理念,而非科学管理。这又让我想起 2012 年,我在学院教学工作会议上提出的学院要从科学管理向文化管理迈进的目标。参观万华时我在感慨:企业开发课程,并借鉴学校的运行规律来培训员工,我们作为专门的学校教育机构该怎么办?

前面讲的专业建设、课程改革,关键是要有达成共识的理念、科学有效的措施、步调一致的行动。这其中,核心的是需要解决思想问题。我们追求的是以他方需求为导向,还是以自我满足为目的? 我们的办学,不能简单地让求学者来适应我们的"教育输出",不管是否管用,不管需不需要,统统提供给社会、提供给企业、提供给受教育者。这是一种不负责任的表现。如果换位思考,我们是否愿意把孩子送到这样的学校学习？作为企业是否愿意招收这类学校的毕业生？

全院上下应该对推进课程改革达成共识，只有形成合力才能保证课程改革的成功。课程改革的推进应该讲究策略，不可急功近利。慢工出巧匠，欲速则不达。对课程改革的方向、目标认可问题，需要在实践中不断地统一思想。在大家的努力下，学院的课程改革工作得到了同行、领导的认可，如长白山职院对学院课程改革工作的赞赏，成都航职院对学院课程改革进入到"文化"层面的评价（说到文化，不是泛化的文化，而应是有血有肉的文化），省职教学会专家、省教育厅领导、教育部有关领导对学院课程改革工作的认可。我们不能"墙内开花墙外香"，要让大家来分享我们自己的工作成果，来一起思考下步工作该如何再深入。说到成果分享，《教育部职业教育调研组赴美国的调研报告》在微信上发布了，这个报告总结归纳了美国关于生涯与技术教育的定位。调研报告中所披露的"关注学术教育与技术教育的融合，关注人的近期就业需求与终身发展需求，以适应现代社会对劳动力素质的要求和求学者持续发展的需求"的做法，值得大家深思，希望在借鉴的基础上进一步完善课程改革工作。

（三）关于机制保障工作

今年的《学院工作要点》提出了工作绩效考核的要求，希望各部门在工作中实实在在地拿出干货来，拿出可以证明的定量成果来，而不是单纯地按定性来描述工作，要鼓励各部门力推创新性工作成果。为了保障工作的推进，今年要加强力量，从治理懒散、治理推诿扯皮入手，加强工作的日常督查、问责。在昨天的会上，财务处专门向大家通报了专项经费的执行进展情况，提出 6 月前完成招标任务，7、8 月份完成建设任务的要求。在此，希望各项目承办部门在下周提交一份项目工作进度表，学院每月对项目的进展情况予以公布。做好这一工作，有三个环节要做到：一是，从源头上加强对方案的指导、把关，这方面可以请校外专家；二是，执行过程的中间阶段要加强督办；三是，项目结束后要进行绩效评估，考量质量、使用情况。建设项目的工作任务书应该在 3 月份完成备案。与此同时，财会处、设备处、招标办，也应做好协调、指导和服务。

此外，还要组成项目团队推进重点工作，由分管院领导牵头负责推进。譬如，"十三五"规划制定工作团队，五年制中高职项目推进团队，机构改革与职称聘用、职员制改革工作团队，校史馆建设团队等等。

体制机制改革是今年的重要工作,也是一项复杂的系统工程。大家知道,职称聘用制改革、职员制改革、机构改革这三方面工作,这些年来一直在酝酿过程中,因种种原因没有启动起来。今年不做不行了,因为省里部署了职称聘用工作,市里又开始推进职员制改革,而这两方面工作,又与定职能、定编制、定机构的"三定"密不可分。现在的问题是,按照师生比,有的专业内的教师搭配不合理,不仅数量不合理,而且结构也不合理,教师多,学生少,教师没课上,人力资源浪费。为了开设新课程,二级学院提出要引进教师,这种机械地累加,造成办学成本负担越来越大。还有,处室也存在类似问题,一个处室的工作职责、工作量到底有多大?到底需要多少人?不够合理的需要调整。因此,下一步的调研很重要,专业方面的教师配备,要根据师生比、教学工作量、学生服务工作量来考虑人员配备数量。机关处室的人员配备,要从职责确定出发,每一个职位的人员要填写工作任务书,描述一下常态化的工作量情况,要具体到每个员工每周的工作情况,以此来确定该部门到底需要多少编制。这项工作,人事处牵头来做,但需要大家的配合。3月份开始调研,对部门的职责分工,对每个人的教学工作量进行调研,对行政人员工作任务书的填报进行部署。无论是大家参与调研、参与教代会讨论,还是征求大家对实施方案的意见,请大家按照党委会的意见,去做好具体工作,特别是教职员工的工作。希望各部门发挥正能量的作用,确保学院这方面的改革工作顺利实施。

要体现出奖勤罚懒的激励机制。教师教学工作量,要作为教师聘用的一个重要指标;要有鼓励教授担任基础课程的政策导向;要激励那些在课程改革中发挥重要作用的教师;要激励那些为人师表、主动承担学生指导与服务的专业教师;要激励教学模式灵活、深受学生欢迎的教师;要激励在市以上教师教学大赛获奖、在学院举办公开示范课的教师;要鼓励引企入校、引智入校、引资入校的员工;要鼓励承担学院重大工作项目、重大课题研究的员工。为做好奖勤罚懒工作的实施,年前,学院去人社局争取政策,从今年起,学院的创收收入可以按比例作为奖励性绩效发放。希望人事处牵头,培训学院配合,按照市人事局的要求做好方案的拟定工作。

二、突出协调发展,不断完善结构体系和运作模式

学院精神强调了"协同",我想,这应该是宽口径的"协同",不仅仅是人与人之间的协同,也包括工作之间的协同,还包括学院各种要素之间的协同。

硬件建设与软件建设要统筹协调好。这些方面的工作包括:教学工作与学生服务,教学工作与行政工作,专业课程教学与非专业课程教学,学校专业人才培养与企业人才需求等等。各部门内的工作、各部门之间的工作都要统筹协调好。总之,各方面工作要系统设计,要增强全局意识、合作意识。

这里强调几项工作。

(一)全市职业教育的协调发展问题

我们牵头推进全市职业教育发展,实施中高职一体化贯通培养,对我们来说既迎来了发展机遇,同时也面对着压力挑战。我认为,这件事是全市职业教育系统内的一个职业教育集团,但也是更大范围校企合作的职业教育隐性集团,因为每所学校背后都有若干合作企业。这一职教体系的构建,是对我们的信任,更是一份责任。我们应该通过这种合作模式,把我们的办学做大做强。我们要集中学校的优势力量,做好这个项目的运行,拟定发展规划,制定培养方案,建立质量标准,确定运行规则,实施有效运作,确保质量声誉。对现有的五年制"三二连读"项目,从这学期开始,要抓好质量监控,抓好人才培养质量的落实。为此,要建立工作例会制度,要定期有一次工作对接,希望教务处、质控部,还有学生处、团委、人事处以及各二级学院等部门从各自的职责出发,抓好统筹协调工作。关于学院办本科的问题,"两会"期间,我曾向市教育局邓局长汇报过。准备开学后,我们与教育局的同志一起到天津去调研,了解情况,向市主要领导报告。这件事,潍坊动作很快,市委书记牵头抓这件事,专门组织到天津、省教育厅去调研、去做工作。我们应该结合青岛市职业教育综合改革试点项目来推进此事。

(二)"十三五"发展规划问题

这是谋划学院未来的重要工作。下周,学院召开一次"十三五"规划工作专题对接会议,请各职能部门汇报"十三五"分规划的情况,提出2020年的本部门所涉及工作的发展指标。同时,为总结"十二五"工作,各部门还要提交2011至2015这五年的工作发展情况,一部分是体现发展状况的量化数据、增量部分,一部分是典型案例。"十三五"规划数字指标的确定,是建立在"十二五"末,也就是以2010年所呈现出来的数字状况为基础。希望大家重视此项工作。院办要给各部门提出一个需要了解"十二五"工作的数据指标,希望大家按照要求认真汇总。

（三）"三进一上"（领导干部带头进教室、进车间、进宿舍，上讲台）推进问题

"三进一上"这是我们这些年来一直倡导的工作，今年要进一步抓好落实。要建立起一种制度，使更多的教职员工参与进来，譬如，有更多的教职员工成为学院"十大讲堂"的主讲教师。希望大家将自己全年分学期"三进一上"的计划安排做好，到教室观摩或参与教学活动，进宿舍与学生交流、听取意见，进企业调研、看望学生，上讲台、讲座或是授课。作为学院的统一开展工作，下周二下午，学院将统一组织处级以上领导干部，到所在的二级学院的各个班级，上好新生第一课。这也是领导干部走近学生，改变工作作风的一项活动，希望大家备好课，讲好这第一讲，讲座的主题是学院精神（卓越、唯是、学习、协同）。讲座期间可以结合学院的发展目标、规划、任务，结合青岛市经济和社会发展情况，结合高职教育发展的态势来讲好这一课。学院的"六个一"（分工院领导到二级学院做一次讲座，听一次课，参加一次劳动、一次教代会、一次学生主题班会，协调解决一个实际问题）活动也应该深入地开展起来。学生服务体系还应进一步完善，形成多层面、多维度的服务格局。

（四）文明校园建设问题

这项工作要进一步丰富内涵，要不断提升学院文明程度。学院文明单位的创建目标定位要再升级，要按照全国文明单位创建标准，做好创建规划；要在学院内部建立文明单位创建意见并着手实施；要广泛深入地推进志愿服务工作，要建立全体教职员工广泛参与的志愿服务协会组织。文明班级、文明宿舍、文明窗口的建设，还应进一步抓实、做好，在控烟、改善环境卫生、推行"三本一包"、整顿教学秩序、制止逃课及夜不归宿等不良行为等方面要加大力度，进一步严肃纪律。

三、突出绿色发展，不断建设幸福家园和魅力校园

我们提出了建设"魅力校园、学习乐园、幸福家园"，这应该是我们的美好愿景。建设幸福家园涉及各个方面，这里强调的是学院的生态、可持续发展问题。什么是绿色？绿色代表着健康、和谐、生态、科学。我们应该坚持"以人为本"的办学理念，在教育理念、培养模式、管理制度、评价考核、学生服务、民生工作等方面，考虑如何才能适应客观规律。这方面的工作有很多，前面讲到的"学教做合一"人才培养模式的探索实践，目的是回归学生在学校、课堂的主体地位。后勤服务，包括食堂餐饮质量与花

色品种,宿舍服务设施,学生洗浴、快递、文体活动场所与设备等,都是我们要关注、要完善的方面。

学院的三期建设规划应开始编制,要体现不同区域的功能要求。学院景观委员会也应发挥作用,使校园每一个区域都是绿色覆盖,四季有花,错落有致,布局合理。校园文化建设应该体现高职院校的特点,体现我们校园的特色,校园建设在精细化方面还有很大的改进空间。学院爱委会要发挥作用,要把学院的环境卫生管理工作切实抓好,这项工作要制度化、常态化。

节能减排也是我们着力抓好的一项工作,青岛市今年实施全民节能计划,希望后勤处抓好这方面的工作。要杜绝教室、楼宇里长明灯和自来水跑冒滴漏现象。在师生中要强化节能的责任意识。希望学生处与后勤部门合作,在学院开展厉行节约,减少浪费,保护学院环境等方面系列化的教育活动。

学院的绿色发展应与学院的文化传承有机结合,这方面要进行系统的规划、设计,要推出宿舍文化、教室文化的建设标准,把这方面的工作与学院文明单位建设结合起来。要注重学生青职文化基因的培养,在他们身上展示出青职文化的独特内涵与文化底蕴。

绿色发展,还涉及学院建设、学生成长、教师发展的可持续问题,因时间关系,今天就不展开讲了。

四、突出开放发展,不断促进合作交流和竞争优势

开放是与改革创新相辅相成的。开放,包括面向国内、国外,校内、校外不同的领域。

大家应对开放的目的有深刻的认识。要树立主动开放的意识。不开放,我们就不能了解更多的新东西,就不知道他方的新需求,就不能借助、共享他方的资源。开放,应该是建立在互通有无的基础之上。

青岛市最近在对外开放方面陆续推出了一些新的举措,希望大家去关注,如跨境电子商务试验区建设,胶州湾国际物流园区建设,创建国家服务外包示范城市,加强国际友好城市、友好合作关系城市的全方位交流合作等等。这些方面的工作,商学院、信息学院、培训学院以及其他二级学院应该考虑如何去对接,应该主动去跑市政府有关部门,去跑有关企业,寻求承接项目、开展校企合作的机会。

要进一步构建"校政企社家生友"的全维度合作体系。各二级学院、各部门要行动起来,在以往开展校企合作的基础上,强化与政府部门、学生、校友的对接,把这些资源广泛、充分地用起来。譬如,与政府部门的对接,与公务员交朋友,能够了解政策信息,可以承接政府的外包项目,为学校引进办学的政策和资源。这方面的工作,我们还应该再加把劲,希望各部门的部长带头,每年走访几次区以上政府部门,把跑政府部门作为自己的一项本职工作。

校企合作不仅面向大企业和行业,还应面向中小微企业。与中小微企业的合作首选那些高新技术企业,希望我们有能力、有机会为这些企业提供购买服务的项目。校企合作要在学徒制合作方面有所突破,这是一个难度很大的工作,希望艺术学院、海尔学院在引企入校的学徒制试点方面,探索出具有我院办学理念、人才培养模式的新经验,可以尝试多种形式的合作。

校校合作也应该加大力度。国内方面,我们与高水平大学的合作应该深化,应该再拓展。过去我们曾经与北京师范大学教育学部开展了合作,对我们的教师开展了培训。下一步我们还可以与中国人民大学教育学院、中央教育研究院、中国职业教育研究所等大院大所合作,互聘教授,合作研究,互设基地,借助于专业力量来提升我们的能力。学院的对口合作院校、友好院校今年要考虑在已有合作项目的基础上如何再进一步推进。今年暑假与成都航空职院联合开展的创新创业教育合作交流要准备好;与扬州工业职业学院的合作项目将在该校到访我院时再商定;与宁波职院的学生学分互换项目要做好组织实施;计划单列市高职联盟、东西部高职对口合作联盟的年会要筹备好。此外,安顺职院、西藏职院、天山职院等对口合作院校的工作如何开展,请院办提出意见。与本科院校的3+2合作项目、与中职学校的五年制合作项目要重视,特别是与本科院校的合作。与本科院校的合作,可以弥补我们的短板,提升我们的层次、水平,为学院将来开设本科专业、升本做好师资等方面的准备。今年的《学院工作要点》中提出要开设本科应用类课程,尽管这些课程是面向少数学生开设,但所开出的这些课程,从近期目标看是满足学有余力学生高层次学习的需求,从长远看是学院实现高职本科教育的需要。

学院牵头的全国、全省组织机构应履行好职责。全国职业院校人文素质研究会、全国高职院校志愿服务联盟、山东省就业创业专业委员会,要分别把全年的工作安排拟定好。关于世界职教联盟学生服务项目的工作,国际处除了牵头做好今年参加世界职教联盟大会的准备外,还应考虑在中国教育国际交流协会指导下,策划学院牵头成立学生支持服务专委会的相关事宜。这些境内外的组织机构,一方面是我们承担责任,贡献力量,另一方面对学院来讲也是聚集资源、扩大开放的机会。

现有的国际合作项目要进一步做实做好。中新、中爱、中美的合作办学项目要注重内涵,不能把合作办学仅仅看成输送学生出国,而是为了生源,要考虑如何通过这个项目,提升我们的办学能力,通过比较研究,学习、借鉴合作院校的课程标准、教学方法、质量体系,来促进旅游管理、会计、计算机专业的高质量发展。与葡萄牙、土耳其合作院校互设基地的项目要做好准备,今年将有学生交换到葡萄牙高校学习,明年要启动土耳其高校全额奖学金的学分互换项目。这是好的开端,希望今后赴境外高校学分互换项目的面再大一些,也希望旅游学院的两个合作办学项目,在互设奖学金、实现学分互换方面也争取有所突破。此外,要进一步拓展境外高校学生来我院学习、培训的国别与数量,目前韩国高校来我院留学的多一些,但总体上规模还不够大。我们要开发特色项目,吸引境外的友好院校,包括东盟、欧洲甚至美洲的高校学生以各种方式来我院留学或游学。

学院内部应加强各部门之间的合作。师资、实训室、教室等应面向各部门开放。但是,目前学院内部资源的开放、合作程度不高,希望大家树立开放、合作、交流的意识。各二级学院首先应在专业大类内实现学分互换,也鼓励、引导各二级学院之间的跨院系、跨专业的合作。

五、突出共享发展,不断改善后勤服务和民生工作

共享,涉及学院的办学、专业建设上的资源共享、成果共享、合作共享。今天,我主要侧重于后勤与民生方面来讲。

我们要创造条件让广大师生员工共享学院发展所带来的成果和实惠。要采取措施着力解决民生问题;要做好"食安青职"的工作;要切实保证绿色食品、放心食品,要把好进货渠道关,生化学院要参与食堂食品的检测工作;要加强对餐饮制作过程的监督;要按照菜品的营养搭配、合理搭配原则,提供每日的菜品菜单,不仅花色品种丰富,物美价廉,色香味俱全,而且还应是健康、有营养的餐品。

要把新建的风雨操场、运动场利用好;要制定新体育场馆的使用、管理意见和运作模式;师生员工的健身活动应广泛开展起来,体育设施要利用好;工会、公共部和各

体育俱乐部要研究如何开展体育活动,做到每天、每周、每月都有不同形式的体育活动,最简单的是徒步走活动。今年开始举办综合性运动会,设置田径、球类、广播操、趣味运动等不同方面的赛项,其出发点就是扩大教师、学生的参与面。总之,这些赛项、体育活动的开展,一方面是为了促进教职员工的身心健康,另一方面也是为了凝聚人心,增强师生的归属感,提升幸福指数。

对于教工过生日我们已经有了表达祝贺的方式。那么,学生过生日,学院该怎么办?我想,学院应该考虑建立为学生集体过生日的制度,让学生在三年的大学生活里,享受一次学院为他们举办的生日庆祝活动,这个活动可以集中在大一进行。

(2016 年 2 月 24 日)

百尺竿头再努力　凝心聚力创优质

——在学院 2016 年夏季学期处级干部培训班上的讲话

今天，我借这个机会和大家交流一下，学院如何创建国家高职优质校的问题。

遴选国家高职优质院校是继国家示范性高职院校立项建设之后的一个新计划。这是一个重新洗牌的计划，原有的国家示范校、国家骨干校都要与其他一般院校一起同台竞争。从目前了解的情况看，很多省市根据教育部的要求，正在制定本省优质校遴选标准，着手启动此项工作。湖南省、广东省已率先推出标准，组织了对本省的遴选工作。

山东省也正在着手这方面的准备工作，计划推出 20 所。全国计划确定 200 所，也有 300 所之说。为争创优质校，省里的一些学校工作力度大，他们铆足了劲，要挤进优质校，对优质校有很多期待。

对我们而言，学院是不是已经准备好了，能否成为优质校，最终还要凭实力说话。今天早上，我看了奥运会女子 4×100 米预赛，中国队名列第 8 进入了决赛，后来因美国队以"因受巴西队干扰掉棒"为由上诉后获准单独重赛，最终使中国队失去决赛机会。这一事件引起了多方不同的评价，我在想，如果我们的参赛队员跑得更快些，获得了小组前三名直接进入决赛，还怕这些意外事件吗？同样道理，如果我们把工作做好了，做到位了，我们还担心遴选不上优质校吗？

在创建优质校的前期工作中，学院做了以下几个方面的工作。

从学院大政方针来看，制订了学院"十三五"规划，确定了今后工作的目标、方向、重点。接下来，需要拟定一些重要的分规划。学院规划的远期目标是创建应用技术大学,近期目标是成为国家优质院校。这两个目标,是学院今后发展的顶层设计,需要大家齐心协力、持续不断地努力,今天的努力是为明天的成功做准备。

从改善办学条件来看,学院实训教学与创意大楼正在筹建过程中。院领导出面向市领导汇报,到市发改委、财政局、教育局、开发区等部门沟通,收到了良好效果,下一步要专门呈文向市政府申请明年将该项目立项。学院的二期建设项目已经完工并启用。绿化美化环境在不断地改善,教学场所的修缮、调整也在有序进行。这里要说一句,后勤部门的同志很辛苦,假期中忙于教室、宿舍的维修,为新生入学做好了准备条件。

从增强办学活力来看,院领导、相关部门利用各种机会积极引进项目。如,教育部郝平副部长、教育部职成司教学处黄辉处长最近来青期间,我们主动去汇报工作,去争取国际合作交流的项目,争取推荐教指委专家等等。前一阶段,我们也多次到市人社局、教育局争取有关政策,譬如,奖励绩效额度政策问题、职员制改革政策问题、项目经费问题等等。增强办学活力也体现在办学模式的改革上,学院牵头15所中职学校组建了应用技术学院,这是职业教育系统内部的职教集团,也是集团化办学模式改革的另一途径,这里面大有文章可做。

从内涵建设方面来看,这些年来重点抓了课程改革,在人才培养质量提升、培养模式改革等方面进行了探索。为抓实、做好课程改革工作,学院下大气力抓了专业人才培养方案的修订,力图体现"三个需求"的系统化要求。全员育人环境得到进一步优化。学院的"三进一上""大课程"体系构建,得到教育部相关领导以及来院访问同行院校的认可。上周,扬州工业职院的领导邀请我去他们学校,想在他们的暑期干部培训班上介绍学院全员参与做好学生工作的做法,因时间与我们的培训班冲突,顺延到后面进行。内涵建设取得的成果不仅体现在学院的人才培养质量上,也体现在学院的吸引力上。如,学院的毕业生就业质量在逐年提升,今年的毕业生网签率为57%,比去年增加6个百分点;22名学生在校期间实现了自主创业。再如,生源质量也在逐年提高,今年高考理科的最低录取线在全省仍排第三,文科录取线比去年提高了1个位次,尽管没有绝对的可比性,但在某个方面也反映出些情况。超本科线报考我院的考生为285人,占总录取人数的9%,比去年增加3.5个百分点。学院影响力逐年提高还表现在兄弟院校的来访上,去年有85所院校,共计900人到学院访问。我院承接的定制培训班次也在逐年增加。教学管理、专业建设、内部督导与诊改工作,也在逐年完善和加强。

从品牌打造方面来看,我们积累形成了一些工作成果和工作特色。学院的学生支持服务项目被世界职业院校联盟评为金奖。今年9月,我将去巴西参加世界职业院校联盟年会期间,要代表学院接受此奖项。学院的志愿服务工作在全国有较强的影响力。学院承接了教育部学徒制试点项目。技能大赛工作得到加强,今年艺术学院在国赛中获两个一等奖,为学院争了光。教师在省赛、国赛中也屡屡获奖。培训品牌效应也凸现出来,今年,来自清远职院、潍坊工程职院、昌吉职院、湖北三峡职院等一批中高职学校的定制培训项目或在我院举办,或学院送培到校。

历数学院所做的工作和所取得的成绩,一方面是让大家清楚学院创建优质校的条件和基础,做到心中有数;另一方面是希望大家以"更高、更快、更强"的标准,把优势项目做得更加完美,更具特色,更加体现示范院校的地位与作用。

但是,沉下心来,冷静去思考,我们学院发展的速度、后劲、质量,与示范校的"示范"地位与标准还不够相称,一些制约发展的瓶颈问题在学院的发展过程中不断地显露出来。下面,我从问题导向出发,列举影响学院发展的主要问题,这些问题是我们今后要采取措施,重点加以解决的。要解决问题,不仅要通过会议统一思想、动员发动,更重要的是要有推进工作的手段与措施。

归纳起来,学院目前主要有以下六个方面的问题。

(1)从思想认识来看,对创建优质校的目的、意义认识还不够深刻,紧迫感还不够强。

(2)从基础条件来看,学院的历史性"欠账"太多。教学资源不够丰富,教师能力不够强,学生生活设施还不能满足需求。

(3)从工作状态来看,教师存在着进取心不够,创新意识与能力欠缺,思路与有效办法缺乏等问题和现象。

(4)从机制活力来看,学院的政策环境还不能支持大家甩开膀子干事创业、争创一流。

(5)从规范管理来看,教学管理、学生管理、教师管理、财务管理有的、有时做得还不够规范。

(6)从工作成果来看,一些工作的特色不明显。在全国、全省中,有分量、有影响力的工作成果还不够多。

面对这些问题,面对今后发展的机遇和挑战,我们应该如何应对? 是积极进取,还是消极应对?

我想,我们应该具有归零的心态,强化责任意识,明确历史使命,从首批国家示范院校的光环中走出来,在新时期学院的转型升级中,去创建,去拼搏,去争取国家优质院校。从现在起,我们的各方面工作,都要围绕、服从于创建国家优质校这个核心工作来展开,要以品牌的标准,特色的目标,一流的定位来抓好工作。

近期的具体措施,我想重点强调以下几个方面:

首先,要组建工作班子,召开动员大会。学院要成立领导小组和具体的工作班子,要拟定创建优质校的工作方案,经过党委会同意后启动。学院要召开会议进行动员发动,统一思想,明确目标;召开骨干会议进行工作部署,进行任务分解;召开领导小组会议建立推进工作运行机制。二级院部也要相应地成立工作团队,制定工作措施。要建立工作任务书制度,组成项目团队,把工作落实到人,落实到位。创建的工作方案,要做好三个结合:一是,要与推进教育部创新发展行动计划结合;二是要与落实省高等教育综合改革任务结合,三是要与实施学院"十三五"规划结合。

其次,要明确工作重点,确定实施策略。工作班子成立后,我们要比照国家创新行动计划的要求,参考外地的做法,结合教育部、省教育厅所关注的重点工作,通过分类来梳理我们创建优质校的基本条件和存在的突出问题。譬如,我们已有的特色、优势有哪些? 通过措施能够出的成果有哪些? 哪些是影响全局的硬伤问题? 要做到心中有数。这些方面的工作与各个部门都有关系。从我们所了解到的情况看,广东省的遴选要求是,参与评审的院校是接受过评估的院校,办学条件好,办学理念先进,人才培养质量高、科研社会服务能力突出,办学实力强,社会认可度高,要有国家教学成果奖,还要有学生国赛一二等奖。最近到省教育厅向梁斌言处长汇报时,他强调,尽管省里还处在研制文件的过程中,但应关注的点一是院校在全国有没有话语权。如参加全国行指委、专指委的情况,参与全国、全省标准制定、出版国家规划教材情况;二是院校的教育现代化程度。如智慧校园建设状况、教学信息化程度、教师信息化素养等;三是大部分专业是全省、全国优质强势专业,专业的创新创业技能培养能力、研发能力的情况。此外,学校要在科研教研、制度建设、运行机制建设等方面有创新、有特色。我想,梁处长说的这些方面的内容,应该是我们今后重点要关注、加强的工作。

三是,要采取有效措施,狠抓任务落实。要有量化考核的办法,来推进创建工作的开展,确保工作完成的质量。教育部部长陈宝生最近强调,抓质量,就是抓标准、抓激励、抓评估。我想,学院的各项工作就应该这样去做,形成强有力的质量保障体系。

最后要强调的一点是,优质校的创建要全校"一盘棋"。在党委的统一领导下,各个部门各司其职,每一位教职员工都应该为学院创建优质校贡献力量,都应该在各自的工作岗位上做出品牌,做出成果来。优质校能否取得成功,还取决于大家的密切、精诚合作,积极、主动作为。这是我们大家共同的重任、共同的责任。希望各位分管院领导、各部门负责人积极主动思考工作、抓好工作落实,做到事事有着落,件件有回音,不要让学院主要领导来督促原本大家可以做好的工作。不要问我们这件事怎么做,而是你们告诉我们这件事可以这么做。陈宝生部长在一次重要会议上讲道:"不讲空,不空讲;不长讲,不讲长;不讲多,不多讲。"尽管是指讲话的"话风",但给我们一个信息,就是突出一个"实"字。在如何要求大家"想做事""能做事""做成事"方面,他形象地提出要做到:"选马、护牛、赶猪、打狗。"我想,陈部长的讲话精神值得我们深思。

优质校的创建需要有一股敢为人先,不服输,敢拼搏的精神。这几天,大家看奥运,女排小组第四进了决赛,其实我也不看好,可是在淘汰赛中,女排队员竟然状态回升,能把上届冠军、东道主巴西队给赢了。今天,在与荷兰队的半决赛中,女排3:1赢了,每局比分咬得很紧,每局都是2分之差,第三局达到29:27。我想,有这么一股精神在支撑着女排。与此相类比,大家都是示范院校建设的经历者,建设者,当年大家就是凭着一股创示范、争一流的勇气,再加上我们创建工作的策略,我们办学的特色、理念最终获得成功。我想,青职学院有这样的传统,在面临学院重大发展机遇与挑战的关头,定会凝心聚力,秉承学院精神,心往一处想,劲往一处使,为学院的再次腾飞、再攀高峰做出自己应有的贡献。

下面,关于部分职能部门的调整我想再说几句。为了优化职能、理顺关系、提高效能、加强管理,今年暑假期间,学院的部分机构进行了调整。学生处与团委合属,是为了集中学生服务与管理的资源,统一联动,形成合力。新组建的质量管理办公室,是强化对工作完成质量与进度的督促、考核管理,体现精细化管理的意图。基础部与思政部的成立,就是要对接国家的要求,紧跟形势需要。如,国家对大学生人文素质教育、身心素质教育、思想道德品质教育提出了新要求,基础部不仅仅只是外语教研室、体育教研室,将来还应该有其他方面的基础课程教研室。思政部独立后,其课程体系、队伍建设也应该进一步加强。信息中心独立并加挂管理办公室，是要加强学院的信息化建设水平，包括信息化管理、信息化教学，这方面，我们工作的力度不大，信息化程度不高，需要下大气力推进。物联网应用技术研究院并入信息学院，目的是强化物联网专业建设，当然，原有的应用技术研发与推广工作还应继续做好。此外还有资产处并入后勤处，后勤处的一些职能并入基建处，这些都是理顺工作关系。希望这些调整后的部门，尽快做好工作交接，不仅保持今年工作任务的顺利完成，还应在推进学院优质校创建中发挥更大、更好的作用。

（2016 年 8 月 19 日）

树品牌 创特色 做强走实内涵发展之路

——在山东省职业教育专项督导会上的发言

品牌发展是学院的不二选择。青岛职业技术学院品牌建设,始于 2006 年国家示范性高职院校建设,2009 年学院以优秀等次被确定为首批 28 所国家示范性高职院校之一。十年来,学院一方面致力于分享示范院校建设成果,做好"改革的示范、发展的示范、管理的示范";一方面也在反思存在的问题与不足,为更好地实现健康可持续发展铺路奠基。

第一,主要做法与成效。

如果说,"示范建设"是学院"十一五"品牌发展的起步阶段,那么"示范后建设"就是学院"十二五"品牌发展的建设阶段,"后示范建设"则是学院"十三五"品牌发展的提升阶段。近年来,学院着眼于人才培养、科学研究和社会服务三大职能,以问题为导向,以创新为驱动,进一步确定品牌办学的路径与目标,凸显高职院校的独有属性,使青职品牌所具有的核心竞争力和影响力逐步被同行及社会所认可。

一是创新办学理念,改革培养模式。理念是行动的先导,发展理念是否对头,从根本上决定着发展成效乃至成败。这些年来,学院一直着力于高职办学理念探索与创新。

(1)确定学生支持服务理念。着眼于高职院校的办学职能,立足于高素质、技能型人才培养要求,提出"让每一位学生成为他自己"的育人理念,构建"教学管理与学生服务一体化"育人体系。《关于教学管理与学生服务一体化的哲学思考》(中国高等教育杂志)获 2014 山东省高等学校优秀科研成果三等奖、全国职业教育优秀论文优秀奖、青岛市社科优秀成果三等奖。推进"学习乐园、幸福家园、魅力校园"建设,为学生全面发展创造环境。2012年学院获评"全国职业院校魅力校园",2013年获评"全国就业竞争力示范校",2016年获评世界职教联盟"学生支持服务"卓越院校金奖。

(2)创新人才培养模式。2006年,确立"实境耦合"人才培养模式,从理念、环境、行动上解决高职教育教学的"纸上谈兵"、关门办学的问题。2009年,该模式获得第六届高等教育国家级教学成果二等奖。2013年,根据人才培养新要求,启动探索"学教做合一"人才培养模式改革,突出学生主体地位和学习潜能,从教育的原点出发、从教育的价值入手、从教育的功能思考,进一步将高职教育的理念聚焦在培养什么样的人、怎样培养人的具体教学活动中。2016年,该模式获评第一届山东教育科学优秀成果一等奖。在此基础上,各二级学院形成了各具特色的专业人才培养模式和一批多样化的教学方法。

(3)创新专业人才培养新标准。2016年,在反思单纯依据企业行业需求,制定专业人才培养方案存在"功利化"问题的基础上,综合企业(行业)、学生(校友)、专业(教学)三方需求,探索专业人才培养方案制定的新范式,以达到更有效地面向人人、面向未来的科学培养,更有效地提升教师素养与教学水平,更有效地改善办学条件的目的。

(4)探索体制机制新路径。承领青岛市职业教育一体化试点项目,牵头组建由青岛市15所中职学校参加的应用技术学院,积极、稳妥地推进高职教育五年制贯通培养,完善职业教育集团化办学新体系。拓展社会服务功能,探索"社区化办学模式",与周边街道办事处共建7个社区学院。《探索高职院校服务社区机制》获评第三届青岛市教育改革创新奖。

二是遵循高职属性,把握办学定位。在属性上坚持高职教育独有的特征,在层次上确定通过转型升级将学院办成高水平应用型技术大学的目标,在功能上确定服务青岛、校企融合、示范引领、社区互动的任务。兼顾职业、技术、教育三者平衡,不仅培养一技之长,还培养一专多能;不仅体现教育价值,更回归育人本质。

(1)加强专业建设。瞄准青岛发展需求,依照"服务社会设专业,依托行业建专业,校企合作强专业"的思路,突出专业的职业性与岗位的针对性,建立对接产业、服务产业、适应产业结构调整的专业动态调整、预警及退出机制。依据"适应区域、服务行业、惠及学生"的原则,确定每年招生专业。其中,2016年招生专业36个,包括国家级重点专业 9 个、省级品牌特色专业 12 个、青岛市重点专业 3 个、青岛市中高职联盟专业 6 个、市级以上现代学徒制试点专业 6 个、机器人等新兴专业 10 个。

(2)深化课程改革。根据社会最新技术领域以及学生可持续发展和职业岗位(群)任职要求,开发修能致用、学生欢迎、实用性强的"课程商品",构建"1211"(以构建大课程为主体;以教学管理与学生服务、人才培养模式改革为两翼;以教职员工为支撑力量;以"静悄悄的革命"为实施策略)全员、全域、全程立体式"大课程"系统。2015 年,《大课程观视域下高职课程改革的实践研究》获教育部职业技术教育中心研究所课题立项,并受到时任教育部职成司司长葛道凯的肯定。在此体系下,学院启动专业核心技能课程建设,开设人文素质教育课程(拥有以校本课程网络共享课程和尔雅通识课程等形式的人文素质课程 163 门,创设"不占学时学分"素质教育学分),优化校园职业与人文环境隐性课程。

三是关注多方利益,促进合作共赢。基于高职教育的开放性、多元化特征,以"四合作"为主线,坚持走产教融合之路,坚持开门办学,形成"校政企社家生友"的多维合作体系,加强与学院办学利益相关方的合作交流与利益共享。

(1)高水平搭建合作平台。实施"1+N+1"战略(即专业建设依托"1 个行业组织或大型企业"、合作"N 家相关的中小企业群"、联合"1 个境外职业教育机构"),高起点、高水平地与世界五百强企业、大院大所加强合作。如:与海尔集团共建"海尔学院",先后实施两轮(各十年)战略合作协议,与海尔集团联手组建全国家电业智能制造创新战略联盟(学院为副理事长单位);与海信集团、青啤集团实施"员工学生联合培养";与深圳华强集团、烟台万华集团组建"冠名班";与联想集团开展"项目实训";与世界 500 强甲骨文、达内科技(青岛)、惠普公司共建人才实训基地;与北京师范大学建立合作关系,打造高职师资队伍。截至目前,与企业合作建立校外实训基地 117 个。

(2)密切国际合作交流。与 22 个国家(地区)的 79 所院校(机构)建立了友好合作与交流关系(签署正式协议);在新西兰等 8 个国家和地区建立海外师资培训基地;引进世界发达国家的先进职教经验与课程标准,与加拿大、新西兰、爱尔兰、美国、荷兰、中国台湾等国家和地区的 7 所院校开展专业共建和课程互换;将荷兰"能力本位"项目教学法本土化后所形成的课程体系在全国 94 所高职院校中推广,并获国家教学成果二等奖;承领中新两国政府职业教育合作项目,开展中新职业教育比较研究;承接教育部课题项目,开展中美高校学生服务比较研究。

（3）牵头组建或参与社会组织。合作共赢、资源共享，牵头组建全国高职院校人文素质教育专业委员会、山东省职业院校就业创业专业委员会、全国高职院校商科联盟、全国高职院校志愿服务联盟，参与市以上教育（行业）组织 40 个。每个二级学院均成立产教学研理事会和专业教学指导委员会。为实现人才培养从学校到企业的无缝对接，专门建设一批理实一体化教室和 136 个校内实训室。

四是优化运行机制，增强管理活力。以贯彻落实章程为抓手，以改革创新为动力，争取政策支持，解决关键问题，全面推进现代大学制度建设，探索高职办学新模式。

（1）目标管理，深化体制机制改革。办学重心下移，将二级学院由教学单位向办学单位转化，赋予二级学院更多的管理职能与办学自主权。以机构设置和人员管理改革为契机，完善"三定"方案，理顺职责职权，形成运转协调、管理高效、资源集约的行政管理体制。以"自主评价、按岗聘用"为核心内容，实施职称制度改革，建立专业技术岗位竞聘动力机制。启动职员制试点，完善分类管理，健全工作绩效考核机制。

（2）转型升级，构建青岛特色现代职教体系。向下成立应用技术学院，实施"青岛市五年制高职贯通培养"；向上对接本科教育，与山科大、青农大、泰山学院开展"3＋2"分段培养，为创建应用技术型大学奠定基础；向内拓宽职业资格证书获取路径，完善"课赛融通"机制，提升学生就业竞争力；向外拓展社会培训、服务终身教育，以培训学院为载体，多层次开展岗位技能提升、就业创业培训和技能鉴定、技术服务。

（3）能力建设，构建三级教师发展体系。与本科院校教师教学发展中心、中小学教师专业发展中心不同，学院教师发展中心更加关注教师"全人"发展，学校、二级学院、教研室各司其职，分工协同。建立"大微格"观、评、议课教学研讨制度。开展教职员工继续教育学分认定和教师职业教学能力专项评估。推进"双师"素质教师认定，将指导学生顶岗实习的企业技术人员纳入兼职教师管理范围。实施"名师工程"，已培育全国模范教师 1 人，省级教学团队 6 个、教学名师 3 人，市级教学名师 3 人，享受青岛政府特殊津贴 1 人、院级教学名师 36 人、名师工作室 7 个，在各级各类行指委、教指委、学术组织和社会团体中任职 95 人。2014 年以来，37 名教师在省级以上技能大赛中获奖。

（4）信息化管理，完善基础条件建设。获批山东省高校教育信息化建设试点单位，完成万兆校园主干网建设，校园网网络结构实现大二层（扁平化）调整。引入CRP 管理系统。建成基于虚拟化的青职私有云计算平台。广泛开展 E-mail、财务管理、图书借阅、防病毒、校园一卡通、智能监控等校园网络应用服务,形成"数字校园"的基础框架。

五是发挥辐射作用,彰显带动效应。"辐射引领"是学院作为国家示范性高职院校的应尽职责。一方面,通过积极探索、创新实践,不断凝练发展成果;另一方面,发挥辐射带动效应,带动职业院校共同发展。

(1)扩大对口合作交流。在原示范院校对口支援西部院校的基础上,2010年发起组建"高职院校对口合作联盟",2013年发起组建"计划单列市高职院校联盟",开展学生互换、教师挂职、教师培训、课程开发、学术交流等工作。此外,与成都航空职院、扬州工业职院建立友好院校关系,承接了省教育厅对口帮扶日照机电工程职业学校、求实职业技术学院的工作任务。

(2)社会美誉度、影响力不断提升。2013年以来,累计203所院校1933人次来院参观、访问、交流。2014年以来,学院累计承担国培、省培、联盟培训项目165个,培训教师3489人;承担9个职业院校的定制培训项目14个,培训教师633人。此外,承担6个青岛中职教师培训项目,累计培训860人;开展志愿服务学院培训班60余期,累计培训6000余人次。

六是强化品牌个性,打造特色名片。围绕三大办学职能,以"人人做示范,事事出品牌"为要求,突出重点、整体推进。譬如:

(1)打造学生培养品牌。聚焦促进学生核心能力发展,构筑适应学生可持续发展需要的现代职业教育育人体系,为学生成长、成材、成人、成功奠定基础。如,推出"工作课堂",实施"入职教育",聘用学生院长助理、助教,学生以准员工身份参与教学及其他事务管理;实施"卓越人才培养计划",每年奖励资助优秀学生赴国(境)外合作院校交换留学或游学;设立学业辅导中心,实施导师制;开设荣誉课程,成立振超班、雷锋班、知行书院,多方位、宽领域提升学生综合素养。就业满意度逐年提升,学院先后涌现出一大批优秀学子,他们当中,有获得全国技能大赛一等奖的在校生(2014年以来,学生参加国赛获奖37项),有参加北京奥运、支援西部等优秀志愿服务群体,有在非洲创业成功、在校实施创业的创业典型,有到本科高校继续深造的本科生、硕士生、博士生,还有一大批在岗位建功立业的普通技术工人等等。

(2)打造社会服务名片。服务社会民生,与青岛市文明办合作成立青岛市志愿服务学院,志愿服务世园会工作受到市委市政府表彰;服务地方经济,主持制定"口岸通关物流单证数据元规范"等 20 项山东省地方物流标准并在青岛关区推广使用,校企合作自主研发的"管道维护机器人"等产品在企业推广应用。组建成立青岛物联网应用技术学院、软件与服务外包学院;与高新区建立战略合作关系;牵头成立西海岸新区物联网协会,物联网公共科技服务平台获荐省级科技服务平台项目。

(3)打造"创意之校"特色。积极响应国家"大众创业、万众创新"号召和青岛市委、市政府"三创"要求,深化构建"基础课程—创业培训—孵化助推"三级创业扶持体系。开设创新创业课程,通过深化教学模式改革,设立创客文化研究中心、创客列车等平台,激活学生创意思维,"宽口径"培养学生岗位建功立业、自主择业的意识和能力。校内大学生创业孵化基地现入驻项目 31 个,注册总金额 2200 万元,带动大学生就业 200 余人,孵化项目青岛汇云无限物联网有限公司在青岛蓝海股权交易中心挂牌上市。

第二,存在问题与不足。

品牌建设是一个积累和沉淀的过程,品牌的文化底蕴和价值内涵的发展,不是短期之内可以速成的。因此,尽管在品牌打造方面取得了一定成就,但学院仍在不少方面存在不足和缺陷。比如,多专业交叉融合的深度与广度需进一步加强,信息化教学手段在教育教学中的有效利用有待提升,融入区域创新体系的科技创新链需进一步延伸,向资源平衡及凸优扶优的投入转变需进一步加快。这些问题既受制于硬件条件的困扰,也受制于传统思维的束缚。

弥补这些短板,既不能忽视管理和质量,更不能以牺牲内涵和质量为代价,唯一的途径就是进一步适应高职教育发展的新常态,坚持品牌办学方向,遵循品牌建设规律,高标准、严要求、科学运作,努力创建"品牌职业院校",进一步增强学院核心竞争力,使学院在全国继续保持领先地位。

第三,今后的重点工作思路。

当前,国家实施创新驱动战略,推进"中国制造 2025""一带一路"建设和"互联网+"行动计划。高职院校一方面迎来转型升级、高速发展的重大机遇,另一方面也面临办学体制机构不能适应需求的瓶颈。因此,抢抓机遇,打造品牌,实现飞跃,就必须理清思路,做好规划。品牌院校建设就是学院发展的一次机遇,申报成功后,在完成这一建设任务方面,除了要履行好建设任务书的承诺外,还要关注并抓好以下几个方面的重点工作。

1. 理念创新,学术引领

建设任务与学术研究、理论探索相结合,通过比较研究、实证研究、课题研究,不断积累专业与教学学术成果,推出一批具有前瞻性、可借鉴、易推广的理论成果。

2. 专业建设,转型升级

依据新技术、新规则、新产品的标准要求,通过"专业+",拓展平台,丰富内涵,强化专业与产学研合作的匹配度,提高专业服务产业、服务学生的价值,进一步提升科技水平与服务能力。

3. 课程改革,全人培养

以"四位一体"为要求加强立德树人教育,以"三需求"为标准提升人才培养方案质量,以专业核心技能开发为目标突出学生核心素养培养,以创新创意教育为抓手促进学生的创业意识与能力。

4. 设施更新,条件完善

开工建设3万平方米的教学实训与创新创意大楼。健全标准化、理实一体化教学与实训场所,配置相关实训与教学设备。强化数字化教学设施建设及信息化教学,提高教师专业及实践教学能力。

5. 规范管理,质量保障

实施项目管理,落实配套资金,实施绩效评价,确保重点建设项目高水平、高质量地完成。建立内部诊断与改进制度,强化过程管理,提高建设项目的使用效益。

6. 融合开放,多赢发展

加强应用技术学院建设,探索职业教育集团合作办学新模式。做实与海尔等大企业、行业的产教融合项目,通过推进"学徒制""混合式"合作办学机制,增添专业办学活力。引进社会力量合作共建教学与实训平台,不断深化产教融合。

(2016 年 10 月 12 日)

稳中求进谋发展　撸起袖子创佳绩

——在学院 2017 年冬季学期干部大会上的讲话

冬季学期即将结束，新的一学期就要开始了。按照惯例，开学前学院要组织培训，目的就是让大家收收心，理一理工作的思路，为今后的工作奠定基础。

年前，学院的全年工作要点已经发布；上周，工作要点的分解也已经挂网，一些部门已经开始着手细化分解。

如何高质量地完成今年的工作任务。借今天的培训，我谈一些意见，供大家参考。

今天我讲话的题目是《稳中求进谋发展，撸起袖子创佳绩》，涉及四个方面的内容。

一、把握稳中求进、内涵发展的基本原则

今年学院工作的基本原则，我想借用陈宝生部长在 2017 年全国教育工作会议上所强调的八个字：稳中求进、内涵发展。为什么强调稳中求进？按陈部长的话来讲，不稳难进，有进才更稳。我觉得这体现出辩证思维，是方法论，是系统化，是全局观。

稳中求进，要警惕急功近利，要按规律办事，要稳定团结，要改革创新；内涵发展，要树立质量意识，要扎实推进工作，要可持续地统筹发展。

学院的高职教育办学已经有 20 年的时间（追溯到职工大学时期的试点高职），学院先后经历过创业发展积累和示范建设提升两个阶段。在这两个阶段的建设过程中，我们积累、创造了自己的办学特色和出色成果。这些，离不开学院的深化改革与创新发展。改革与创新使得我们抓住了发展的机遇，提升了层次和水平，扩大了影响力。

现在，学院又面临着一次重大的发展机遇——优质高职院校的申报，这是升级版

的、高水平的高职院校发展平台。我们必须要树立通过优质校建设求进取、求变化、求发展的这一新的追求目标,不进则退,在同行院校你追我赶的当下,稍一迟疑,我们就会被落在后面。

作为高职院校,作为青岛市的院校,求进应该与青岛、山东的发展进程相匹配。

最近,李群书记在省"两会"的发言中,描述了青岛的发展方向,其中谈到通过科技创新引领 10 大产业方向,提出要发展无人技术、人工智能、合成生物、超高速管道交通、量子通讯。这是一些新兴产业,必然需要相关的人才。还有,青岛市提出了要建成国家东部沿海创新中心、服务中心、海洋中心和制造业基地这"三中心一基地"的目标,围绕这个目标,也需要储备相关的技术技能人才。所以,我们的专业应该围绕这些新兴产业、新技术产业来考虑,设置新专业,开发新课程,补充新内容,制定新标准。

譬如,青岛市推出"海洋+""标准+",国家提出"互联网+"。我们在今年的工作要点中提出了"专业+""课程+""志愿服务+",为什么要这样提?这个"+"的内涵是什么?不能简单地理解为一种文字符号的表述,其背后是有意义、有内涵、有要求的。通过改革、创新,丰富专业、课程、志愿服务建设的内涵,对原有的工作思维模式、行为方式进行改进、改造,以顺应未来发展趋势来求变化、求发展。

"专业+",强调的是专业内涵与外延问题。关于内涵,一方面,是强调专业群的建设。由原来建设某一个专业拓展到若干个相近专业,以此达到群内专业资源共享,聚合优势,提高效益,提升专业品质,优化专业结构,更好地提高专业人才培养质量的目的。另一方面,是强调新专业的开设。信息化带来的产业革命导致交叉专业、边缘专业的出现,新行业、新岗位、新要求倒逼新专业的开设。

外延方面,是强调不同专业之间,专业与其他教育教学资源之间的结合、合作、共享。两个不同大类的专业在一些方面是不是可以加强合作交流?专业加上信息技术工具来支持教学、完善管理能不能做到位?专业教育是否需要图书馆的支持?现代社会越来越强调和注重"合作式"分工,部门间是这样,专业间、课程间也需要这样。"专业+"如何推进,教务处、各二级学院应该有具体的推动实施分解意见,而不是空对空地没有思路,没有措施。"课程+""志愿服务+",都是如此。

"课程+"的提出也是深化课程改革的需要。包括课程本身原有要素的优化、内容的增减,也包括若干课程整合、优化后所组成的新课程。我们的课程内容还存在着滞后于新产业、新技术、新流程的问题，存在着更新速度慢的问题，需要进一步改进。工作要点提出的"主题教学改革试点"，就是"课程＋"的一个重要内容，希望教务处、二级学院来研究、试点。工作要点提出的"1＋N"试点已有多年了，各二级学院做得怎样了？这实际上就是主题教学改革试点的基础，希望教务处、质管办今年就此项工作的推进情况进行调研。

主题教学改革，就是要打破传统专业与专业之间、课程与课程之间的壁垒，根据产业、企业的新要求，在 2017 年的专业人才培养方案中，增加那种基于工作任务，或基于某个问题的解决、项目开发而推出的一种以目标结果为导向的"新教学"，把着力点放在提升学生解决实际问题、完成实际任务、提高综合素养的能力上。另外一个意图就是，通过这一改革推动，将现有的某个专业语境下的项目教学法升级到跨专业类别的"大项目"教学法。希望各二级学院、教务处重视这项工作，将其作为深化、拉动课程改革的一项具体工作。

就"标准＋"而言，尽管今年的工作要点中没有提"标准＋"这个词，但在前段的优质校申报工作中我们已经涉及了。我们要建设品牌院校，这就需要我们的各项工作与标准有机结合。青岛市提出"寻标、对标、夺标、达标、创标"已经有很多年了。优质校申报材料期间，我们专门确定了几个国内外的标杆学校，进行分析、研究。这项工作不仅是为了优质校的申报而用，而且是通过比较分析找出别人的优势、劣势，明确自身的优势、不足，增强信心，找准改进的方向，这是我们需要研究的。我们既不能"夜郎自大"，也不能妄自菲薄。希望质管办、研究所在这方面下大功夫，把这项工作作为学院的调研课题来抓。比较研究很重要，这也是研究能力、科研能力水平的体现。

今年工作要点，我梳理了一下，涉及标准的内容有不少："双师型教师内涵标准""美国、新西兰、爱尔兰职业标准""专业技术职务岗位标准""教师绩效评价标准""专业教学标准"。这些方面涉及教务处、人事处、旅游学院、软外学院等部门。希望质管办牵头会同这几个部门研究、开发。还有，学院的优质校建设定位在了建设国际水准的高职院校这一目标，我们要在国际上有自己的比较优势。希望各二级学院、各项目部门，在推进国际合作交流上有所作为，一年下来要推出有形象的工作成果。为什么强调标准？因为这是一流学校的特征，我们作为示范院校就应该承担起推出标准的责任，希望大家在头脑中紧绷"标准"这根弦。

我们还应该以"供给侧"的思维来审视专业人才培养模式改革。这就是"求进"的要求。经济上提出的供给侧，是调整拉动内需的策略。我们在今年的工作要点中首次提出"对接'三个需求'，创新研制人才培养方案"的要求，这是从如何更好地培养人才出发，以系统的思维，从企业、求学者、从教者的三方需求来完善我们人才培养方案的内涵。从显性上看是企业需求、教学需求、专业需求，从隐性上是人的需求，而且这是最根本的需求。

二、实施整体推动、重点突破的基本策略

需要强调的是，今年的工作不管是分管院领导还是各部门负责人，无论是工作目标分解、具体谋划还是今后工作的具体组织实施，都应该注意到统筹兼顾，系统考虑，不打无把握之仗，工作应该是有序、有章法的。同时，在工作中还应该树立全院"一盘棋"的思想，协同一致地做好工作。从另一个维度来看，我们的工作要扎扎实实，不能脱离实际，违背规律办事，不能"只见树木不见森林"，不能关注局部、强调个体利益而忽略全局和整体。我有时候在想，为什么我们的工作有时候会出现矛盾、分歧？其实，如果把握了换位思考，具备了大局意识，气也就顺了，工作也就好配合了。

在统筹兼顾的过程中，还应该关注重点工作、特色工作的推进，在促进各项工作均衡发展的过程中，把亮点的工作做得更亮些。因为，一所学校不可能每一样工作都在全国处于领先的地位，必然有自己的特质、特点、优势的方面，这也是普遍规律。因此，我们要把自己的优势彰显出来，这也就是要"扬长避短"，按照"新木桶理论"，通过改变原有的环境、位置、视角，把优势彰显出来，从而凸显规模效应。通过前期优质校申报材料的准备，通过比较同行院校，我想，青职学院的优势、特色，大家应该比较清楚了。

然而，事物又是普遍联系的，我们对短板问题不能视而不见。因为，不及时调整到一个安全区域，就会因为"破窗理论"出现灾难性的问题，导致学校的声誉、发展受损。小洞不补，大洞难堵，这个道理大家都清楚。因此，此时还应该扬长补短，补到不阻碍发展的适度状态。我们将每项工作都去按照品牌的目标去发展，这是理想，而且应该有这样追求的目标，不断地进步，但是可能因这样那样的原因，付出了没有实现。这不要紧，品牌是需要积累的，自己与自己比，发展了、进步了、尽力了，这也应该值得肯定。但没有品牌、一流的目标，自己低水平、无目标地工作、发展，那迟早就要出问题，就要被淘汰。

优质校建设是学院的一项综合性重点工作,这项工作应该与学院的品牌发展战略相结合。优质校建设涉及全院工作的方方面面,不能仅仅局限于传统意义上的专业建设,认为这是教学方面的事情,是教务处的事情;也不能单纯地认为,优质校建设仅仅是任务书中所涉及的建设项目;更不能出现优质校建设与学校工作要点的工作相分离,各唱各的调的问题。应该通过建设优质校这一目标,在更高的平台上系统思考、缜密设计、有序推进,从而不断提升全院的整体水平。学院的各项工作都应该创优质、做品牌。年前,我们集中力量就优质校的申报进行了准备。上周,省教育厅、财政厅正式文件已经下发,要求今年3月底报材料,在此期间,我们有必要对申报材料再修改、再完善,同时做好答辩的准备。

除优质校建设外,下面再强调一些其他方面的重点工作。

1. 职称评审、职员制改革工作

做好这项工作首要的是要上半年完成制订工作方案、聘任办法,这些需要调研基本情况、借鉴其他院校的做法、出台聘用条件、资格等政策,需要经过相关的程序讨论、决定。这项改革要体现激发、调动工作积极性的导向,考核的关注点是受聘人员的态度、能力、水平、业绩和贡献情况。譬如,教师的教学工作量、教职员工履行职责的情况,把考核重心向教学工作倾斜,向工作实绩倾斜;再譬如,体现教师科研能力、学术水准的科研,重在考量与教学、专业的关系,与本职工作的关系,考量成果获奖情况。

2. 科研工作

从优质校申报来看,从横向比较来看,科研能力与水平是我们的短板,表现在核心期刊发表的论文少,国家、省部级课题少,横向、纵向课题少,成果转让少,专利少。同时,科研的质量水平不高,科研、研究力量与管理力量也不足。科研工作是"十三五"期间重点加强的一项工作。

今年的科研工作,一是要进一步完善激励政策。开展院级优秀科研成果奖评比,加大科研奖励力度。二是要加强学术科研能力建设。开展科研能力培训,包括联合企业、高校等机构合作研究。需要加强研究课题的过程督导,做好科研课题结题后应用成果与绩效的评价。三是鼓励教师、科技人员承接纵横向课题。推进教学科研一体化。海尔学院李峰老师的以科研带动教学的做法就是一个很好的尝试,应该肯定和支持。四是鼓励专利申请。最近一家评价机构在网上公布了全国高职专利申报情况的排名,我院未在其中。这项工作青岛市持续抓了五六年,专利发明情况由原来副省级城市的倒数位次上升到去年的第一名。工作抓不抓，抓得紧不紧，力度大不大，最后的结果是不一样的。硬课题方面，希望四个理工类二级学院要下大功夫去抓、去争取。科研方面，我看也要给各教学单位下达完成任务的"目标性"指标。

3. 学生工作

要在巩固原有工作成绩、特色的基础上，进一步完善育人体系与平台建设，使原来零散的、碎片化的工作变为制度化、系统化的运行机制。同时，还应该把已有的工作成果进行物化、固化，有的需要上升到工作标准。学生工作总的感觉是，我们做了不少工作，但是，从全面育人的角度来看还存在工作不够深入，制度不够完善，内涵不够丰富，特色不够明显的问题，因此，学生工作还有很大的改进空间。

今年一个重要工作就是我院在国际交流协会的指导下，把 WFCP（世界职教联盟）学生支持服务专业委员会成立起来。这是国际高职教育组织设在我院的机构，体现出我院在国际上的引领地位和作用，国际处、学生处要组织筹备好这项工作。第二项重点工作，就是要贯彻教育部新出台的《普通高等学校学生管理规定》，结合学院实际制定出实施意见，这是今年学生工作会议的一项重要内容，希望通过这个会议，把学院的学生工作再提升到一个新的高度。也希望今年起，在辅导员队伍建设、书院制推进、人文素质教育、德育教育、志愿服务、社团工作、学生自主管理等方面有更加出色的成果，育人体系更加完善。"三进一上"是我们的工作品牌，也希望在制度上更加完善。

关于立德树人教育，近年来，中央的要求越来越多，标准越来越高。最近，中央下发了《关于实施中华传统优秀文化传承发展工程的意见》，要求加强传统文化教育、国学教育等等，我们应该把它们列入课程体系中，列入人才培养的方案中。做好这项工作，学院应有一个完整的工作体系和教育载体，分工负责，形成合力。我们以前做了些工作，总的感觉还是不够系统。人文素质教育、德育教育、非物质文化遗产教育、红色教育、国学教育等等，需要统筹协调好。这方面的工作也应该与创建全国文明单位结合，配套组织一些活动、开展一些考核评比，从教师、学生的行为规范和文明礼仪抓起。此外，一些文化符号、文化形象的东西还应做好，譬如学院品牌案例编撰、学院文化手册编写等。

此外，学生身心素质方面也要加强。去年国务院发布了《关于强化学校体育促进学生身心健康全面发展的意见》，我们今年也要出台贯彻实施意见，要进一步完善"全运会"体育活动工作机制。基础部要牵头做好这项工作。要重视学生的身心健康。新生素质调查制度应该建立,包括身体素质、心理素质。要为学生建立身心健康档案,这项工作可以和我院着手申报的职业院校核心素养课题研究结合起来,希望学生处与教育学院对接好。

要组织好学生积极、广泛地参与阅读工程。相比之下,我们学生的阅读理解能力比较差,在基础教育阶段没有打好基础,需要在高职教育阶段进行补课,这方面的能力也是他们发展、成长所需要的软技能。书香校园要由珠山书院拓展到全院来建设;要发挥好图书馆、分图书馆的育人功能;学生的艺术教育先从艺术类社团、启动艺术节做起;博物馆的教育作用也要发挥出来,展藏品的布展今年要出形象。校情校史教育应该作为新生入职教育的固定课程,学院的学生校情校史讲师团要培训好。同时,青岛市的市情、西海岸新区的区情教育也应该作为一项教育内容。为期一年的新生入职教育课程体系,应该根据国家新形势、新要求重新制定和完善。这项工作涉及很多部门,希望在分解时要具化。另外,从课程意义上来看,这些方面的教育活动应该列入素质教育学分体系中去,使得教育活动能够落实到位。

校友跟踪回访是今年重点要抓的一项工作。要在试点的基础上,逐步完善跟踪回访的工作体系、运行模式,努力发挥校友的人脉资源。这方面浙江金融职院做得不错,值得学习、借鉴。

4. 教育教学工作

今年要筹备召开教学工作会议。首先要考虑,召开这次会议要解决什么问题,要交流哪些工作成果,要出台哪些制度文件,要强化和推进哪些重点工作。教务处要牵头做好筹备,提交一个筹备意见,下个月开会研究一次。教学工作会议不能看成教务处的会议,要举全院之力筹备好,主报告要起草好,成绩、问题、未来的工作意见要理清楚。

教学工作,我想就重点抓的、持续抓的工作在这里再强调一下。

一是信息化教学。要出台这方面的文件。这既是深化课程改革的要求,也是教师职称聘用的一个重要条件。同时,要抓好学院层面的信息化教学能力专项培训,而且应该是面向全体教师的培训;要比照国家大赛模式,举办第一届学院信息化教学大赛、设立院级奖项。大赛是手段,目的是将信息化教学作为教师教学的基本要求。信息中心要在技术支撑上做好服务工作。

二是深化课程改革。第二轮的课程改革实施意见要出台,把一些新要求、新内容、新标准加进去。譬如,要体现悉尼协议的标准要求,学院是国内高职院校悉尼协议协作组织的副理事长单位,而且我们合作院校的所在国新西兰是悉尼协议的发起国之一,我们与新西兰院校的同行正在进行质量保障体系的研究、反向课程的开发设计,这些研究与探索也应该列入课程改革中来,希望国际处、教务处、质管办、人事处、旅游学院、生化学院以及项目研究团队抓好这项工作。还有一些方面的内容也应该体现出来:以示范性现代学徒制运行新模式为目标的内涵、质量、特色的研究与实施;完善以"学教做合一"人才培养模式为导向、以大课程体系构建为推力的课程改革体系;构建以实施教学诊改工作建立课程改革质量保障体系,等等。

要鼓励先行先试,要典型引领、绩效激励、成果导向。课程改革过程中教师的表现和成就也应该是今后教师职务聘用的一个重要的考查点。需要强调的是,课程改革成果的积累、交流、支持要作为教务处今年乃至今后一段时间的一项重要工作要求。

三是国家第八届教学成果奖的孵化、准备。年前教务处安排各项目申报团队继续修改完善材料,再重新上报,目的是保证质量。工作计划表是三月份遴选出一个相对大的名单,然后入选团队针对评审专家提出的修改意见进行完善,之后再进行专家的指导。待年底教育部文件下发后,学院根据省厅的部署进行正式的评审推荐。国家教学成果奖是我院教学水平、办学层次的体现,望大家重视,要像申报优质校那样去重视,也望教务处提出一个具体的工作意见,三月份上会研究通过后再抓好组织实施。

四是技能大赛与实践教学要统筹好、组织好。师生的技能大赛要按照要求提前准备培育好、抓好梯队建设,要真正把"课赛融通"抓到位,抓出成效。专业核心技能体系建设的文件要尽快出台,这是把技能教学落实到位、落实到课程教学环节的重要制度,以此来推动实训室硬件建设、实训教学管理与考核的完善。实训教学的开出率要满足设学的要求。实训教学情况如何,大赛工作准备如何,望质管办上半年牵头组织一次专门的督导、调研。教学诊改工作最核心的关注点应该放在日常教学活动的组织实施上,包括实践教学和大赛准备。

5. 创业教育工作

这方面的工作与先进同行相比我们已经落伍了。主要问题是体系建设不够健全,课程资源不够丰富,师资力量不够充足,创业环境不够理想(包括政策环境、硬件环境）。今年，我们先后引进了两个创业机构来充实创业学院的力量，这样做的目的是"借船出海"，提供创业课程、培训创业师资、改进教学方法、提升专业教学能力。最终目标是，将来的创业学院要成为独立运行的一个二级学院，具有能够依靠自己的力量来开展创业教育和支持、孵化创业项目的能力。

今年要采取措施，从解决制约创业教育的短板问题出发，进行系统规划，强力推进。这些工作有以下几点。

在加强创业学院体系建设方面，要试点成立与专业结合的创业学院；围绕创新创业人才培养要求，修订完善人才培养方案；将创新创业教育与创新创业实践训练相结合，构建多层次创新创业课程体系；组织好创意、创新、创业大赛。没有设立创客中心的要全部设立，并且还要正常运行。商学院的电商创业教育可借鉴其他高校好的做法，引进平台，推进创业。

6. 体制机制创新工作

一个重要的工作是，我们现有的校企合作"1＋N＋1"模式的内涵、层次、机制要进一步丰富、完善、升级，要注入新的内容和要求。此项工作要进行专门的调研，了解这方面的情况，确定出新的标准。另一个是混合制办学的试点。今年取得了新突破，年初与青建集团合作成立的青职青建学院，是立足于"一带一路"建设和"走出去"战略的混合制二级学院。这个学院成立后，首先是要对接巴基斯坦的项目，对巴基斯坦的员工进行培训。这个学院要研究不同于现有应用技术学院五年贯通培养的一种新模式，探索推进"双主体"办学，使贯通培养具有更加紧密、更加灵活的合作机制。为此，要策划好具体的运行方案。其他海外培训市场、项目的开发，譬如在迪拜建立培训基地，也是今年带有开拓性的工作，这是我们"走出去"、抢占国际化办学份额的新机遇。

对外合作成果的重要表现形式之一是学院的社会培训。培训包括的种类有很多，如社区培训、公益培训、定制培训、委托培训、购买服务培训，还有自考、成人学历教育也可以纳入进来。我们要激活培训机制，今年要出台加大培训工作力度的激励政策；还要出台抓好培训工作的规划，包括优质培训课程和项目，包括优秀培训师资源库的建设。我们应该扩大培训收入的盘子，收入多了，学校有更多的"活钱"可以用于教学的补充，还可以争取到更多的奖励性绩效。希望培训处抓好工作的统筹、推进。"十三五"规划中提到，培训的目标是到2020年，培训人数超过在校生数。目前，

2016 年培训人数统计为 10400 人，接近高职学历招生数。但是，进入到学校财务账上的收入还不高，去年的培训收入是 1068 万元，2017 年能否实现 1200 万元培训收入的目标？"十三五"末能否超过 1500 万的收入目标？希望我们共同努力。

承领的市以上的工作、项目也应做好，包括中国新西兰的质量保障研究项目、全国职业院校人文素质教育研究会的工作、山东省的就业创业教育专委会工作、青岛市社区学院建设任务和青岛市应用技术学院中高职贯通培养等。

7. 校园环境建设工作

要做到绿色覆盖无死角，四季有花无淡季。各二级学院职业文化环境的建设，一方面自己要加强做好，另一方面学院要统筹好、督促好，有的项目做了，花了钱，但质量不高，立意也不够准确。文化建设也是优质校的建设内容，宣传部、景观委员会要加强协调。

基础条件、民生等方面工作要大力抓好。食堂的花色品种、质量还要进一步完善、提高。要进一步提供优良的服务，如推行预订、订餐热线，开设假期专供窗口等等。

教师办公条件改善要做好。包括室内环境和办公设施。还有无线宽带网络接通的问题，要做到全院覆盖。如何管理好也希望有措施。学生宿舍的维修也要落实好计划。顺便强调一下，今年的招标项目要进一步完善工作机制，不能再影响工期。按照规定，一些重点项目、急需项目可以预招标，怎么实施，望财会处牵头拿出意见来。

教学环境也要持续地抓好。物联网实训基地、心理健康中心、海尔实训基地的外观形象出来了。教师发展中心、国际交流体验中心上半年要建设好。上述区域的文化标识要设计好。实训创意大楼的方案年前进行过需求调研，功能设计要尽快提出意见上会研究。海草房的维修要抓紧进行，非物质文化遗产的教学项目可以在那里进行，一些文化素质教育课程也可以在这里上。

三、完善科学管理、效能提升的基本手段

科学管理涉及工作流程的设计。今年学院的工作要点与以往不同的是，强调主管领导的牵头责任。除优质校等极少数工作外，基本上每一项工作只有一位院级领导牵头负责，其目的就是力图减少不必要的中间环节，增强责任担当。同样，每一项工作列在第一位的处室也就是这件工作的牵头部门，应该担负起牵头的责任。头牵好了，这项工作也就容易完成好了，最终的工作成果属于所有参与的部门。

今天会议结束后,工作要点的分解请分管院领导组织推进。任务分解应该做到言之有物,应该有完成任务的具体措施,应该有标志性成果、进度预测,有可检测、易考核的具体量化工作指标。

要加强对工作的分类指导。工作要点涉及了三类工作。一是优势、特色性工作。这些工作如何继续保持在国内领先的地位?二是成长性工作。这些工作如何通过创设条件使之成为新的品牌?三是短板性或者说是制约性工作。这些工作如何采取规避风险的措施进行整治,使之完善后转化为积极因素?希望大家在今后的工作中,根据不同的工作类别,采用不同的工作策略和方式去推进工作。

工作过程考核和绩效考核要加强。需要强调的是,各部门的管理责任要加强。年前,教务处对三年来教师教学工作量的情况进行了汇总统计,发现有的二级学院教师的教学工作量低,尽管有客观因素,但还是有一些主观上的原因。有的二级学院,一方面说教师不够需要进人,一方面现有的教师教学工作量低。了解了一下情况,有些教师不愿意承担教学任务,二级学院课排有困难,这是什么原因?固然有激励政策导向的原因,但还是有工作没做到位的原因。同为二级学院,有的教师教学工作量却很大。我觉得还是管理上的问题。希望质管办牵头,人事、教务等部门三月份起开始组织一次全面的调研,这也是为了职称改革的政策出台做准备。

教学诊改能否有效推进,关键是二级院部、教师以怎样的态度来对待。首先,二级学院和教师要有教学诊改的需求,希望外界帮助自己诊断和改进;其次,诊断者应该具备相应的能力和水平;第三,被诊断者的改进应该有主动改进的意识与能力。今年,教学诊改工作要全面推开,而且还要做得深入,这方面要与职称聘用、考核奖励有机结合。

教学诊改应该与教学督导有机结合。陈宝生部长在今年的教育工作会上强调,要加强以校为本的人才培养质量反馈监督体系建设,从一堂课、一张试卷、一篇论文、一门课程开始,构建完整、规范的质量监控制度。希望质管办考虑学院质量管理的制度如何完善,如何做到精细化。

教学诊改工作也应该向五年制高职贯通培养延伸。应用技术学院的质量管理要加强,各二级学院要做到位。旅游学院与一所职专合作举办的五年制高职班的第一批学生到学院续读时,难以管理,后来旅游学院把管理前置到前三年后,第二批来院的学生质量就好了很多。这方面的工作我们要统一思想,不能认为前三年不在我们这里，我们就不去管理，贯通培养不能形成"两张皮"，要按照管理我们学生的一个标准去要求，因为学生完成学业后还要发学院的毕业证书。社会上分不清生源的结构，这部分学生质量不过硬，就会对学院的声誉产生消极、负面影响。

成立质管办的目标指向是向着全面质量管理这个方向努力。今年把出台学院工作质量管理办法列进了工作要点，希望借制度建设把工作流程、工作标准同步建立起来。今年还要对学院工作要点等重要文件执行情况实施过程考核，还要建立工作质量的预警制度。

过程管理包括日常的一些具体工作。工作要点提出要"加强档案建设，实施考核年检制度"。档案建设是基础性工作，是规范化管理的需要。今后，每年要有年检制度，上半年要对上一年的档案进行专项检查和评价。

过程考核包括考核教师的履职履责情况，也包括考核行政部门员工履职履责情况。教师今年的聘期到了，要重新聘用、重新签订合同，体现岗位管理的要求，以合同来约定责、权、利。教师工作的情况怎样，以后能否续聘，绩效如何发放，应该有数据、用事实说话。因此，年度的教师工作考核就应该做到精细化，要对每一位教师负责，现在的考核管理还是比较粗放。另外，职员制的管理与晋升也需要有一套考核管理办法。

教职员工的聘用，还取决于2017年起全省推行的生均拨款制度实施后市财政对我院的拨款方式如何变化。假若市财政给我们"断奶"，不再按人头费拨付教师工资的话，那学院的运行就将发生重大变化，那就得重新设定制度。强调这一点是要给大家传递一个信息，那就是优胜劣汰，每个人都应该从对事业负责、对自己负责的角度去认真地工作。

科学有效的管理还包括建立一种奖励机制。去年，我们争取到更多额度的奖励政策。怎么奖，今年要设计好。哪些奖，哪些不该奖，这些要理清楚。奖励绩效，应该是鼓励先进，褒奖那些为学校赢得声誉、做出重要贡献的个人和团队，包括大赛获奖、学术成果与工作成果奖；也包括勇于承担教学工作，譬如超工作量、开设新课、承担课程改革任务等等。当然，还有承担全院统一安排的工作、全局性工作的团队。

过程考核与管理也包括制度的执行情况是否到位。严格规范学生顶岗实习管理，开展学生顶岗实习专项调研与督导工作，这也是今年的一项重要工作。这两年，媒体不断披露、曝光这方面的事情，希望大家要重视，引起警惕，负面的新闻炒到网上,会影响学校的声誉。希望各二级学院把这项工作做好,做扎实。教务处要考虑,顶岗实习如何与学校教育教学管理结合好,不能成为"放羊式"的打工,学校应该履行应有的教育管理责任。旅游学院顶岗实习的"三导师制"管理模式要继续坚持好,其他二级学院应该借鉴学习。

教育部、省教育厅下发的规范实习管理文件中,提出职业院校学校教育与企业实习的时间安排是"2.5+0.5",我们如何执行?我们不能搞短斤缺两的教育,统统按照"2+1"简单地把学生推到企业去劳动,去打工。有的学校为了减少成本,把专业课统统挤在前两年上完,有的教师为了自己的方便连续几天上一门课,没有作业、消化、指导的过程,这是对学生不负责任的表现。作为示范校我们不能这样做。

支持按照工学交替模式实施"2+1"的学校教育与企业实习。在这一模式下,企业实习与教育教学有机结合,学生在企业的实习不是简单劳动,不是与专业无关的所谓"实习"。

四、坚持求真务实、扎实有效的基本定力

我们要潜心、安心、专心地按照高职院校的三大职能和高职教育的规律去办学、育人和管理。我们应该有坚守的定力,坚持走正确的路。坚持内涵发展、质量为本,不要左右摇摆,不去盲目跟风,不为眼前利益所动,着眼于长远,抓住按规律培养高素质、高质量人才这一根本。

学院经过多年来的积累、坚持、努力,特别是去年这一年在党委的正确领导、大家的齐心协力下,学院的发展在整体上有了很大的突破、提升和进步。师生大赛获奖,学术成果获奖,工作成果获奖,全国大赛获奖,世界职教联盟获奖,还有,省文明单位继续保持。获奖的情况是点多面广,全面开花,既有山也有峰,既有树木也有花草。术业有专攻,行行出状元。百花齐放,各显神通。这就是一所健康型常青藤大学所拥有、所具备的示范、引领的品质。

工作的扎实有效涉及很多方面,前面讲了很多。这里再补充强调几个方面。

一是坚持以学生为本不动摇。服务学生、依靠学生、激励学生,这是我们的传统,也是我们的经验。如,实施全员、全程、全域的学生支持服务;构建全人发展的立体化"大课程"体系;探索体现学生主体、学习主动的"学教做合一"人才培养模式。这些是求真务实的表现,这些方面的工作今后还要进一步抓实、抓好,坚持做下去。

二是加强工作研究。对接青岛市经济和社会发展新要求、新动态开展实证研究，这也是求真务实的要求。我们的工作要严谨，要有针对性。山东省提出智慧供应链创新发展，我们怎么办？西海岸的新发展我们也应关注，毕竟我们坐落在开发区，要积极争取开发区政府的项目，积极参与开发区的建设中去。

有成效的工作是建立在未雨绸缪的基础上的。应该提倡反思、总结、提炼昨天的事，抓紧、做实、完成今天的事，计划、协调、部署明天的事，务虚、规划、设计后天的事。瞻前顾后，系统思考，持续积累，不断改进，定会使得我们的工作迈上新的台阶，达到新的高度，取得新的成就。

三是加强能力建设。这里重点强调的是内训工作。教师发展学校的作用要发挥好，三级教师发展体系要进一步完善。要重视、理解教师发展中心的地位和作用。最近，原教育部教科院院长袁振国发表了一篇文章，谈到学校的第一要务是教师发展，麦可思公司也就教师发展进行了调查分析，认为学校应该帮助教师发展，关注教师，这样才能有高水平的教育教学质量。教师发展中心要统筹好学院全年的内训项目，在本月底公布出来。今年的信息化全员培训要和教务处、信息中心沟通好、组织好，作为继续教育学分登记的重要内容。教师继续教育学分登记要制定实施意见，哪些可以登记，哪些不属于登记的内容，要界定清楚，因为这个要纳入职称聘用中去。教研室能力建设是今年应该进一步加强的，其中很重要的一项工作就是要启动教研室主任教学能力与教学管理能力的培训，希望人事处商培训学院、教务处共同确定出培训模块，制订好培训方案。另外，教学院长、副院长的业务培训也要考虑启动。

今年工作任务能否高质量完成，取决于在座的各位能否齐心协力，共同努力。怎么去做，我想将网上要做好的"五个事"，在这里复述一遍与大家共勉。

想做事，是态度问题，体现的是一种状态，一种激情；

能做事，是能力问题，体现的是素质，胆识；

做成事，是水平问题，体现的是一种追求和工作效益；

不出事，是一条底线，一种坚守，不踩红线，按规矩、按制度办事；

好共事，是一种品质，一种修行，大家能够在一起共事是个缘分，我们应该珍惜。

让我们一起努力，甩开膀子加油干，撸起袖子创佳绩，为完成好今年工作任务做出我们应有的贡献。

（2017 年 2 月 20 日）

以"三高"为目标　打造培训工作品牌

——在学院培训工作专题会议上的讲话

　　作为高职院校的重要办学职责,培训工作是学院社会服务能力和办学竞争力的重要体现,学院始终高度重视。目前,学院的培训工作有了长足进步,这从去年的创收收入中可见一斑,2200万中有1000万是来自培训收入。学院的培训工作仍有很大空间可以挖潜,因此,今年我们大胆提出了1200万的目标,尽管不考核,但希望大家高度重视,坚定信心,共同努力。结合工作实际,我谈几点意见。

　　一是明确培训定位。按学校"十三五"规划,学历教育与培训人数比例为1∶3,这就要求我们在未来三到五年,必须坚持"培训数量大、培训收入高、培训领域广、培训课程精"这一定位,着力于培训市场的开拓、培训项目的多元、培训课程体系的完善和培训师资的充足,抓好"主业"即特色技能、专业方面培训,兼攻"副业"即面向社区、企业、不同群体开展其他类型培训。只有这样,培训工作才能过瘾、解渴、好用。

　　二是强化培训激励。培训工作不仅是补充办学经费的需要,它与教职工的收入也密切相关,是经费补贴的有效渠道。创收多,我们可用于改善办学条件和发放绩效酬金的经费就多,460万显然不够。随着培训任务的增加,我们要继续做主管部门的工作。同时,将培训工作作为职称评聘的评价指标之一,有效调动教职工的积极性。

　　三是完善培训模式。要增强主动服务意识,不能说培训结束了就结束了,要持续做好后续与学员的互动、交流和服务,体现学校培训特色。比如,培训前可以通过问卷调查等方式了解学员的个性化要求,实施定制培训,进行一对一交流;培训后可以通过网络平台对后续问题进行免费指导,提供免费"回炉式"培训,等等。这应该成为

"互联网+"模式下培训的常态,以"匹配服务"为核心,以"精准共享"为目的,保证培训资源的有效供给。

四是创新培训方式。教学与培训应为一体、互为促进。有什么样的教学行动、教学实践、教学体验,就应该有什么样的培训行动、培训实践和培训体验。因此,必须突出重点,创新项目化、研究式、案例式、主题式等多元化培训模式,并对各元素构成和有效结合进行全面研究,带着任务学、带着题目做,更加突出培训的行动化、实战化和"学教做一体化",在提升培训实效上下细功夫。

五是完善培训体系。正如上面所讲,培训是专业教学在社会服务当中的映射。专业教学的功夫怎么样,培训的能力就怎么样。因此,必须重视培训的深度和新度,面向实际,着眼未来,加强顶层设计,完善项目规划,从课程建设、师资管理、政策配套、考核评估等方面构建起一套完整的培训体系,让培训者真正做到"知昨天的知识,会今天的技术,展明天的能力,悟后天的趋势",学有所获、学有所得、学有所为。

六是做好品牌积累。以"高水平、高平台、高实效"为目标,打造培训工作品牌。要特别加强培训课程资源库和师资资源库建设。将学校课改的理念、要求移植到培训方案制定过程中,可建立统一模板,组织评比交流活动。建立院内外培训教师选拔制度和入库门槛,包括技巧能力、信息化手段运用等,形成不同层面、不同模块、不同专业资源库。要注重培训的过程管理,包括服务性管理、常规性管理、发展性管理等,这事关培训工作的质量与成效。

(2017 年 3 月 14 日)

明确科研工作定位　提升办学能力水平

——在学院科研工作专题会议上的讲话

高职院校到底需不需要科研？科研的定位是什么？科研如何推进？如何评价？这些问题需要厘清。借今天学院科技工作专题会议，就科研工作与大家交流一下想法，供参考。

首先，明确科研工作的定位。科研工作的定位应基于高职院校的三大办学职能。这三大职能就教师岗位而言，就带来了三种类型的教师，分别是教学型、教学科研型和科研服务型。这三种类型岗位的教师有着不同的工作任务。比如，教学科研型教师一年中教学、科研任务应该有量化的计划安排；科研服务型教师，就应该把年内论文写作、课题研究、发明专利、技术研发、咨询服务等内容写入工作任务书中。一般而言，高职院校教学型教师居多，教学科研型教师次之，科研服务型教师很少。对教师而言，选择哪种类型一方面取决于教师的特长，另一方面取决于学校办学的需要。需要强调指出的是，教学型教师也离不开科研，只不过他们的科研重心是放在教学研究上。

其次，把握科研工作的理念。要全面、科学、准确地认识科研工作对提升高职院校办学能力与水平重要性的认识。一是科研对教学反哺与促进的作用。教学研究、课题研究、科技研发等都属于"大科研"的范畴，这些研究内容、项目、成果都可以优化或整合为课程，有利于学生的培养。二是科研对教师能力提升的作用。缺乏科研或教研意识与能力的老师，其教学能力、教学效果一般是不高的，更不用说是成为骨干教师、教学名师。三是科研对服务地方发展的作用。高职院校应该在支持中小微企业,产教融合创新发展方面,发挥智力优势、成果转化等方面的作用,提升对当地经济与社会发展的贡献度,有为才能有位。

第三,确定科研工作的措施。我用"一二三四五"来概括学院今后的科研工作如何推进。

(1)坚持一个立足。即立足于专业特色,以专业特色为本推进科研工作,将教育研究、教学研究和科学研究整合为一体。各二级学院都应该有重点科研项目,持续不断地积累研究成果。

(2)强化两个合作。从两个维度构建开放、协同的科研团队。一是通过教师团队、师生团队、部门团队的建设,以形成合力凸显合作效能;二是通过学院与联系企业构建命运共同体,进一步深化校企合作关系。

(3)构建三个平台。与中小微企业联合建立的研发平台;以大企业、大院所为依托,承接或参与相关科研课题的项目平台;整合校内外资源搭建职业教育教学的研究平台。

(4)抓好四个建设。以项目为载体,以任务为驱动,以行动为导向,推进创客中心、协同中心、研究中心和工作室建设,且这四个建设的内容应融为一体,协同共进。

(5)完成五个任务。在保证质量的前提下,完成增量指标任务:一是在核心期刊上发表的论文数量,二是省以上的重点课题的立项数量,三是国家级科研、教学成果奖的数量,四是科技成果专利数与转化率,五是省以上科技类、教学类的大赛获奖数。

第四,强化科研工作的保障。一是管理。科研工作的管理应列为一把手工程,希望各二级学院的院长要重视这项工作。二是政策。如,加大对重大课题的资助额度,加大对科技获奖的配套奖励力度。三是机制。建立二级学院科研工作评价制度,以评价引导科研工作,不断提升科研质量。

(2017 年 5 月 19 日)

创新培训工作　打造培训品牌

——在学院培训工作会议上的讲话

今天,我就如何创新培训工作,打造培训品牌,与大家沟通、交流一下,谈一些工作意见。

一、为什么要重视培训

可以从以下三个维度来看待培训。

一是办学职能的履行。社会服务同样也是高职院校办学的重要职能。高职院校与行业、企业紧密合作,与社会广泛联系,理应在面向社会培训方面大显身手,发挥自身的比较优势。作为国家示范院校,在这方面,学院要做出样子,做好表率。

二是办学能力的提升。面向社会培训的过程,也是倒逼学院办学能力提升的过程。面对职业院校同行、企业技术人员、周边社区居民,我们需要具有实用的课程、优秀的培训师和有效的培训方法。与此同时,培训的经验与成效也会促进专业教学。

三是实现创收的途径。作为公益二类事业单位,学院今后的办学经费不可能全额由市财力"埋单",学院很多方面的经费支出需要通过多渠道的创收来弥补。培训是学院创收的重要渠道,培训收入高了,学院办学可以有更多的"活钱"用于补充奖励性绩效。

最近,教育部提出高职院校"做大培训"的要求。对此,学院把今年确定为"做大培训年"。在此基础上,明年以"做优"为重点,后年则是"做强"为目标,一年一个台阶,持续抓上三年,力促培训品牌,做大做优做强培训。

二、如何做好培训

做好培训要抓好以下几个方面的工作。

1. 目标规划与实施方案

学院的培训规划是顶层设计,里面有很多对未来目标的展望。目标任务需要通过具体的实施方案有计划、有步骤地一个一个去落实,这是一个积累的过程。各二级学院根据学院的规划和要求,结合专业优势与特点进行任务分解,要突出成果导向。希望大家理解规划中重点的目标要求与核心指标的内涵。一是,"一专业一培训"的目标任务。"一专业一培训"当下是解决"有和无"的问题,明年以后就开始逐步解决"有和优"的问题。"一专业一培训"涉及两个维度:一个维度是指面向职教师资的业内培训,另一个是指面向企业、社区等的社会培训。"一培训"中涉及的职教圈内部与职教圈外的两个培训轮子都应该转起来。希望大家把"一专业一培训"的内涵、目的和意义搞清楚。二是,"十百千万"的核心指标。这是"十三五"期间要实现的目标。其中,"十"是指与十个以上的省级培训机构建立合作关系;"百"是指每年要有一百个以上的培训班次;"千"是指每年培训收入达到一千万以上;"万"是指每年培训学员在一万人次以上。三是,培训体系的系统构建。学院的培训体系构建可分三类,包括学院层面组织的通识类培训、职能处室层面组织的专门类培训、二级院部层面组织的专业类培训。四是,培训机制的灵活多样。主要是推动双轮驱动的培训模式。除承接政府部门的任务式、服务外包式的培训项目外,还应通过社会化方式面向社会推出培训项目,实施定制培训。

2. 项目课程与课程改革

首先,要做好分层、分类项目课程资源包的开发与积累。其次,项目课程也应遵循"三需求"的调研特色,体现出以服务客户需求为导向的理念。这里所讲的客户是指"双客户",即学员客户、委托方客户。第三,培训课程应体现"三元结构":国家政府部门、行业部门人才的质量标准与规范要求;需求方的个性要求,包括学员个人,学员所在地区、学校需求方的个性要求;学院作为培训供给方理念、内涵、模式、方法以及成果的输出。第四,倡导通过跨界组合来推进项目课程的实施,包括院内各二级院部之间以"课程+"等方式的资源整合,也包括引进院外的课程资源。第五,对已有的品牌培训项目进行形象策划,通过各二级院部的自媒体推出去,如学生支持服务、心理健康教育等优质特色课程,项目教学法、教练教学法等示范教学方法。第六,注意开发和积累优质的培训课程资源,如优秀的培训教学案例、录制培训教师的教学示范视频。第七,师资培训也需要进行课程改革,可以借鉴学院课程改革的实践,把课程改革的系列成果引用或植入到培训项目中,比如多师同堂、"课程＋"、微课程、主题教学、项目教学、教练教学等教学方式方法,还有"三需求"人才培养方案制作的原则等等。

3. 师资建设与能力提升

培训师团队建设很重要,这是培训质量的关键。要建立校内、校外专兼结合的培训团队。培训师的选择无论是专职还是兼职,首先要是一位合格的员工并且教学效果好、教学质量高,其次要有积极的工作和生活态度。教学能力不强、教学效果不好的教师是不能承担培训任务的,因为面对的是有实际工作经验的在职人员,给他们培训难度会更大。同时,培训师在一定程度上也是需要付出的,需要根据需求在很短的时间里重新进行教学设计,重新学习并了解业内最新的知识和技能。各二级院部应重视培训团队的建设,有计划、有意识地进行培育。学院从下个月开始要启动内训,我先讲第一讲。希望推选出的受训学员不超过40人,培训结束后他们作为"种子"进行二次培训。要建立培训师资格认证制度,参加了学院组织的培训通过考核后持证上岗,在培训学院备案注册。培训师的培训也纳入教师发展中心两级三层的培训体系中,希望培训学院与人事处做好沟通。此外,管理者(班主任)也需要进行培训,因为培训过程中的沟通、协调也很重要。

4. 培教一体与模式创新

要加强培训与教学的融合,推进培训学员与培训教员之间教学相长的结合,探索培与教、学员与教员之间互补、共享的新模式。如,对职业院校同行的培训,要聚焦教育教学实践中的痛点、难点、堵点,以推介、探索、交流、分享等方式,与学员一起进行研究性、探索式的培训,将源自员工培训的行动学习模式,很好地应用到培训方法的改革。培训师在培训活动中应充当主持人、顾问、教练、导演等多元角色,让学员成为培训中的主角,探索培训新方式、新模式。对企业员工的培训,承担培训任务的教师要专门到企业研修,真正了解企业对企业员工的能力需求标准是什么,岗位能力与专业素养之间的结合点是什么,特别是培训师要学习、掌握新技术、新知识、新标准,向企业工程师学习,只有这样才能胜任培训工作。要加强培训教研和培训科研工作,结合培训项目定期组织培训现场观摩课,开展培训专题调研、申报课题立项,开展培训学术交流活动。

5. 优质服务与规范管理

要科学处理好服务与管理的关系，突出服务与管理以成果为导向的目标追求，特别是要在改革培训模式上凸显服务与管理的新内涵。随着移动互联网的快速发展，人们获取信息的方式发生很大变化，在这种情况下，培训模式也应随之发生变革。以往那种"套餐式""盒饭式"的培训内容，那种"被培训"的"大规模定制"培训安排，不能满足受训者个性需求，同时也忽视了受训者私人学习习惯。因此，培训方案的制定应该"变脸"。如，吸收学员参与到培训方案的制定中来，配置培训师助理、班主任助理，培训师与学员组成培训团队。要借鉴海尔售后服务的理念建立"培训后服务"制度，加强对受训学员的跟踪指导与个性服务。要以餐饮、住宿管理服务为重点，开班前、开班中都应该征求对餐饮、住宿环境等方面意见，了解学员生活习惯等方面的需求。承接培训项目的二级院部要与班委联合组成管理团队，建立有序、通畅的沟通、协调机制。要充分利用好信息技术平台与工具，建立学员微平台（学习空间），发挥其在辅助培训、学习，信息沟通和管理评价等方面的作用。要建立起综合性考核评价体系，包括对学员受训情况发展性、多元化的评价，对培训项目、课程、授课、师资、服务等满意度的评价等等。要做好培训资料档案工作，包括项目手册、图片资料、培训课件、学习资料、成果作业、评价考核等。要加强过程化的培训质量督导与监控，质管办与培训处、各二级院部应各负其责。要建立学院、二级院部培训工作年度质量报告制度。

（2018 年 4 月 26 日）

担当作为挑重担　狠抓落实出成果

——在学院 2019 年春季学期处级干部培训班上的讲话

这些天来，我在学习上级文件精神的基础上，结合学院的实际，思考了今年《学院工作要点》中的行政工作如何推进。今天我把推进工作的思路、要求和方式和大家交流一下，供参考。

《学院工作要点》共 72 项，其中直接涉及行政的工作大约是 45 项，分别涉及专业建设、教学与课程、校企合作、教师与科研管理、基础条件改善、工作保障等方面。为了交流方便，今天我简单划分为两大部分：一是专业建设与人才培养部分；二是支持与保障部分。

《学院工作要点》涉及的工作是全局、重要的工作，同时也尽可能地兼顾到各部门全年的重点工作。因为是突出全局、重点的工作，一些常规性的工作，一些这几年一直在抓的工作，已经趋于常态化，因此在工作要点中没有列上。没列上，不是不去做、不关注，因为如果这些基础性、常态化的工作做不好，今年工作要点的工作也就不可能完成好。希望各部门处理好重点工作与常规工作的关系。

《学院工作要点》确定了今年工作的方向、目标、任务，但是怎么做好，通过什么方式、途径完成好，需要大家深入思考。这周工作的重点：将工作要点进行再分解、再细化，确定一些小目标、子任务；相应地组成团队，做好分工；设计出工作的时间表、路线图；考虑如何整合校内外资源，将设计图变为施工图。

因时间关系，我不按照要点的顺序去讲，而是突出专业建设与人才培养这个主线，就如何推动学院工作要点的实施，谈一下工作思路和具体措施。

总的工作思路，强调以下几个方面。

一是对标。总书记对职业教育的思想和要求、全国教育大会精神、国家职业教育改革实施方案 20 条、省职教改革 11 条等文件精神，我们要学懂、弄通。省、市经济与社会发展的要求我们要贯彻好。要在借鉴国内先进院校的做法的基础上改进我们的工作。要把国家、省、市对职业教育发展的要求融合在我们的工作目标、任务中去。要推进专业标准、课程标准的建设，以此形成一流专业、一流专业群和品牌课程。

一流专业、品牌课程的建设，无论是工作内容还是工作方法，都应该根据新要求、新标准、新内容进行创新。创新就是要在以往的基础上有所改变，就是要与时俱进，而不是把示范院校建设期间的做法、以往的内容、旧有的标准套用过来。要考虑到 2025、2035 年时，我们的专业、课程的水平、层次在全国是个什么位次、是个什么层次，是不是社会和业内公认的一流水准，是不是按照党中央、国务院的要求达到了现代化的水平，我们应该有这样的远景目标。如果我们的工作只看到眼下能做到的，只是按照现有的资源、条件，去设计未来一流专业的内涵，这种思路、定位所确定的目标和制订出来的方案，就是低水平的。

我们有的同志在考虑工作时，思路打不开，没有跳出专业、院部、部门来看待如何去整合资源，寻求发展机会。在规划设计上，只看到眼下的这步棋，看不到第二步、第三步的棋；在思维模式上，习惯于传统的、现有的、熟悉的；在实际行动上，患得患失、小富即安。缘于这些问题，在工作中就不敢于创新、不善于求变，就不能实现高标准的发展。

二是质量。质量从结果上看，是以工作成果来体现的，那么怎么做才能有工作成果？这方面需要坚持不懈、持之以恒地抓下去。有质量的成果是一个积累的过程。工作要点每年都在制订，每年都有新的要求、任务，但这不是意味着对去年、前年工作要点的放弃。尽管前几年的工作一些已经转化为常规性、基础性的工作，一些在今年又扩展了新的内容，但这些工作都是有连续性、相关性的，今年的工作是建立在以往工作基础、成果之上的。因此，我们在做每一项工作时，要注意把过去的工作和现在的工作关系处理好，而不是今年只做工作要点中的工作，其他工作另起炉灶、推倒重来。

质量的考核认定标准也应该进一步细化，进一步体现出成果、绩效的要求。用数据、事实、效果、影响力来说话，而不是仅仅因制发了文件、召开了会议、举行了揭牌仪式就认定为是一项工作成果。工作要点分解也希望尽可能有成果预期的描述。工作要点分解的标准高低，能否按照一流标准来要求，直接影响到工作的质量和水平，因此，质量管理、诊改工作应该从工作要点分解这个源头上抓起。

按照省委"担当作为，狠抓落实"的要求，我们要改变质量管理、质量评价的模式、方法，结合学院迎接省里的诊改复查，推进好过程化管理。要倡导"走动式管理"和自下而上的工作方式，重心下移。各部门，无论是行政、教辅部门还是教学单位的领导，都应该深入到教室、车间、宿舍，去调研、现场办公，解决问题，推动工作；都应该上讲台，在人才培养方面形成合力。这就是多年来学院所推进的"三进一上"。

三是服务。作为青岛市的一所职业院校，首先要为当地的经济和社会发展做出贡献，有为才能有位。要紧跟省、市的战略部署，如"双招双引"工作，我们也应在招才引智上有所作为。要积极、主动地承接青岛市的重大项目。

如，蓝色经济。新来的市委书记王清宪第一个调研的题目就是海洋经济，对此，市教育局也提出了要求。因此，无论是专业与海洋产业的对接，还是海洋特色的课程开发，各二级学院均应考虑如何推进。专业与相关涉海行业、企业对接的问题，不仅仅是生化学院的事情，譬如，海上旅游，与邮轮母港、有关机构的合作，尽管教育部在专业目录中取消了邮轮专业，但是，旅游学院可以根据青岛需要保留并开发邮轮的相关课程；海上物流与港口仓储的产业发展，商学院可考虑如何去对接和差异化发展。在课程资源整合上，包括已停招的报关专业，各专业可以根据需要或开发新课程，或更新课程内容。涉海相关课程的开发，各相关二级学院可以先从选修课开始，开展海洋科普方面的教育，让学生了解海洋、认识海洋、亲近海洋。

四是开放。要广交朋友，要建立企业合作伙伴朋友圈。要把学办到企业去，专业人才培养方案中可以设置面向职场、职业的企业课程模块。

"工作交替"式的学徒制新模式值得进一步探索与创新。工学交替与现代学徒制不是两个对立的方面，完全可以进行融合、共享。如，海尔学院与中车，旅游学院与喜达屋，艺术学院与酷特，教育学院与幼儿园，生化学院与海湾集团，商学院与电商企业，信息学院与人工智能企业，这方面也包括引企入校的校内企业平台（小微企业、研发机构、创业实体、配件项目、生产车间等等)，都可以去探索和实践。

要与各级政府部门、非政府组织机构建立良好的人脉关系，多请示，多争取项目。最近，市里、区里的一些机构合并，领导班子调整，职能变化，我们就应该去对接。跑政府是今年一个重要的工作任务。要与业内的职业院校、高校与研究机构建立合作关系。要结合"双招双引"(招商引资、招才引智),积极引科技智力资源进校建立科研平台,引进能够促进学校提高层次水平、解决学院发展短板问题、直接或间接补充学院资金短缺的大项目、好项目。

开放,还体现在学院部门之间、部门内部之间的资源共享、合作上,这方面我们还存在一些问题。表现在专业群内部各教研室之间的专业、课程、成果在共享性、融合度上还有差距,也包括各教学院部之间、各专业群之间的共享与融合。这个问题不解决,我们的办学就不能做大,更不要说做优、做强了。

以上四个方面的思考供大家参考。

今年的工作要点将一些工作在文字上进行了浓缩,看似几行字、几句话,但是,要做好、做优并非易事,这要看以什么标准来要求了。低水平,是以所谓的开会、启动了项目为目标;高水平,则是以成果、绩效为目标。我们是国家示范校,现在又在建设优质校,下步还要申报国家特高校、特高专业,对我们来说,工作标准就应该高,质量、水平就应该高。希望我们各项工作都树立品牌意识,把工作落实在行动上,使成果体现在创新上。

下面,我将《学院工作要点》中行政工作部分的工作思路和大家交流一下。

一、专业建设与人才培养部分

(一)省优质校建设工作

今年面临着中期验收和终期考核,需要从 3 月份开始建立月工作推进制度,做好每月的成果台账和成果积累,对存在的问题和困难要逐一以现场办公方式协调解决,对于重大问题,研究解决办法提交党委会。各建设部门要抓好日常的工作推进,特别是有资金安排的项目要抓紧推进,抓好完成。教务处、招标办、质量办要从各自的工作职责出发,做好每月的工作推进调度和协调。

(二)高水平专业建设工作

一方面,我们要根据省里的安排,组织好此次省一流专业的提报、答辩、确定和建设工作。上周,教务处向党委会汇报了申报方案和下步工作安排。材料虽然报到省里了,但因时间紧,还有一些需要完善的地方。特别是我们的建设基础条件,也就是优势部分,还需要进一步挖掘、进一步整合全院的资源。因此,包括院办、宣传部在内的部门,需要提供一些支撑这三个专业群的信息资料。

还有一个问题是,专业的建设任务、标准、层次需要结合国家赋予山东、青岛的建设国家职业教育创新发展试验区、示范区的要求,进一步提升层次和水平,使专业建设的绩效处于全国一流的水平。旅游、艺术、信息、海尔四个学院,要考虑如何以建设一流专业群为目标提升专业群的竞争实力,积累国家级的系列成果。

为什么这样考虑、这样做?因为,我们面临着省里答辩。首先,要进入到省里的全国特校"专业孵化器"中,要通过这个初选的门槛;其次,教育部开始布置特高校申报时,我们希望能够有一份优质的方案去参加竞争;第三,这也是申报本科专业的基础条件。关于一流专业的建设,学院在去年已经启动了,向省里提交了优质专业,学院几次召开了一流专业的研讨会,大家有了一些准备。一流专业建设,对每个二级学院来说,都有要求,都有任务。

另一方面,我们现有的专业应该结合山东省新旧动能转换的要求,结合山东"十强产业"中的骨干企业,结合产业链的情况,配套新增相关专业,优化专业结构。现有的专业也应该实施"关停并转",老专业之间需合并的就要合并,课程需共享的就应该共享,需在老专业基础上申报新专业的就应该着手考虑。专业的布局要体现山东、青岛经济发展的需要,要主动到省、市领导机关去汇报,争取支持,寻求发展机遇。各二级学院不能现有老师能教什么课,就办什么专业,就开设什么课程。如果这样下去,不对现有专业进行改造升级,强化内涵建设,不去进行专业调整的话,我们的专业就会没有竞争力和生命力。

要考虑专业方向、课程模块、教学内容的变化,来对接产业链的人才需求,做活专业,更好地与产业融合,同时也拓宽学生的就业渠道。希望各二级学院要了解青岛市乃至山东省的产业链的情况,以及所涉及的相关企业。教务处、招生办、质量办应该联合考虑如何建立并完善专业考核机制,确定评价标准,上半年开始对学院的专业竞争力进行综合评价,为专业调整提供依据。

(三)高职本科专业申报准备工作

本科专业是我们办学能力的体现,其中很重要的一点是看这个专业在高职圈内的学术地位,看这个专业的办学成果,看这个专业有没有国内有影响的举旗的人才。

因为教学研究、科研要出成果，离不开高水平的人才团队。国务院刚刚颁发的《国家职业教育改革实施方案》中提出，要"探索组建高水平、结构化教师教学创新团队"，要实现这个目标，就需要多管齐下，改变原有的人事管理的单一工作模式，增加人力资源开发与建设的内容：一是，通过联合、合作的方式，引智入校建工作室、研究所；二是，加大博士、教授的引进力度；三是，要对我们自己的教师进行培养，鼓励教师去攻读博士学位，到国内外高校研究机构做访问学者或者到海外培训、参加紧缺专业和课程的高端定制培训，去大企业挂职和研修。这也是优质校建设、特高校申报的需要。

（四）课程改革工作

这项工作要在继续巩固以往工作成果的同时，按照学院实施《教学改革行动计划（2018—2020）》的要求，对其中的工作任务进行细化和分解，确定工作的推进时间和计划。教务处要会同各二级学院研究制订工作任务落实清单，以保证这项行动计划得以落实。请各二级院部会后，就落实学院文件提出具体的推进意见，3月份中旬，我将与教务处的同志到各院部调研，了解大家对落实教学改革行动计划的推进情况，听取大家的意见、建议，研究、落实推进意见。

下面就工作要点中涉及的有关课程、教学的几项工作，再强调一下。

第一个方面的工作：课程思政工作。

请教务处牵头，在今年五月份之前出台"课程思政"建设实施意见，经报党委会通过后实施。同时，要同步考虑2019级的人才培养方案如何体现出课程思政的要求，还应该研制出课程思政新课程的标准和评价标准。这项工作也作为深化课程改革的一项重要内容，以此丰富和提升课程融合、"课程＋"的内涵。

各二级学院上半年要组成课程思政教学研究团队。希望各二级院的院长亲自挂帅推动试点工作；要求每个专业都要确定几个课程进行试点。试点课程要结合专业人才培养中的育人要求，结合课程的特点，将立德树人、职业道德、工匠与劳模精神、创新意识、人文情怀、科学素养、美育、生涯规划、品德修养等内容，或通过经典案例、或通过基础知识与能力素养养成课程，有机地融入教学设计之中。

教师在课堂教学中的职业精神、师德表现，要充分地体现出来，通过这一隐性课程起到对学生潜移默化的示范引领作用。因此，师德作为教师课堂规范行为的要求，作为教师大爱无边精神的倡导，各院部应该常抓不懈，持之以恒地抓下去。

在课堂教学改革方面,要体现立德树人、德技并修的原则。通过教学方式方法的改变,让这些教学内容入脑、入心,实现知行合一。希望各教研室发挥好作用,教研室主任要带头进行课堂教学方式方法的改革,把参加 NCEE 培训、教研室主任国培等培训成果和所承领的试点任务应用在教学实践中。要整合全院资源,推进课程思政工作的落实。思政部、学院有关部门也应积极参与课程思政的相关工作,帮助二级学院、教研室主任、专业教师将思政的要素与专业进行有效的结合。

教务处、质管办等部门要定期组织到二级学院听课、参与教研活动;要善于发现典型,及时通过公开课、研讨会等方式进行推广。按照党委的要求,今年的听课、研讨,乃至调研与工作推进,要在减少会议、文件的同时,这方面做加法,要改变原有的工作模式与习惯,要下沉到教学一线,为二级院部多服务,多解决问题,创造出良好的专业建设和教育教学的环境。

第二个方面的工作:"技能青职工程"工作。

既然将技能青职确定为学院的一项"工程",那么这项工作就应该系统地设计和推进。教务处上半年在调研的基础上,出台一个实施意见,请各二级院部根据这个方案都来思考如何实施,大家要集思广益。在这里强调的一点是,技能包括硬技能,也包括软技能;包括学生专业技能,也包括生存技能,当然,还包括教师的教学技能。

关于持续构建和完善专业核心技能体系的工作,去年,教务处拿出了一个方案,这个方案如果要得到落实的话,需要各二级院部不断地进行探索。为推动这个体系的构建与实施,工作要点中提出了"结合覆盖各个专业、面向人人、与国家或行业大赛赛项接轨的技能竞赛项目"的要求,请教务处牵头做好大赛课程的设计与确认、大赛课程的课时和学分的确定等工作。没有国家或行业赛项的专业,可以与合作企业制订院赛的标准,一并纳入大赛课程。

要鼓励学生多参加各级各类大赛。最近中国高教学会发布了 2014—2018 年全国普通高校学科竞赛评估结果,高职前 100 名中没有我们,山东 7 所院校入选。34 个方面的比赛我院不仅参加的少,而且获奖也不多。因此,如何真正实现"覆盖各个专业,面向人人的大赛"要求,我们需要再努力。

大赛课程应该与实训课程一体化,应该是共享、整合、完善。学生专业核心技能的培养与完善实习课程内涵、强化实习管理有着密切的关系。我们去年获得了全国实习管理 50 强,但是,我们不能因自我感觉良好而不思进取,与其他入选 50 强的院校相比,我们在一些方面还是有差距的。我让教务处将其他院校的优秀案例从教育部职业教育的网站上下载了下来,最近转发给大家学习一下,通过对比找差距,思考如何改进。另一方面,我们在实习管理方面的特色做法也需要在坚持中进一步完善和改进。对于这方面的工作,今年上半年计划要召开一个研讨会,希望大家对如何创新学院的实习课程内涵、科学地管理好实习工作,献言献策,集思广益。

2019级的各专业人才培养方案要实现大赛课程全覆盖。要建立和完善班赛、院部赛、学院赛三级赛制体系,与"课证融通""课赛融通"有机结合,作为常态化教学的重要组成部分。这个目标任务的实现并非易事。一是,要统一思想认识;二是,要有制度保障;三是,要优化教学环境。优化环境方面,要加快实训创意大楼的建设进程,同步考虑实训场地的布局和条件的建设。要根据二级院部大赛课程的需求,加强实训条件的改善,通过校企合作联建、学校自筹自建的方式,添置实训设备。也可以结合到企业实习实训,来弥补设备、场地的不足。关键是要有制度保障,不能形同虚设,放羊不管,放任自流。

关于完善"学历证书+若干专业能力证书(1+X)"制度的工作,一方面要按照教育部的统一要求争取试点任务,一方面还要结合学院的实际,创新自己的"校本多证书制度"。过去,学院建立了写实性的工作经历证书制度,也鼓励学生去参加技能比赛、社会实践。今年上半年,要对这方面的工作进行专题调研,在调研的基础上,完善我院的专业能力证书的制度,建立专业能力证书的学分认定制度,以此鼓励学生学技能、参加各级各类的技能大赛。要注意专业能力证书的学习、大赛内容、学分转换和学历证书的对接融合,避免出现各行其道、毫不相干的问题。希望各二级院部对原有专业能力证书的情况进行总结,把数据、经验、问题列出个清单,为调研做好准备。

1+X证书制度,要体现工学结合、校企融合的特色。要创新1+X证书实施模式,创造条件让学生在企业中通过真刀真枪的工作实践,取得企业认可、考核后,校企联合颁发技能证书,或者企业颁发技能证书。也应鼓励学生积极参加企业的技能大赛或者是行业大赛,可以独立参加,也可以与企业职工组队参加。

第三个方面的工作:建立和完善教师专业技能大赛和教学能力大赛制度工作。

大赛课程的开设,离不开教师的指导。有效课堂的建设,也需要有一大批师德高尚、教学能力水平高的教师。一方面,我们要培养自己的专业教师,通过企业研修、实训赛项的参与,提高自身专业课程、实训课程的教学能力。我们的问题是,教师参加省、国家教师专业技能大赛和教学能力大赛的面还不够广,教师参加大赛的积极性还没有充分调动起来,二级院部对教师参加大赛的认识还不够统一,重要性的认识也不够到位。

教师国赛项目,人事处负责的是青年教师教学大赛,教务处负责的是教师教学能力大赛(信息化教学大赛)。学院尽管每年都有教师或团队在国家、省里拿到奖项,但从面上看,还没有形成人人苦练教学、实训教学能力的热潮,能够指导学生专业实训、大赛的优秀教师的数量还不够多。今后要采取措施,进一步鼓励和激励教师钻研教学业务、提高教学能力水平,也希望各二级学院大力推动这项工作。今年,人事处、教务处,有对学院教师大赛制度进行完善的工作要求,怎么去完善? 这个制度、方案怎么评价为好的? 这就要看是否能够促进学院形成教师热心教学研究、钻研教学技能、参加并共享大赛成果的良好氛围,最终是要促进有效课堂的构建。

另一方面,要进一步扩充企业兼职教师的队伍,来满足实训课程、大赛课程教学任务的实现。每个专业根据教学任务,需要多少兼职教师,应该有个清单,要把引进企业兼职教师到学校任教工作抓实、做好。

第四个方面的工作:与课程、教学相关的几个方面工作。

1. 关于推进落实现代学徒制试点任务工作

要抓好两件事:一是,现代学徒制国家试点任务的经验总结与诊断改进。不能认为通过了验收就万事大吉,要看我们的这项工作在国内是不是一流。省市的学徒制试点项目也是如此要求。二是,学院形成了学院、市、省、国家这几层面的学徒制试点工作,这么大的试点面,如何在加强规范管理的同时总结出试点经验? 希望教务处、各二级学院按照试点的方案抓好过程管理。同时,教务处要牵头考虑出台学院学徒制的专业标准,要结合青岛市学徒制试点项目,加强对特色课程建设的工作协调和管理,发现典型,积累成果。教育部的工作要点中提出,"要总结、推广现代学徒制的经验",希望我们的经验能够入选。

2. 关于双创教育改革工作

要推进双创课程的有效实现。这方面课程有了,但是课程的质量还不够高,特别是学院自主开发的课程还不多,也没有与职业生涯课程、专业课程实现充分融合,尽管我们提出了专创融合的要求。双创教育的内容要与专业课程有机地结合。希望创业学院抓好这方面的协调、推进,要深入到二级学院、教研室去推动。学院双创的师资力量还是比较单薄,要进行调配,组建校内外专兼结合的队伍,通过专题培训提高教学能力。

双创教育不能仅仅在教室里进行,应该有多元化的课程教学模块。各二级学院的创客中心、专业工作室,学生课题、双创教育大赛、专业大赛项目,专利发明、创意设计等,都可以纳入双创课程体系中。要研究双创教育的教学模式,要开发出校本双创教材,要探索双创教学评价标准。

上面说的这些,就是今年筹建创新创业教育和生涯规划与就业指导教研室的工作要求和内容。希望成立时就将这些顶层设计方面的工作做好。

3. 关于推动"互联网+"课堂教学的工作

涉及五个方面的具体工作:一是,网上课程资源库的建设,各院部要对各专业提出要求,加强建设,包括网上下载、购买的课程,也包括我们自己开发的网络课程。二是,进一步扩大蓝墨云班、智慧树等网上学习平台在教学与教学管理中运用的范围,在更多的教师中推广使用。三是,提高网络课程学习的质量,这方面需要有防止"短斤缺两"的措施跟进。四是,国家精品在线开放课程今年定的目标是争取有十门课程在省里通过后参加全国的评审,也希望各院部积极支持教师去做课,教务处做好协调。最后,关于"移动教学资源平台建设",希望教务处会同信息中心提交出一个工作方案来。

4. 关于深化体育课程改革工作

希望在已有工作成效的基础上,思考如何"深化"的问题。既要把我们的工作特色成果总结好,还应思考如何通过创新,构建起一种新型的体育课程。这是一种开放的、非传统意义上的体育课,希望这种课程是学生一起参与构建的课程,是把校园阳光体育月度竞赛活动一并纳入的课程,其目的是真正实现学生体质提升的目标。

这里强调一下月度竞赛活动。从现在的情况看,各二级学院重视程度不一样,有的学院没有在推动学生人人参与上下功夫,而是为了应付学院的比赛活动,临时组队,没有按照要求去搞班级选拔。理由是工作太多,忙不过来。可是,假若这些事情交给学生会、社团联合会去组织会怎样?现在学生自我管理的积极性还没有充分调动起来。

二、支持与保障部分

这方面归纳为校企融合与社会服务工作、体制机制与管理工作和其他三个类别的工作。

(一)校企融合与社会服务工作

1. 制订学院深化产教融合实施方案工作

校企合作处牵头,深入到各二级学院、相关行业、企业去调研,从影响、制约产教融合的"难点""痛点"着手,研究推进的措施,拟定出可操作、具体化的方案。要提出一些大手笔的推动工作的"干货"。各二级学院的院领导们,要常跑跑企业,每个领导都应该有联系企业的任务,不能长期待在学校不出校门。合作企业今年要有新增的任务指标,不能总是"老面孔"的企业;要积极对接新企业,老的合作企业要有新的合作项目。冠名成立的企业学院要名副其实,每年要有重点的工作任务和项目。

在规模以上企业共建教师企业研修基地的工作,关键在于发挥好作用。这也是考量各二级学院校企合作状况的重要指标。我们曾经选择了一些企业在那里建立了研修基地,但运行得不够好,还没有体现产教融合的工作特色。希望人事处牵头把这项工作组织实施好。这项工作要得以落实,就应该建立工作计划制度。2019 年,各二级学院准备在企业基地中安排哪些教师去研修,准备要在哪些企业新设教师研修基地,希望二级学院在这方面做好工作安排。

2. 推进青建学院混合所有制试点工作

这项工作要想实现新的进展,一是,要有项目为载体进行实体化的运作;二是,要在管理运行、资源共享等方面探索一种新的模式,如果是各自为政"两家人"模式,那就很难有实质性的成果。

3. 人工智能学院工作

3 月份,人工智能实训教学展示大厅要完成设备安装工作,同时组建好首届人工智能实验班,做好人工智能学院成立、山东省人工智能产教联盟成立的筹备工作。校企合作处牵头做好成立大会的会务工作。人工智能概论等相关课程的开发年前已向信息学院做了部署,要求在冬季学期里各教研室承领任务进行准备,并做好在实验班里启用的准备。信息学院要对 2019 年各专业的课程结构进行调整,置换、补充人工智能的课程或内容。

要求各二级学院从 2019 级开始,增加人工智能的选修课程,并体现在人才培养方案中,2020 年成为必修课程。为做好这项工作,信息学院在先行先试的前提下,会同合作企业对各二级学院开展人工智能概论开设的专题培训。人工智能产业发展,市委王清宪书记非常重视,我们应该积极作为。

4.“一专业一培训”工作

今年工作要点中提出“争创高技能人才培养培训基地和技术技能创新平台”,这项工作与“一专业一培训”也是相关的。能否获成为行业、政府、企业的培训基地、平台,这是评价我们校企合作深度、能力的重要指标。威海职院在培训方面注重面向社会、企业的培训,提出了“一系一基地一品牌”,全校争取上级政府部门、行业、企业等社会组织联合建立的基地就有 29 个,依托这些基地面向社会、企业培训,去年收入3400 多万。他们的做法值得我们借鉴。

去年,我在与各二级学院交流培训工作时,就“一专业一培训”的目的和意义进行过探讨。培训工作也是检验我们校企合作工作质量、成效的一个重要方面,这方面的内容和要求应该纳入学院实施产教融合的工作方案中去。推进“一专业一培训”,其目的就是要改变学院学历教育强、社会服务弱的问题,这既是提升服务能力的需要,也是弥补学院资金短缺的需要。

提出“一专业一培训”,当初还考虑了两个维度。

一是,要求各二级学院按照“做大培训”的要求,挖掘各专业的潜力、整合学院乃至社会资源,推出能够承接国培、省培、联盟培的培训课程,配合培训学院争取培训项目。前年和去年,培训学院很努力、很用心,与十几个省级教育机构建立联系,参加项目招标,建立人脉关系,取得了好成绩,去年的培训收入比前年翻了两三番。

二是,提出这一要求,是为了改善学院培训结构比较单一的问题。我们的培训项目主要集中在中高职师资培训,面向社会、企业的培训能力还不强。另外,这也是着眼于进一步推进校企融合,提升服务社会企业的办学能力而考虑的。怎么解决这个问题,有的二级学院有些畏难情绪,觉得没有能力,没有资源,没有项目。那么,别的学校是怎么做到的? 事在人为,只要想做,坚持去做,总会有突破的。面向企业员工的培训,可以先与企业联合来做,在联合中,通过到企业调研,了解企业需求、要求,学习他们的培训模式和方法,积累培训经验和培训资源,逐步形成可以独立培训的项目。

从另一个角度来说,参与或承接企业的培训项目,是课程改革、教学的需要,也是学院实现现代化发展目标的需要。党中央国务院刚刚发布的《中国教育现代化2035》中提出:"强化职业学校和高等学校的继续教育与社会服务功能,开展多类型多形式的职工继续教育。"我们应该做好规划,充分发挥好学校服务社会的职能。要落实这一任务,关键在于提升教师的教学能力水平。教育部已经开始推进1+X证书试点工作,这项试点工作需要大量能够承担X证书培训、教学任务的教师。为此,我们应该开发面向企业培训的项目,让教师在承接企业培训任务的同时提高自身的"双师素养",为1+X证书试点工作的顺利实施创造条件。

"一专业一培训"不仅仅是改善培训结构,扩大培训项目的存量的要求,也是促进校企融合深化的要求。在这方面,校企合作处、培训学院、教务处、各二级学院都应该积极地推进。要积极、广泛地争取政府部门、行业及社会组织的支持,密切与企业、社区合作,积极引进培训基地、培训项目。对一些二级学院来说,今年学院的企业、社会培训的着力点有的是解决"有和无"的问题,有的是解决"多和少"的问题。学院的中高职师资培训今年工作的着力点是做强、做优、做特,把工作重心放在强化内涵、提升质量和水平上来,希望培训学院进一步总结经验、打造品牌,不断提升培训的竞争力。

去年,我对培训工作进行了专题调研,提出了一些提升培训质量,改进培训工作的目标、要求和任务。今年要建立培训工作质量报告制度,对各二级学院的年度培训工作进行绩效评价,希望培训学院会同质量办4月拟出培训工作绩效评价实施意见。做好这项工作,日常基础数据的积累很重要,每个班次的过程性评价应该是结束一个班次就做一个,包括培训班次的自我评价和二级院部评价、培训学院评价三个部分。

(二)体制机制与管理工作

1.二级学院由教学单位向办学单位转变工作

学院的二级管理模式已经实施了多年,积累了一定的经验。在新形势下,这种管理模式还应该进一步深化,不断地完善。人事处上半年牵头要开展调研,了解学院这些年来这方面工作推进的情况,存在的问题,需要什么政策,同时也了解省内与我们相同情况的高职院校在这方面的情况。要积极争取上级领导机关的政策支持,主动汇报、要政策。在此基础上,要出台进一步推进二级学院办学单位的实施意见。二级管理,不仅是预算上的放权,还涉及教学管理、学生管理等方面。这两项工作重心今后应落在各二级学院,强化二级学院自我管理的权责。

2. 人事管理和分配制度改革工作

这方面的工作政策性强,每一步都要在市人社局的指导下进行。要经常向人社局的处长、分管领导、主要领导汇报工作,争取政策支持。改革的目的是调动积极性,奖勤罚懒,因此,要推出新的激励举措。譬如,对教职员工的年度考核如何做到量化、常态化?年终的考核如何避免"走过场"?专业技术职务竞聘与履责情况如何吻合?考核办法应体现出这方面的情况。

3. 人才建设与教师管理工作

教师管理更多体现在服务上,而且是主动、积极的服务,我们应该有这种意识和指导思想。《高层次人才引进实施办法》要尽快出台,要有大手笔的、更加灵活的政策把所需要的人才引进过来,要积极争取上级领导机关的政策支持,有的需要采取"一事一议"的办法,争取政策支持。名师培养工程要有系统的、个性化的培养计划,完备的保障措施,创造条件鼓励、激励、帮助他们脱颖而出。要建立层层落实责任的机制,学院、二级学院、教研室都应该制订有利于名师成长的具体推进措施。产业教授、大师工作室建立后,要能运行起来,不能是挂名的。

4. 教师培养工作

今年提出了持续实施教师素质提升计划和骨干专业(学科)带头人培养计划这两项任务。去年开展的这方面的培训,主要培训对象是教研室主任,培训期间他们还分别去了深职院、天津中德进行了教师跟岗访学工作。培训计划虽已结束,但是培养任务还没有结束,希望今年要继续做好。要通过一年的教学岗位的工作实践,他们中间要推出一批成果出来。此项工作请人事处牵头,各二级学院配合,拟出对每一位教研室主任后续培养的工作计划。

教师发展中心三级体系是我院的特色。学院层面开展的是通用能力培训,二级院部开展的是专业培训,教研室的培训重点是教研活动、听评议课活动。各院部主要负责人要重视这项工作,队伍能力提升了,教学质量与管理也就出效益了。今年教育部工作要点中提出"选树一批高校教师教学发展中心典型和一批学校先进基层教学组织",我们要总结好,主动汇报,积极争取。教师发展中心培训课程体系的建设、运行机制的确定,去年已开始启动,希望提速,早出工作成果。

5. 诊改推进与复核迎检工作

做好这项工作,基础性工作很重要。院级质量监控信息平台的开发希望尽早完成并投入使用。全面推进内部质量保证体系的构建,既然是"全面",就涉及各个部门、全体员工、各方面的工作,也体现在工作实施的过程中,时时处处都有质量的要求、监控和评价,而且是全员参与、统一步调的行为。因此,在这个体系的运行中,应该体现出这些要素,这些工作做到位了,做好了,才能顺利通过省里的复检,而且能以优异的成绩通过,同时,这也是做好市直单位事业单位绩效考核工作的基础。教育部今年的工作要点中提出要"启动高等职业教育专业评估",这个评估与"诊断与改进"是什么关系?请质量办了解这方面的情况,做好应对准备。

6. 五年制贯通培养工作

首先要提高认识,不能认为这是额外的工作,也不能简单地认为我们与中职是"客情关系"。我们的目标是探索出一条职业教育系统内的合作办学的新模式。"质量"这一关键词在这个项目启动时就强调过。尽管如此,因有这么多中职学校对应着不同的二级学院,管理幅度大,仅靠传统的管理模式是靠不住的,所以,亟待建立质量标准。应该与学院的诊改工作、全面质量管理工作衔接好,结合贯通培养的探索实践,逐步地完善与建立出质量标准,这是目标。

去年和前年,专业人才培养方案编制的要求已逐步渗透到各中职贯通培养班中了,但是,贯通培养的方案是不是完善了?执行的情况怎样?学院今年工作要点中的新要求如何贯彻进去?请应用技术学院考虑出全年抓好质量管理的具体工作计划。质量标准制订问题要与质量办沟通,选择成熟的几个方面先启动起来。缺少人手怎么办?从各中职学校、相关二级学院中抽调。今年要对贯通培养的人才培养质量情况进行调研,各二级学院按照学院的统一要求,分头实施好调研活动。

要做好贯通培养转段学生到我院学习、生活的准备工作,要具体对接好。还有这些学生的毕业综合考核与就业、实习管理都应该有具体的工作措施。

7. 科研管理工作

由于种种原因,科研能力与水平成为制约学院一流专业的一个短板。为此,学院采取措施,大力推进这方面的工作。去年开始,科研工作有了大的起色,成果转让、专利数、获奖面都比前年有所提高。要鼓励教师承担科研任务,特别是应用技术方面的科研;要积极与合作企业、院校申报市以上的科研平台。科技处要主动服务,各二级学院要主动作为,推进好学院省市级科研平台、校企协同创新中心的工作,每年确定几个重点研究方向,每年都有新的起色,多出成果、早出成果。这里强调的是,科研要走进企业,重在应用研究,加强与企业的合作。科研成果的转化率方面,希望比去年有所提高。

科研能力提升计划应该与名师工作室、教师培养、培训结合起来。科技处与教师发展中心联合开发教师科研能力提升的培训课程,希望今年实施培训。教师的科研工作要实施分类管理,基础理论研究、应用技术研究、教育教学研究,这些都属于教师的科研工作,相应地培训、管理也应该分类组织。

科研与教研应该建立起联系、共享的机制,把教科研成果转换成教学课程,更好地服务于人才培养。海尔学院机器人专业推行了工作室科研项目课程,让学生在参与科研中提升科技素养、参与专利发明、参加大赛和双创、收获知识、提高技能,这是一种创新的育人模式,值得推广,希望这样的课程在其他学院也能推开。

(三)其他工作

1. 国内外校际课程互换、学分互认

我们曾分别与宁波职院、扬州工业职院、台湾的高校,以及加拿大、葡萄牙、土耳其的高校开展过课程互换,希望进一步巩固这方面的成果,扩大交流的面和交流的深度。厦门城市职院的课程共享、学分互换等工作望教务处抓好协调推进。

2. "齐鲁工匠后备人才"入选的培育

教务处牵头拟出一个实施意见,将工作目标进行分解,与技能教学、技能大赛有机结合起来。开展"工匠精神"主题教育,一方面要纳入课程思政中去,一方面要在技能交流月中作为一项活动内容。

3. 对口支援、精准扶贫和结对帮扶工作

根据省市要求,根据我院与安顺紫云县的协议,根据东西部高职院校对口合作联盟工作计划,院办牵头拟出一个工作计划。如,协调做好今年由辽宁轨道交通职院承办的对口合作联盟的年会;选派教师、学生去紫云县,送教上门,实施培训。

4. 与"一带一路"沿线国家的合作

最近山东省与教育部签署了合作协议,国际处要与省厅国际处进行对接,争取承接项目。培训学院要积极与商务局保持联系,同时考虑承接任务的准备工作,同时,要与国际处一起,积极推介中国—新西兰职业教育示范项目,并组成项目组把这个培训项目通过新媒体推介出去,与新方联合开展培训。与友好国家的合作院校联合开发的课程标准要进一步推进,要保证质量,要有转化其他国别学校应用的成果。世界职教院校联盟"学生支持服务"专委会工作,要按照教育部国际交流协会的安排,做好专委会成立、成果交流与分享、会员吸纳等工作。还要组织好第7届中国—新西兰职业教育年会的主办工作。

5. 校园安全工作

迎接省委教育工委"平安校园"示范院校评估工作,要进行工作任务分解,责任落实到人。要进一步核查安全隐患,确定重点防控点。心理健康中心要列出工作计划,组织好对全院学生心理问题情况的排查,疏导与防范结合,及时采取措施,化解和防止严重问题的出现。要完善心理健康工作的机制,确保不在校园内出现问题。

6. 开源与节流并举工作

这项工作我们每年都在强调,但总的感觉是效果还不够明显。开源,就是要引进资源。怎么调动大家引进资源的积极性? 如何作为一项刚性的要求去实施? 通过一种什么样的杠杆来激活二级学院创收的积极性? 这方面希望财会处牵头进行调研,在如何才能开源上提出工作意见。节流,一方面是管理问题,后勤中心要采取科学的管理方式,减少甚至杜绝"跑冒滴漏"问题。校园水电管理平台升级改造,今年列入了工作要点,希望能发挥好作用。另一方面是降低办公成本问题,最近市财政局发文,要求各单位再压缩预算的5%,把调剂出来的经费用在更重要的工作中去,我们怎么办? 请财会处提出工作意见。

7. 财会与审计工作

(1)加强预算绩效全面管理,需要有顶层设计,预算如何科学编制? 预算如何规范、节俭实施? 绩效体现在哪些方面? 出现问题如何追责、问责? 这些都需要有制度。

(2)完善学院内控制度的建立要与学院的审计工作建立起良好的配合关系,内控制度健全、执行有效,就会提高内审的质量。今年要对去年各部门经费执行情况进行全面审计,希望借此次审计发现问题,促进学院内控制度的完善与有效实施。

(3)全面实施新事业单位会计制度,要做好新旧制度的过渡、衔接,根据新增的科目内容,组织好专门的培训,包括财会处内部和学院其他方面的人员。

(4)采购工作希望在保证质量、依法依规的前提下,要进一步提高效率。过程中的项目材料准备,项目论证、决策等程序,应该科学、有效,减少不必要的环节,保证项目如期实施,预算资金按时执行。

8. 基础条件建设

实训创意教学中心建筑本体建设一定要完工,内设的装修方案同步考虑,争取2020年上半年投入使用。4栋学生公寓改造9月1日之前要完成。图书馆、博物馆的育人功能创造的条件发挥好。学院基础数据的建设,要为学院申报国家职业院校数字化校园实验校提供保障。

时间关系,就讲这些。希望大家认真落实好学院2019年的工作要求、目标、任务,以一流标准,真抓实干,抓出成效,推出成果,为实现学院高水平、现代化的发展做出努力和贡献。

(2019年2月25日)

练就"真功夫" 迎接新挑战

——在教育部"贯彻落实《国家职业教育改革实施方案》专题培训班"上的交流发言

一、应对职教发展机遇,练好办学"四有"内功

理念有创新。在办学实践中创新办学理念,更新育人观念,深刻把握职业教育语境下的"四链"中各自的属性以及相互间的互动关系,形成国家、地方学校、专业、教学纵横交融的有机体。在遵循教育一般性规律的基础上,创造"技术技能"的学术价值。

专业有特色。在内涵与形式上不仅体现出产教融合的专业本质特性,还体现出与同行相比在专业上的独特优势。专业的建设方式、结构调整、发展动力应该与经济的高质量发展要求相吻合,特别是要在国家产业转型升级中发挥职业教育不可替代的比较优势。

课程有内涵。人才培养方案应体现企业用人标准、学生发展诉求和教学条件改善的制订原则。以"1+X证书制度"为推力,促进教育与培训的融合。构建"活页"教材、"活体"课例和"活化"课件新体系。推进以"德技并修"为引领,"育训结合"为方式,"理实一体"为载体的课程融合新模式。

教师有能力。校企共建促进教师可持续发展的成长平台,分层、分类打造专兼结合教师团队,突出教师职业精神、实训教学、企业培训能力的培养。拓宽教师培养学生"一技之长"与"一专多能"的教学水准,掌握多师同堂、项目教学、工作室科研等多种实境化教学新方法。

二、落实"职教改革 20 条",练就办学的"真功夫"

1. 推进真抓实干

改变社会上对职业教育的传统偏见,首先要从各级领导干部做起,真正将职业教育与普通教育视为同等重要的地位,以实际行动真抓职业教育。职业教育对一些领导来说,重视和支持仅仅落实在口头。要像抓环保治理那样抓好《方案实施》的督查力度。

2. 完善保障措施

德国"双元制"的成功经验,源于工业革命的发展需求,缘于政府法律保障与行业协调运作"隐形推手"的作用。进入新时代,职业教育若能服务好国家的发展战略,应该在法律和法规上,在促进产教融合、校企合作上推出新的举措。

3. 重视理论创新

作为一种类型的教育,职业教育所具有的自身规律和逻辑体系应在实践探索中总结出来。与理论学术相对应,应用学术也应有其独特的表现形式。要提升职业教育产教融合有效实现方式实证研究的能力,改变只能说"事"、鲜能说"理"的问题。

4. 深化课证融通

"1+X 证书"试点进入人才培养全过程,建立学分银行与学业成果积累的"绿色通道"。"X"不仅包括实操性的通用技能,还应包括体现可持续发展的通识技能。融合"1"与"X"的教学内容与考核评价,降低学习成本,增强学习的吸引力。提升教师驾驭"X"技能教学的能力。

(2019 年 4 月 23 日 北京)

第二篇

合作办学篇

基于"1211"课程改革体系的德育工作实践与探索

——在山东省职业院校德育工作经验交流会上的发言

德育工作的重要性对高职院校来说毋庸置疑,问题是如何使德育工作更具实效。我认为,在对学生进行专业技能教育的同时,还应注重并改进品德修养教育、人文素养教育的模式。正如有的专家学者所言:"德育不等同于知识教育,其建构不是平移和复制的过程,需要经过学生的体悟、体认,最终真正践行。"德育是目标、内容、形式的统一,以实现知情意行的统一。良好的品德不仅是意志,更是能力。

2012年以来,我们确立"技高品端"人才培养目标,秉持"修能致用"院训,以"让每位学生成为最好的自己"为使命,以"1211"课程改革体系为依托,全面开展了以学生为主体的大德育工作实践。

我院推进的新课程、新课程改革,构建大课程、实施大课程改革,是基于在反思、回归、重构的过程中,对高等职业技术教育所需承担的任务、责任、使命所提出的。高职教育如何遵循学校教育的属性规律、受教育者的生长规律、市场社会的需求规律?对此我们应深入思考。

高职院校的办学应该"顶天立地"。从专业构建的平台上,让职业教育大课程立起来,用"课程商品"的营销理念,使"学生客户"在"学校客服"的服务下,享受到优质的教育,接受适合的教育,形成学校教育、社会需求与学生发展的有机生态链。德育课程是大课程体系中的重要组成部分,这些年来我们通过大课程系统构建与全域管理,努力把德育教育与专业教学结合,与育人过程融合。

一、基本思路

"1211"课程改革体系是一个系统化的顶层设计,有其自身的内涵,其释义如下。

第一个"1",指"一体"——构建全员、全域、全程促进学生发展的立体化大课程系统。该系统充分地服务于学生的全面发展,关注学生的知能、德能与潜能的培养与激发。

"2",指"两翼"——一翼是探索"学教做合一"人才培养模式改革,另一翼是推进"教学管理与学生服务一体化"工作模式。两翼形成合力,促进学生在教育教学活动中占据主体地位,激发学生在教育教学活动中的主动意识。

第二个"1",指"一支撑"——狭义是指广大教职员工的积极参与,广义是指办学利益相关方直接或间接地参与。

第三个"1",指"一策略"——秉持"静悄悄地革命"的理念,通过自上而下和自下而上的结合,渐进式、螺旋式地"稳中求进"地做实课程改革。

构建大课程(隐性、显性)的课程改革模型,强化德育与智育、体育、劳育、美育的有机结合,其立意是从教育的根本目的出发,回归教育的价值使命,促进学生全面发展。

二、实施路径

(一)强化思政课的基础性地位,提高道德认识

创新思政课模式。发挥思政课主阵地作用,从《思想道德修养与法律基础》开始,引入新型的"慕课"教学方式;打造思政课"翻转课堂";通过"模块化、专题式、循环式"教学,把教材体系有效地转化为教学体系,最终转化成学生的品德体系;以节日为契机,以法律大讲堂为平台,以法律研究与咨询中心为依托,积极开拓思政课"第二课堂",将课堂实践教学延伸至校内实践、校外实践、网络实践教学,增设劳动课。

(二)挖掘实践课程的道德内涵,锻炼道德意志

创新道德教育模式。探索人文素质教育新途径,将志愿服务、义务劳动、勤工助学、社团参与、文体活动、社会实践等列入课程管理。增设 10 个学分的素质教育提升

课程。充分利用专业实践课程,创设"工作课堂",开辟校内实践岗位。探索"1＋N"教学模式改革,推进专业教育与德育等其他教育的融合。丰富"行动导向"教学基本流程中的团队意识、职业精神等育练内容。将重要节日列入学生教育课程。

实施社团"六化"管理。即品牌化、专业化、国际化、制度化、社区化、课程化。学生在校期间,至少参与一个专业技能与科技学术类社团、一个文化素质与身心发展类社团,成为专业课程的延伸和拓展,促进学生个性化发展。实施"双百融合成长计划"(百个班级对接百个社区),先后在学校周边街道办事处挂牌建立 180 个志愿服务基地,开展公德教育,引导学生在服务他人、服务社会中找到和实现自身的人生价值。

(三)提升校园文化品位,培养道德情操

构建"一主多元、四位一体"文化育人体系。以大学文化为主线,融合传统文化、地域文化、产业文化等多元文化形式,整体推进精神文化、环境文化、管理文化和行为文化四方建设。建设孔子文化广场、老子文化广场,与校园技术文化共同构筑学院育人环境;设立传统文化教育周,邀请鲍鹏山等知名教授来院讲授《论语》《道德经》等传统文化经典,强化学生的爱国情感、民族精神、伦理观念、道德准则;利用青岛区位优势资源,聘请金牌工人许振超等青岛产业模范和民俗、绘画、雕塑等领域的名家为兼职教授或德育导师,培养学生的人文情怀。

打造"青职十大讲堂"。包括时事大讲堂、道德讲堂、文化大课堂、职商大讲堂、法律大讲堂、大商有道·麦穗堂、体育健康大讲堂、社区大讲堂、校友讲堂、知行讲堂。以推进社会主义核心价值体系建设为根本,以外请专家和校内教师为宣讲主体,面向全院师生开展社会主义核心价值观、优秀传统文化、时事形势政策、学术研究、职业道德等方面的宣讲活动,提升学生思想文化素质。

三、工作保障

(一)创新机制

建立"校园六季"。在春、夏、秋、冬四个自然季节外,设立迎新季和毕业季两个校园季节,将新生入校和毕业离校作为学院重大节日,将开学典礼和毕业典礼作为第一课和最后一课,广泛开展礼仪、诚信、责任等多种主题教育活动。构建"四学期"制。学院定期举办院领导与学生代表"下午茶"、餐叙等活动。启动书院制试点。

建立学生"品端"综合素质评价体系。由"基础分"(每学期 300 分)和"加减分"(根据日常表现)两部分组成,实行积分制和预警机制。纳入毕业资格审查条件,三年累计积分不得低于 1800 分(二年制累计积分不得低于 1200 分)。

构建家校联动机制。在七个二级学院分别成立家长委员会,开通家长微信平台,构建"校政企社家生友"一体化的良性育人互动合作体制。

(二)搭建平台

网络育人平台。运用现代化信息技术手段,主动占领网络思想政治教育新阵地:一方面,利用校园微信平台传递好声音、传播正能量,深入培育和践行社会主义核心价值观;另一方面,支持和鼓励辅导员、班主任(专业导师)、思政课教师利用微博、微信、短信、QQ 等开展生动活泼的网络思政教育。

学生自我成长发展平台。率先在全国高职院校实施"学生院长助理制",建立大学生校务管理委员会、大学生权益委员会、大学生自律委员会,学生以准员工身份参与学校事务管理工作。推行学生助理制、学业助教制,发挥朋辈教育作用,营造"互助成长"的良好校园氛围。运动会、社团活动、学术讲座、文艺演出等由学生自主承办组织。积极探索体育俱乐部制课程改革。成立大学生基本素质训练学校。

大学生心理健康教育中心。出台《学生心理危机干预预案》,建立健全学生心理健康教育五级网络;定期组织开展大学生心理健康普查、心理素质测评和心理咨询,开展职业心理素质训练月活动、心理健康教育节活动。山东省高校工委高职心理热线设于学院。

创新创业载体。实施"创意之校"行动计划,将创业教育列入通识教育课程。利用设在校内的青岛创业大学高校教学点开展四级创业培训。与开发区联合建设创客列车。

(三)队伍建设

成立学校德育工作领导小组。对党团干部组织、协调、实施大学生思想政治教育工作提出明确要求,并将履职情况列入年度考核指标,将处级以上领导干部"三进一上(进教室、进宿舍、进车间、上讲台)"列入考核要求,将学生工作经历作为教师职称评聘同等条件下的优先评审(推荐)条件,积极鼓励任课教师担任兼职班主任或专业导师。实施辅导员"个十百"计划,建立辅导员发展性评价机制。实施思政课专任教师任职资格准入制。建立健全师德师风评价体系,实行师德"一票否决制"。

四、育人效果

为学院赢得声誉。近年来,多家国家、省市媒体报道我院的工作。其中国家级媒体报道 102 条,省级媒体报道 138 条,市级媒体报道 361 条。

涌现出一批道德典型。如,山东省大学生第一例、第二例非血缘关系造血干细胞供者王恺、王甜甜,赴四川大凉山义务支教者王思佳,赴西藏工作的"西部计划"志愿者刘鑫、刘辛,赴印度承担国际义工任务的李馨怡,十年坚持为社区居民义务维修电器的全国高校优秀社团小强家电维修社,等等。

形成了工作品牌。如,"小马支教""美丽乡村行""青之爱公益行";与市文明办合作成立的全国首家志愿服务学院(青岛市志愿服务学院)受到中央领导刘奇葆的充分肯定;送文明下乡,与灵珠山街道办事处合作成立全国首个城镇化社区学院(灵珠山社区学院)。

毕业生质量稳步提高。就业率连年稳定在 97% 以上,大企业就业率超过 17%。学生在实习及工作中表现出了较强的专业能力、团队协作能力与管理领导能力,如,2014 年首批进入一汽一大众顶岗实习的 85 名学生与该集团青岛分公司顺利签约。三年来有 70 多位学生在毕业之前就领取了工商营业执照实现创业,涌现出在非洲创业、回母校设立师生奖学金的王伟欢,在母校设"校中厂"联合培养人才的臧芳、姚彦强等一批创业优秀群体。

(2015 年 6 月 27 日 聊城)

发挥协同创新优势 推进高职区域合作
——在计划单列市高职院校联盟年会上的发言

计划单列市高职院校联盟自成立以来,在各位同行的共同努力下,取得了不少工作成果。未来的合作发展,需要大家发挥协同创新的优势,抱团共谋发展,携手共推成果。

下面,我就区域高职教育如何协同创新和大家交流一下,不当之处请批评指正。

一、为什么要协同创新

首先,需要厘清什么是协同创新。

所谓协同,就是指协调两个或者两个以上的不同资源或者个体,一起完成某一目标的过程或能力。所谓创新是以新思维、新发明和新描述为特征的一种概念化过程。

协同创新组合在一起指的是,围绕创新目标,多主体、多因素共同协作、相互补充、配合协作的创新行为,是一种致力于相互取长补短的智慧行为。因此,协同创新是一种分享机制、合作机制,分享理念思想、分享技术技能、分享人才资源、分享信息机会的过程。

协同创新的特点,一是,突破了创新主体间的壁垒,充分释放彼此间人才、资本、信息、技术等创新要素活力而实现深度合作;二是,需要参与的各自独立的创新主体拥有共同的目标和内在动力;三是,通过创新资源和要素有效汇聚,依托现代信息技术构建资源平台,来进行多方位交流,多样化协作。

创新不仅仅指单纯的发明创造,是经过"协同"之后的新组合,确定了新的目标,这也就是创新。比如,我们的手机以前只有通讯的功能,加上电脑的功能,就成了智能手机,这就是创新,这个创新极大地影响和改变了我们的生活。

作为高职院校,同样需要通过协同创新去实现更高、更新的发展目标。特别是在新形势下,处在沿海开放城市的高职院校,就需要在加强区域协同方面创新合作模式,发挥示范作用。

第一,协同创新是高职教育的应有之意。

高职教育强调校企合作、工学结合的育人理念,其办学强调与企业、行业、政府、社区以及社会各界开展广泛的合作。协同育人、协同就业,产教学研深度融合,校政企社共谋发展,这是高职教育特色发展之路。

第二,计划单列市高职院校具备协同创新的条件。

计划单列市高职院校联盟成员拥有很多共性特征:同属沿海开放城市,社会经济发展迅速,国际化程度高;面临地方经济和社会发展对高技能人才的大量需求,有着不可替代性;同是地方政府举办的学校,具有相似的办学体制机制;联盟院校在各自的服务领域具有先天的优势和办学特色;联盟院校前期的合作基础良好,未来的发展也有互通有无、协同创新的新需求。

二、如何进行协同创新

协调创新的内容有很多,我主要强调以下几个方面。

(一)育人理念创新

中国高职教育发展仅有十几年的历史。如何办好高职教育,经历了一个曲折探索的过程,在这期间涌现出一些带有探索性、创新性的工作成果,如,校企合作、工学结合、订单培养、社区耦合、实境教学、项目教学、工作课堂等。当前,我们依然在探索的路上,这条路还很长。计划单列市高职院校联盟各成员单位,应该走在中国高职教育发展的前列。因为,良好的地方经济发展环境、良好的区位优势以及由此所带来的充足、良好的生源,使我们具备了引领高职教育创新发展的基本条件。盟内各院校多年来形成各具特色的高职育人理念,可以通过相互交流、深度研讨、实践探索来进行分享,在借鉴的基础上,为中国高职教育探索出具有导向、示范效应的育人理念。

(二)办学模式创新

在全球经济一体化的背景下,高职院校在办学方面面临着"三个适应性"的问题。

一是,要适应社会经济发展的需求。经济的转型升级,市场运行规律的体现,高新技术涌现以及和谐社会的构建,都对高职院校的教育提出了新的要求。二是,适应职业教育自身发展的需求。高职院校办学有其独有的规律,它不是培训机构而是教育机构,其目标是如何培养"全人",培养学生不仅会生存、素养好,而且还具有可持续发展的能力。三是,适应学生个体发展的需求。面对学生多样化的需求,多元化的选择,高职院校要把学生当成客户,"以人为本"地满足学生的需求,因材施教。高职院校面对这三个方面的需求,如何全面、系统地在顶层设计上做好规划,统筹协调、有效推进,是个挑战。从目前情况看,高职院校在体制机制、课程体系、教育理念、师资队伍、条件设施、考核评价等方面存在着很多问题,要通过改革创新,形成行之有效的办学模式。

(三)培养模式创新

人才培养模式是每一所高职院校在学生培养方面所遵循的一种范式,是教育理念的表达方式。有怎样的人才培养模式,就会有怎样的教育手段和教学方式。人才培养模式的构建是一个系统工程,涉及学校办学功能、学校组织运作等诸多方面。因此,人才培养模式的协同创新对于联盟成员乃至全国高职院校都有重要意义。高职院校的人才培养模式应自上而下形成系统,学校、专业、教学形成一个生态化的"培养链"。另一方面,人才培养模式还是一个动态的系统,根据办学理念、工作重心的变化适时进行调整。青岛职业技术学院曾将"实境耦合"作为人才培养模式,其立意在于解决学校办学过程中,校企合作、工学结合落实不到位的问题。"实境"就是解决"纸上谈兵"、脱离实际的问题,"耦合"就是解决关门办学、合作不畅的问题。现在,我院的人才培养模式又确定为"学教做合一",着力点是强化"学"字当头,凸显学生主体、学习主动,解决忽视学生、被动学习的问题。

三、协同创新的特点

高职院校协同创新有以下特点。

(一)整体性

联盟成员单位之间可以建立起全面合作的伙伴关系,在办学理念、办学模式、体制机制、人才培养模式等诸多方面开展合作。此次联盟签订了学生工作、科研工作、教学工作三个协议,将来还可以将合作的面扩展到更多的领域。

（二）动态性

协同创新应该与时俱进,根据国家以及当地经济和社会发展的新变化,结合国家对职业院校办学的新要求,及时调整协同创新的策略、模式以及内容。

（三）互补性

协同创新的本意就是发挥各自的比较优势,取长补短,优势互补,以达到共同发展的目的。

（四）分享性

通过办学资源共享,办学经验分享,在学习、借鉴的基础上,进一步激发协同创新的活力。

（五）经济性

所形成的协同创新机制,将有助于缩短各校独自探索发展的进程,使有限资源得以充分利用,降低办学成本。

四、需要避免的问题

（一）同质化

协同创新的目的是彼此取长补短、互通有无、抱团发展,在特色发展的同时做大做强。在协同中去创新,而不是在协同中趋于同一。

（二）形式化

协同创新不能做表面文章,搞形式主义,应该是实打实地真合作,每一项合作都要有能够落地的具体举措。

（三）排异化

这种问题的根源是缺乏合作的愿望,对协同创新的内涵认识不统一,不能求同存异地开展合作,更谈不上协同创新。

避免这三种误区的方法很简单,就是志同道合,友好对话,互通有无,抱团共进。

联盟院校的生命力在于充分理解、沟通顺畅、求真务实、尊重包容。我们今天所签订的三个具体合作协议,应做出具体的实施方案,要有具体的实施路径。比如,可以在学术期刊上建立交流机制，互聘编委，共同开设专栏，开展深度学术研讨；可以尝试教学方面的学分互认，开展交换生，共同组织学生夏令营，等等。总之，在这个强调协同、追求创新的时代，信息技术飞速发展、"互联网＋"环境逐渐形成，我们在很多领域都大有可为，这需有热情、有智慧、有决心。

计划单列市高职院校联盟从成立到现在，我深刻感受到大家对协同创新合作的热情与期待。希望大家在"协同创新"的道路上有所收获，有所建树，为高职院校的特色发展和区域合作创造出成功的范例。

（2015 年 11 月 20 日　宁波）

高职院校要重视文化育人

——在第四届全国职业院校"文化育人"学术论坛上的发言

职业院校"文化育人"高端论坛,是交流分享文化育人理念、做法、成果的重要平台。三所院校的经验介绍、特色做法,无论是理念层面还是实践层面,都给我们提供了可借鉴的典型案例。

杭州职院做法的核心立意是"面向人人"。该校文化梯度育人模式,聚焦方法、主体、认知,透过方法错位、主体错位、认知错位所产生的问题,从系统论、方法论的角度,提出如何通过分层、分类、分序、分工,来研究、探索将文化育人落实到位,在理论层面、实践层面进行了有价值意义的探索。

长沙民政职院做法的核心价值是"回归爱心"。该校树立以爱心为特色的校园文化构建理念,践行志愿服务行动与志愿服务精神,让师生在行动中通过爱心奉献,唤醒内心的"真善美",从而达到将核心价值观内化于心的目的。在多年的实践中,长沙民政职院形成宽领域、多形式的志愿服务体系,不仅从制度上予以保证,而且形成了自己独特的志愿服务文化。

天津职业大学做法的核心策略是"系统谋划"。让学生形成他自己的理念,不仅仅是通过外力施加影响,而且是更加注重内力的引发作用,悦纳自我、完善自我、成就自我。这"三自",是在固本、厚德、博才的目标下来实现,体现了天津职业大学素质教育的立体化的工作体系。

多年来,许多职业院校重视学校文化建设,不仅体现在校园文化方面,还表现在教书育人方面。各有高招,各具特色。然而,对职业院校文化建设的理解、认知、态度上不同,价值取向不同,便导致文化建设、文化育人的行动路径与方式方法上的不同。

那么,对职业院校来说,"文化育人"的逻辑起点是什么? 换句话说,高职院校为什么要强调"文化育人"? 在功利色彩与导向盛行的环境下,高职教育的内涵究竟是什么? 有很多问题需要我们再反思,有很多观点需要再梳理。

一些职业院校所实施的高职教育重技能教育、专业教育,轻文化教育、素质教育;强调一技之长,忽视一专多能。对技术技能的理解也出现了偏差。其实,技术不仅仅是"技"的技艺,还有"术"的谋略、方法;技能的"能",不仅仅指知识能力、技术能力,还有"德"的内隐能力。这些都是学校教育的职责、任务、使命。之所以忘了教育的本能,或者是在认知出现了偏差,从一个层面来看,是对文化育人的重要性认识不到位。

作为高校,人才培养、科学研究、社会服务三个功能究竟该如何把握? 有怎样的认识,也就有对文化育人内涵怎样的理解。

业内曾经认为,高职教育不需要科研,那是本科的事情。试想,没有科研(教研)的教育教学,教师的教育教学能力会得到提高吗? 学校的专业(学科)实力能得到提升吗? 高职院校本身就具有社区服务的属性,可是,在推进社区文明建设和推进农村城镇化建设过程中,文化引领、智力服务方面又做得怎样呢? 社会服务不能局限于科技成果的转化、社会培训的项目,仅有这几点还是不够的。

我们的文化育人不能局限于学校的在校生,还包括教职员工本身,也包括周边社区的居民,外延的扩大丰富了学校教育的内涵。因为,学校是文化的传播载体。

文化育人与专业育人还没有真正融合,在实操层面还存在着教书与育人"两张皮"。专业教育与德育教育自成体系,专业教师只关注专业教育,德育教师(学生管理工作者)只关注品德教育。在评估与评价考核中,重教学、轻教育导向严重。教学评估与教育评估,尽管是一字之差,内涵却是不同的。我们强调产教融合,可问题却恰恰是我们学校内部的融合度不够,学生培养理应是全院、全员、全程、全域,这"四全"的体系。育人体系应该从由点到面,再由面到体的转变。这些年来,青职学院持续探索的"教育管理与学生服务一体化",其目的就是力图解决这方面所存在的"两张皮"问题。

文化育人离不开学校课程,课程是我们学校教育育人的立身之本,应该构建包括文化育人内容在内的大课程体系构建(包涵隐性课程),这样,才能把文化育人落实到位。现在的专业设置、课程制作、教学内容、教学(实训)模式、考核评价、教师能力,在很大程度上缺乏文化内涵,也就是育人的文化没有充分体现出来。譬如,教师的说专业、说课程,仅仅强调是基于企业行业标准、需求来确定设计。很重要的需求被忽略了,需求导向仅仅关注了企业、市场的需求,忽视了学生个体的差异化需求(不同的生源对象用的是同一种教学目标和统一要求),忽略了专业(学科)、教师自身建设、发展的需求(教师没有把自身的发展需求摆进去)。这种专业建设、课程设计缺少职业教育本身的文化属性,从而导致所实施的育人教育缺少文化内涵。说得再微观一点,专业教育的企业文化、职业文化怎么体现? 传统优秀文化如何体现? 立德树人的文化如何落实? 课程教学怎么从单纯的专业知识、技能教育中跳出来,考虑学生身心发展的需求? 直面上述问题,青职学院构建了"1211"课程改革模型,实施了"大课程"视域下的课程改革的探索与实践。

现在一个流行的热词是"互联网+",一些职业院校也将"互联网+"引入学校教育。我认为,互联网只是育人的工具,对学校教育而言,核心的是"专业教育+",在具体日常教学活动中,加信息技术、加人文素质、加职业精神、加团队分享、加道德情操等,促进文化育人落实到位。青职学院这些年来推进"1+N"教学模式的改革探索,体现在内容、方法上,通过"加减法"来实现教学内容、教学方法的改革与创新。

文化育人,首先需要教育工作者有"爱的奉献"。这是教育工作者特殊的职业要求,没有或缺少爱心的教育工作者,也就不能育好人,育成人。因为,不能走进学生心灵的教育工作者,其教育是苍白无力的。浙江的一位文盲老太太为什么被评为当年的有影响的教育人物? 因为她挽救了几十位孩子,让他们走上正道。拿老太太的话来说,她懂得孩子们的"心",她把这些有劣迹的孩子当成了"人"。因此,我想,文化育人首先是"心"的教育。

谁是文化育人的主人? 这个问题应该厘清。文化育人不能仅仅通过教育工作者借助于课程、活动、要求、管理来实现。外在的文化教育是外因,是催化剂。真正实现文化育人目的的还是学生自身,这是文化教育的内因。学生进入学校后应该是学校的主人,在学校里应该拥有自己的位置,有话语权、有自我教育的载体与形式,还可以拥有部分教育教学的角色,特别是在互联网的当下。教学相长,老祖宗早就归纳出来了。可是,反观我们的课堂教学,我们的德育教育,在一些教师的课堂教学中所呈现的是居高临下的单向灌输,形式意义上的育人活动。假若,学校教育都是教育工作者给予、强加的,而不是学生自己参与、体验的,其效果会怎样呢? 我个人的理解是,文化育人的主力军应该是学生,学生是具体的实践者,教师仅仅是引导者,这也反映出应该具有怎样的教育理念问题。青职学院所确定的"学教做合一"人才培养模式,就是强调、强化学生主体,学习本位。教与学位置的置换尽管是一字之差,但育人内涵体与育人价值是不同的。

文化是个大概念,如何认识其内涵,提供怎样的教育内容,如何组织实施,说起来容易,做起来并非易事。

首先要从认识、理念上来看待。在文化育人的过程中,要从功利化的价值取向中跳出来,立足于高职教育办学规律(企业社会的市场规律、人生发展的自然规律、学校教育的运行规律),审视高职教育的价值取向文化、育人模式文化、管理制度文化、合作协同文化等等。

经济上的"供给侧结构性改革",推进了生产要素的供给方式变革。移植到职业教育,职业院校所面临的"供给侧"又是什么?生源不足的职业院校和生源质量不高的职业院校,面对市场人才竞争和多样化的学习需求,是提供单一的专业教育、技术教育,还是提供文化育人为载体的综合素质教育?文化育人,应该从宽泛的视野来理解。从内容上看,传统文化、世界文明文化、企业文化、技术文化、职业文化均涵盖其中。需要做的是将这些方面的文化融合、整合,形成体现在受教育者身上的素质文化特征,把自然人培养成为社会公民、有道德的职业人。

职业院校办学要避免陷入"同质化"发展的误区。这些年来,一些职业院校从德国、澳洲、加拿大等国引进了先进的教学模式。但是,很多学校、很多教师所展示出来几乎都是一个模子刻出来的,缺少"本土化"的个性创新。学校的人才培养模式落实到各院系、各专业时,简单、机械地套用的多,鲜有在学校人才培养模式理念指导下的专业人才培养模式。"文化育人"在推动与实施时应避免专业育人上存在的问题,百花齐放,各具特色,创新发展。

如何看待把专业对口就业率、就业率、大赛获奖数量作为评价人才培养质量的关键指标?这种评价标准体现出一种办学的文化价值取向。有怎样的学校文化价值取向,就会有怎样的文化育人模式,直接影响着教书育人的方式方法。

专业对口就业率高固然重要,说明就业绩效好,就业质量高。那么,专业不对口就业就一定表明就业的绩效差、就业的质量低吗?专业不对口就业中的很多情况是毕业生具有"一专多能"的素质,就业的竞争力强,实现了跨界就业,体现出人才培养的高质量、高水平。由此可见，专业对口的就业率不能全面反映出人才培养的质量。

就业率考量的是一次性就业率。现有的就业率真的没有泡沫、没有水分？基础数据不真实情况下的评价，其价值意义又有多大？不能"自我陶醉"在毕业前的一次性就业率的数字上，半年后乃至于一年后的就业稳定率、高端就业情况、职业发展状况、发展后劲如何？这样的评价比较全面、比较科学，而这些情况又与毕业生的文化素养、能力息息相关。

技能竞赛如果演变为锦标主义、少数人的项目，那就违背了面向人人的学校办学职责。在一些中职学校里，为了参加技能竞赛，参赛学生停课一年专门进行赛前训练，并且该学的课程也不学了。结果，一些获得大赛奖项的学生免试进入高职后，学业基础差，文化素养缺失，不适应高职院校的学习。

上述问题需要我们警惕和反思。

职业教育近年来发展迅速，特别是国家示范院校、骨干校建设的拉动，还有各省的名校、特色校建设。许多职业院校都在寻求高品位、可持续的发展路径。一些学校开始考虑如何从科学管理到文化管理转变，在学校运行方面追求人本化、生态化的管理特征，充分表达"文化"符号在管理中的价值效应。向文化管理的方式转变也是促进文化育人的重要保障，必将对人才培养模式内涵的完善产生重要的影响。

以上是我的一些思考，如有不当请批评指正。

（2015 年 12 月 18 日 昆明）

搭建畅通有效合作平台
确保贯通培养有序推进
——在全市中高职贯通培养专题会上的讲话

中高职贯通培养工作今天开始启动,如何把这项改革试点项目做好,借今天的工作例会,我与各位校长交流、沟通一下。

一、正确认识贯通培养工作

中高职贯通培养是我们大家共同的目标、使命和任务,我们是一个合作共同体一起来做这件事。首先,有利于职教体系建设和完善。中高职贯通培养可以看作是在职教系统内探索的职教集团,相当于一个办学的系统。顶层是由高职院校设计的一个框架,它起到协调运转作用,各中职学校独立运行,都能按照一个标准来运行。我们试图通过这种体系建设,蹚出一条办学的新路。其次,有利于推进职业教育办学层次的升级。各中职学校、青职学院通过这种合作办学,探索职业教育转型升级的新模式,以此促进青岛市职业教育的整体办学层次,进一步提升我们的办学能力和水平。第三,有利于高端人才的培养。青岛市现有的社会和经济发展阶段,需要大量高职层次的技术技能人才,但由于青岛的高职院校人才培养容量不足,不能满足需求,因此,通过贯通培养这一途径,可以为青岛的技术技能人才做好储备。基于以上认识,我想,贯通培养不能把眼光仅仅盯在当下,还应该着眼于未来 5 年一个周期的全过程,系统谋划,早做准备。同时,要理顺合作关系,毕竟我们有各自的隶属关系。要避免各自为政,各执一词,这种合作是不会长远的。我们应该坚持在市教育局的统筹领导下,积极、主动地参与到贯通培养的工作中来,加强沟通,密切配合,形成合力。

二、全力保障贯通培养质量

质量保障的前提在于质量标准的建设。质量标准要统一到青职学院与市教育局签订的协议及所确定的工作方案、工作要求上。要在这个基础上确定出人才培养质量的原则。编制贯通培养的人才培养方案是关键。青职学院出台指导性意见,确定统一的标准,具体到各中职学校可以有各自的特色。中高职贯通培养的人才培养方案,应该体现出"贯通"的内涵,在中高职的衔接上应该体现融合、共享的精神,体现出高职教育人才标准的要求。人才培养方案的制订从"三需求"系统调研做起,需求导向不单是企业、市场的需求,还包括学生当下、未来可持续发展的需求,专业能力建设本身的需求。青职学院这些年来在制订人才培养方案时就是按照"三需求"要求,从调研入手,密切与行业、企业对接,促进学生全面、全程与个性化发展,加强人才培养基本条件建设,使人才培养质量稳步提高。人才培养过程如何在规范中坚守?高职院校经常面临的一个问题是受制于企业临时用工而打乱教学秩序,造成人才培养上的"短斤缺两"。省教育厅出台了加强教学基本规范的文件,要求规范顶岗实习,但是,一些高职院校的顶岗实习很不规范,授课时间与实习时间"2.5+0.5"变成"2+1"或者变相的"2+1",实习时间长达一学年,随意更改人才培养方案,这种做法能保证人才培养的质量?

人才培养方案的内涵也需要与时俱进,与发展方向、发展需求相吻合。青岛市启动了创意之城建设。推进创客行动之后,青职学院顺势提出了创意之校建设的意见,并把开发创意课程,推进创客行动纳入人才培养方案编写的要求中。在贯通培养的管理中,青职学院应与各中职学校各司其职,而不是各管一段。质量管理要贯穿全程,加强过程管理,实行预警制度,不符合标准的不能转段接受高职段的学习。质量保证还需要其他方面的工作配合,评价考核、学生工作、教师培训、教学研究等诸多方面都应衔接融合。

三、不断优化贯通培养机制

贯通培养的制度建设要在运行中不断完善。现有的制度一是不够完备,二是不够完善,需要在实践中不断补充、修订。在制度建设的基础上,要形成一个基本的运行机制,包括教学运行机制、质量管理机制、考核评价机制等。要建立常态化的例会制度,使贯通培养工作有序推进,促进各项工作的联动。要建立双向挂职交流的机制,促进中高职贯通培养中的良性互动。教师队伍建设是贯通培养工作中的一个重点,要制订贯通培养教师队伍建设规划,从教师配备、选拔到教师研修、培训,逐步形成满足贯通培养教育教学的师资库。要面向中职学校开展教师基本资格的培训与认证、专业能力的培训与认可工作。此类培训分为三层:一是由青职学院统一组织的通识培训;二是由青职学院各二级学院(公共教学部)组织的专业(专门)培训;三是由青职学院各二级学院教研室组织的教学能力培训。当然,制度、机制是一个逐步完善的过程,需要在磨合中由逐步认可到基本认同,最终实现融合。要实现这一目标,需要大家齐心协力。

(2016 年 5 月 18 日)

携手共进　经验共享
为人文素质教育发展共同努力
——在第二届人文素质教育工作交流会闭幕式上的讲话

在中国职业技术教育学会的指导下，在与会同仁的共同努力下，在承办方杭州职业技术学院的精心组织下，第二届全国职业院校人文素质教育工作交流会顺利地完成了今天会议的各项议程。在此我再次代表人文素质教育研究会对杭州职业技术学院表示衷心的感谢，对各位领导、各位同仁的热情参与和大力支持表示诚挚的谢意！

2015年，《教育部关于深化职业教育教学改革全面提高人才培养质量的若干意见》中明确提出了"落实立德树人根本任务，坚持把德育放在首位"的要求。统筹推进活动育人、实践育人、文化育人，把德育与智育、体育、美育有机结合起来，努力构建全员、全程、全域的育人格局。今天，各位专家与院校交流代表，围绕职业院校人文素质教育的工作，从理论的高度阐述了职业院校人文素质教育的新理念、新观点，从实操的角度交流了做好人文素质教育的新模式、新举措。发言中所表达出的思想火花、有效途径，为大家今后推动人文素质教育工作，提供了值得学习和借鉴的蓝本。

新形势下，职业院校人文素质教育面临着新问题、新挑战、新机遇，应该与时俱进，在实践探索中创新发展，在成果积累中突出特色。下面，我从问题出发，就为什么要加强人文素质教育，什么是人文素质教育，如何推进人文素质教育，与大家交流一下自己的思考与体会，请批评指正。

一、从问题、需求导向来审视人文素质教育的价值

主要从三个方面来分析。

(一)从企业、社会机构及民众的视角看

2006 年我去海信集团走访时,海信集团人力资源部长对我说,他们对招聘来的大学生,不太关注他们的技能水平有多高,而是看他的潜能、后劲有多大,因为技能几个月就能学会。当时,我还不太理解他的意思,企业不看技能看什么呢?今年 5 月初,我在常州参加会议时顺访了我院的合作企业——龙城旅游控股集团。在与该集团人力资源负责人交流时,她告诉我,他们企业对应聘的大学毕业生,首先看重的是职业素养与多岗位的工作能力。5 月 31 日,我在北京参加了联想教育集团成立仪式。联想教育集团的有关负责人在向与会代表分享联想校企合作实践时,在谈到联想集团选人、育人、用人、留人对能力要求时强调,要看重员工的良好的工作习惯、沟通协调能力、独立思考能力等,这些部分的分值权重占到 70%。

几年前,我从一份资料中获悉,欧盟教育文化理事会采访了 7000 多家用人单位,了解雇主对毕业生工作能力的总体评价。了解的结果是,在对职场能力的重要性排序中,雇主认为,"团队合作技能"排到了第一位,其次才是"专业技能",然后依次为"交流技能""计算机技能""对新环境的适应能力"等。美国的有关媒体也曾进行过专题调查,调查的结果是:几乎 2/3 的成年人认为,全面掌握各项基本技能比拥有出色的专业特长要重要得多,因为专业技能或多或少都必须在工作中重新学习和掌握。因此,无论是雇主还是大众,都认为从大学走出的人才应该学会批判性思考、清晰表达,同时还能解决复杂问题。

从国内、国外的这几个事例,我们应该思考些什么呢?又应该改变些什么呢?

(二)从高职生的现状看文化素养的缺失

我简单地归纳了一些,譬如生活态度的消极、未来前途的迷茫、行为习惯的欠佳、人格特征的缺陷、文化基础的薄弱……

如何面对这些"缺失的问题"?学生既然选择了我们,我们就应该担负起责任。他们需要我们培养,需要我们帮助,这不仅是他们个体的需要,也是社会的需要,更是国家的需要。

（三）从高职教育的办学功能看

对职业教育办学定位、办学理念的问题需要讨论，准确把握其真正的内涵。比如，办学途径是订单培养还是订单合作？价值取向是就业的教育还是促进就业的教育？专业对口是高质量就业的唯一标准？职业教育就是技能教育？培养目标是培养一技之长还是一专多能？等等。对办学功能的看法是什么，就决定着办学的走向与目标定位。

抛出以上三个层面的问题，目的是引发大家的深入思考，反思我们正在办的职业教育究竟应该如何办？办学目标定位应该如何确定？办学功能应该如何把握？人文素质教育如何从边缘走向中心？

然而，职业教育推进人文素质教育，又面临着种种挑战：对职业教育地位的鄙视，对职业教育作用的忽视，对职业教育内涵的误读。这些都导致职业教育出现异化式定位，功利化发展。

二、人文素质教育内涵决定着育人的目标定位

什么是人文素质教育？我的简单理解是：这是一种教育，是遵循规律、敬畏自然的、关注人、为了人的教育，是改善人的生命、生存、生活质量的教育，该教育强调的是精神、理想、和谐、自然、生态等层面的一种价值取向。

按百度的解释，人文素质包括具备人文知识、理解人文思想、掌握人文方法、遵循人文精神 4 个方面。

拓展之后的人文教育首先指的是人文学科的教育，包括语言教育、文学教育、历史教育、哲学教育、艺术教育、道德教育、思想教育、政治教育等内容。其次指的是文化教育。第三，指的是人类意识教育。第四，指的是精神修养的教育。

人文素质教育与科学教育，尽管是作为对立面而提出的，但在当今社会，我觉得应该是相对的统一体，它们应该是育人的一对"孪生体"，在教育学活动中，应该渗透，相伴相生，不可绝对化。

百度百科解释得好："科学"重点在如何去做事，"人文"重点在如何去做人；"科学"提供的是"器"，"人文"提供的是"道"。只强调其中一方面，或用"做事"的方式"做人"，用"做人"的方式"做事"，都会给人们带来麻烦。

基于这种理解,我觉得人文素质教育应该是开放的,应该以不同的形态、方式体现在学校办学、育人中,导致人文素质教育的课程设计、培养方案的确定的差异性,最终还是殊途同归,目的都是培养高素质、高素养的技能型人才。

三、人文素质教育需要系统设计、协同推进

人文素质教育有效推进,涉及理念、内涵、课程、方法、评价等诸多方面,时间关系我重点与大家交流前三个方面的内容。

(一)理念是前提

做好职业院校的人文素质教育,首先要解决理念、认识问题。理念、认识是行动的指南、动力,没有这个意识,一方面不会有文化的自觉,另一方面行动也会走样。

人文素质教育的重要性,我们可以从不同角度来看待,来理解。

蔡元培先生在《中国人的修养》一书中说道:决定孩子一生的不是学习成绩,而是健全的人格修养。蔡先生的这一观点表明了人文素质在人的一生中的重要性。

康德在谈及教育的功能时有这样的表述:"教育最大的秘密便是使人性完美,这是唯一能做的。"康德强调"改善人性完全在于良好的教育",换个说法就是能使人性慢慢变得完美的教育才是良好的教育。由此可见,使人性完美的教育是离不开人文素养教育的。

耶鲁大学的校长理查德·莱文曾说:如果一个学生从耶鲁大学毕业后,居然拥有了某种很专业的知识和技能,这是耶鲁教育最大的失败。他认为,专业的知识和技能,是学生们根据自己的意愿,在大学毕业后才需要去学习和掌握的东西,那不是耶鲁大学教育的任务。耶鲁致力于领袖人物的培养。在莱文看来,本科教育的核心是通识,是培养学生批判性独立思考的能力,并为终身学习打下基础。通识教育的英文是 liberal education,所表达的是自由教育,是对心灵的自由滋养,其核心是自由的精神、公民的责任、远大的志向。

自由地发挥个人潜质,自由地选择学习方向,不为功利所累,为生命的成长确定方向,为社会、为人类的进步做出贡献。这,才是莱文心目中耶鲁教育的目的。

(二)内涵是核心

除了前面已经所阐述的观点外,我们再来分享并思考联合国教科文组织所倡导

的"四个学会"。我想,这也是人文素质教育的重要内涵吧。

联合国教科文组织所倡导的四个学会是学会求知、学会做事、学会共处、学会做人。这四个方面的每一点都渗透着人文素养教育的内涵,它们之间也都是互相关联的。

学会求知,不仅是学习书本知识,也不仅是学习专业技能,还应该学习人文素质教育的相关知识,了解并掌握学会做事、共处、做人的基础知识和基本道理。学生需要掌握"一技之长",没有这个不行,这是走向职场、获取职业发展第一桶金的"敲门砖"。但仅有这个也不行,还需要立足长远,掌握基本技能,并拥有一专多能,这是可持续发展的"金钥匙"。

学会做事,不单是指掌握某种职业操作技能,还应包括团队合作、创新意识的培养;也不单是指培养学生的智力技能,还应培养他们具有良好的社会行为技能(良好的人格素养,和谐的人际关系等)。学会做事,也不单单是完成一项工作,会料理生活,还应该要有做善事、把事做好的意识与能力。

学会共处,这也是 90 后学生、"富二代"学生面临的一个需要解决的现实问题。这里面一个突出的问题就是如何学会包容、欣赏、关爱。很重要的前提是如何认识自己,如何尊重他人。在人际交往方面,学生能否做到"设身处地""换位思考"? 如何能做到"己所不欲勿施于人"? 拓展到教师,能否真正做到"教学相长"?

学会做人,其追求的目标就是国际组织——国际 21 世纪教育委员会所倡导的"教育必须促进每个人的全面发展"这一基本原则,把学生培养成为"真正意义上的人""完整的人",使他们在认知、情感、伦理、审美、身体诸方面得到全面发展,懂得尊重、包容,具有同情心和人文关怀等。

(三)课程是载体

这些年来,很多职业院校增大了人文素质课程数量。境外的很多高校十分重视素质教育,如台北城市科技大学,其人文素质教育课程分为全校统一课程、院系自主课程两部分,4 个学分。总的通识教育课程占 24~32 个学分,约占总学分的 1/4,总学分是 128 个。统一开设的有法律、中文、英文、职场伦理、口语训练表达等等。一年级还开设"服务学习"课程,包括劳动课、义工课。建国科技大学开设数码课程(多媒体、影视动画之类的课程),还有营销、设计类课程。青职学院在课程改革中所构建的"大课程"体系,其中就包含了增加人文素质类课程,建立了不占学时的素质教育学分体系。不仅重视专业课程,也重视人文素养课程;不仅重视显性课程,也重视隐性课程。人文素养教育课程体系建设与实施需要不断地探索、完善,不仅通过调整、调适,将美育、艺术、理财以及休闲类课程列入人才培养方案中,还应推进人文素质教育与专业教育的融合。

各位同仁、各位朋友,诗经云:"嘤其鸣矣,求其友声。"今天的会议虽然短暂,但大家为了职业院校人文素质教育走到了一起,在交流过程中增进了友谊,在研讨中提升了认识,影响将会是长远的。人文素质教育研究会成立的目的就是为大家提供一个交流、分享、协作的平台,愿我们能携起手来,分享智慧,为人文素质教育的发展共同努力。

最后再次感谢各位领导、各位同仁的积极参与,感谢杭州职院周到的服务,祝各位身体健康、工作顺利!

谢谢大家!

(2016 年 6 月 7 日 杭州)

推进人文素质教育工作
培养优秀技术技能人才

——在第三届职业院校人文素质教育专业委员会年会
暨革命传统文化教育中心成立大会上的讲话

今天的会议在大家共同的努力下,圆满地完成了任务。刘占山会长在开幕式上的讲话中,强调了在新形势下做好人文素质教育的重要性,对如何提高人才培养质量提出了新要求、新方法。两个专家的报告分别从理论和实操层面进行了生动形象的阐述和讲解,阐述了延安精神,交流了推进思政工作的有效方式。三个院校交流了他们运用红色革命传统教学资源,进行立德树人教育的经验做法,展现了独特的教育案例。革命传统教育中心正式揭牌成立,为人文素质教育工作的开展又搭建了一个新平台。一天的会议内容丰富,大家收获多多,对促进各校人文素质教育的开展必将起到积极的推动作用。我就如何培养高素质技术技能人才谈几个观点,请大家批评指正。

一、有大爱才能有大识,才能育大人、育大才

这里面包括两个维度:一个是爱学生,一个是爱事业。对中、高职学生这一群体,我们应该尽职尽责地关爱、呵护他们,去培养、塑造他们。但是,从现实情况看,一些教师与学生的关系冷漠、疏远,这样的教师能教好书吗?今天上午,南京航空航天大学徐川在讲座中介绍了他的工作方法,从表面上看讲的是工作方法,背后却折射出育人的理念。有些老师缺失爱岗敬业的精神,却要求学生这样做、那样做,这样的要求能有说服力吗？有的老师所上的课枯燥乏味，缺乏针对性，教学态度不认真，职业态度不端正，教师的初心已经丢失。我认为，提升教育工作者素质，打造专门化的思政队伍，是当下的重要任务。陶行知先生所说的"学高为师，身正为范"，就是好教师的基本标准。那么，高素质、高水平的师资队伍从哪里来？这一点对于人文素质专委会来说，同样也是一项重要的任务，专委会要发挥好平台作用，开展形式多样的教师培训和专题研讨活动，为提高教师职业素养、提升教师育人能力做出应有的贡献。

二、高职院校的办学定位应该回归本源

高职办学十多年来，积累了成功经验，也存在着需要反思的问题。高职教育曾一度功利化地提出技能本位教育。一些学校重技能轻文化，重专业轻德育，重教学轻做人，甚至把学校的育人功能矮化为技能培训，将某一岗位的技能作为育人的全部任务，取代了人的全面发展的教育。高职院校的人才培养应该坚持、坚守文化传承。高职院校应深入研究办学规律、育人规律、学生发展规律。很多职业院校已有成功的经验。如，杭州职业技术学院文化梯度育人就形成了系列，富有特色。建议大家开展对高职院校学生核心素养的研究，从结果导向和反向课程人才培养的角度来分析合格公民、合格职业人究竟应具备怎样的核心素养，使我们的教育更具针对性、更加有效。

三、师生的人生价值取向应当正确引导

人生价值问题涉及人生的意义。有人说，有意义的人生未必是幸福的。因为在追求理想的过程中面临着诸多困难和挑战，在这种环境下的人生追求，就体现出人生的境界。人为什么而活？这一问题涉及生命、生存、生活诸多方面，如何去认识取决于对生活的态度，需要通过引导来引路。老师、学生中存在对生活不热爱、有业不就的现象，应该引起高度警惕，采取措施加以解决。否则，我们就不能培养出国家所需要的合格接班人。

四、直面问题探索有效的解决办法

对于社会转型发展过程中出现的新问题、新矛盾应该客观、理性地看待。作为有良知的教育工作者，对发生在学生身上的问题应不回避、不逃避，坦然面对，因为教师的职责就是育人，就应当承担起应有的责任，应以问题为导向研究思政工作、"两课"

教育的有效实现方式,做到有的放矢。要正确对待学生存在的问题。学生有问题是正常现象,如果学生什么问题都没有了,还需要学校教育吗？学校就是帮助学生解决问题的地方,我们应该有这种理念和意识。那么,如何才能了解学生存在的问题并加以解决呢？首先要进行深入细致的调查研究。毛泽东主席曾说过:没有调查就没有发言权。只有亲近学生、走进学生,了解问题的真实原因,站在学生的角度看待问题、思考问题,研究问题解决的方法,才能做到事半功倍。教学工作也是如此,设立的教学目标、教学内容和教学方法,应该满足学生的需求,适应学生的接受能力。以往传统的"目中无人"的备课方式应该改变,理想的状态是师生共同参与到问题解决的设计中,创设师生集体进行教学设计的"教与学协作体"。变教师"我要你学"为学生"我需要学"。从这一点来看,教师应该学会"教学营销策略"。

五、以课程改革促进人才培养质量的提高

高职院校课程建设存在的问题是体系不健全、内涵不丰富、结构不合理、内容不新颖,特别是专业课程与素质课程融合性差,有限的教育资源没有充分利用,既增大了育人成本,又没有实现教育的目标。人文素质教育在一些高职院校中,被视为一个点缀式的标签,没有引起足够的重视,重专业教育、轻素质教育的现象比较严重。课程改革很重要的一点就是要打破专业教育与素质教育之间的壁垒,通过大课程体系的构建,实现专业教育与素质教育的融合,形成多元、多维的系列化新课程。人文素质教育需要生活化场景与激励式手段,使教师与学生的心智、心灵在互动中产生共鸣。能对学生产生质的影响的不仅是专业学习,有时候教师的一句话就会改变学生的一生。有这么一个案例,我院学生秦子豪当年通过单独招生方式考入我院。他在中职学校学习时经常逃课,到我院零起点学习商务日语专业的目的性也不强。在一次上课时,他在朗读课文时语言表达的天赋被老师发现,老师当众表扬了他。老师的表扬增强了他学习的自信心,他学习的潜能被激活,参加日语口语大赛屡屡获奖,在全国职业院校大赛中获得冠军,毕业后到日本高校攻读本科,今年又被早稻田大学录取为研究生。这告诉我们,人文素质教育未必一定是按部就班的有计划、有准备的"轰轰烈烈"的教育。那些日常与学生的交往,那些看似不起眼的互动,也能达到教育的目的。因此,生活化、人本性的人文素质教育模式是值得我们实践、创新的新课题。

(2017 年 5 月 25 日 延安)

校企建设智慧校园新平台
携手探索人才培养新路径
——在东西部高校课程共享联盟 2017 年会上的发言

青岛职业技术学院具有 66 年的办学历史。先后获得全国职业教育先进单位、国家首批示范院校、世界职教院校联盟学生支持服务卓越院校金奖等荣誉称号；获得国家教学成果奖 3 项，与 22 个国家和地区的 85 个机构建立了合作关系，建立 6 个海外校友会，培养了遍布在海内外不同工作岗位上的大批高质量技能人才。

（一）

以满足需求、适应发展为导向，这些年来我们以立德树人为己任，以促进学生全面发展为目标，通过深化产教融合、校企合作，增强办学机制活力，突出高职办学属性特色，向企业行业输送高水平技能人才，为社会培养高素质社会公民。

为了实现上述目标，2012 年以来，我们重点抓了学生支持服务、专业内涵发展、高职课程改革、校企深度合作、智慧校园打造、教师能力提升、人文素质培养、国际合作交流、职教体系构建、创新创业教育、校园文化建设等工作。

回想我们的办学实践与改革探索，我们所走过的路，有经验，也有教训。我们在质疑中前行，在实践中融合，在分享中进步。

需要理清和秉持的是，高职院校的属性定位和任务使命。

高等职业教育，属于高等教育的层次与范畴，具有职业技术的特性和类型。在人才培养方面，高职院校应该突出以下两个方面的培养功能。

一是培养技术技能人才。他们是先进生产力群体的代表之一。本科大学是工程师的摇篮,高职院校是大国工匠培养的摇篮,工程师所绘制的图纸、所设计的方案需要大批蓝领技工来实施,没有这些具有工匠精神的高水平技术工人,就不会有高质量的产品、工程和项目。

二是培养合格的社会公民。他们是和谐社会、稳定社会的促进者、践行者。高职院校的学生,他们有的在进入大学时带着高考失败的阴影,对未来缺少目标;有的在习惯养成、人格素养等方面存在问题;他们当中更多的是来自普通劳动者家庭,一些学生缺乏自信,自卑感强。面对这些学生群体,高职院校有责任通过实施良好的教育,让他们将来在社会上找到属于自己的位置,自食其力,安居乐业。

然而,面对这两个方面的需求,高职教育应该怎么办? 在育人方面准备好了吗? 这些是需要反思的问题。

现实的问题是,由于高职教育办学的历史不长,面对社会、企业和求学者的需求,高职院校在提供优质教育方面还存在着种种不适应的问题,存在着不平衡、不充分的问题,譬如课程内容陈旧、教学方法落后、教学资源匮乏、考核评价单一……那么,解决的路径在哪里? 应该像供给侧结构性改革那样,对接企业、行业、社会需求变化来寻求高职教育的变革。

国家示范院校建设结束后,我们以系统化的视角、个性化的需求来考量高职教育属性、定位,从以内涵发展求质量来突出面向人人的高职办学价值取向。为此,我们确立学生全面发展理念,以学生为中心,以促进学生可持续、健康发展为切入点,推出"学教做合一"人才培养模式,创新学生主体、学习主动的人才培养新路径。

为实现上述目标,在深化校企融合,促进专业内涵建设的基础上,学院持续推进高职教育课程改革。譬如,构建全域课程体系。丰富显性课程,建设隐性课程,整合课程资源,彰显学校处处有育人资源的课程文化。突出技能教育特色。强化专业核心技能体系建设,开发软硬技能为一体的工学结合实践课程、素质(双创)教育课程。改革教学方式方法。回归师生课堂关系,改进教师教学模式,鼓励学生参与教学,引入信息技术教学手段。立足发展多元评价。建立了等级制过程考核制度;推出了素质教育品端学分;实施了教学质量诊断与改进。

培养高素质技能型人才的路径有很多,今天,我重点报告的是学院通过加强信息技术建设,在促进课程改革、教学改革方面所做的工作,所取得的初步成效。

（二）

2014年被确定为山东省教育信息化试点单位以来，学院出台了智慧校园建设发展规划，强化了对信息化工作的统筹领导，硬件软件一起抓，推进了信息化与教学、管理工作的有机结合，取得了阶段性成果。

一、推进信息化教学改革

在深化信息技术与专业建设融合发展的过程中，学院与智慧树等知名教育机构不断深入合作，搭建了优质专业的教学资源平台，通过共建、共享、互认，进一步提升了学院数字化教学水平。

（一）共建

一是共建信息化教学平台。2015年，我院牵头与青岛的4所高职院校联合成立青岛市高职教育优质课程共享中心，确立智慧树为唯一的运营服务商，五校共享一个数字化教学平台。

二是共建信息化课程。2016年我校与智慧树校企共建了"树下课栈"，全院累计有200多名老师进栈咨询。至今累计完成40余门课程混合式课程建设，后续还有20多门课程正在制作中。取得的阶段性成果有：7门课程通过智慧树平台在全院范围内翻转运行，选课人数共计2744人；2门课程在东西部高校课程共享联盟中推广，本学期又有3门课程已通过初审；8门课程入选山东省精品资源共享课；2门课程由山东省推送参加国家级精品在线开放课程认定、评选。

三是共建信息化教室。已建成沉浸式教室1间，O2O教室1间，k8直播互动教室11间。共享中心中的其他4校建成直播互动教室5间，在共享中心5校之间见面课跨校直播互动50余次。与30多所本科、高职院校完成直播互动授课100余次。

（二）共享

一是共享数字化师资。与智慧树合作，以网络平台在线自主学习和见面教学研讨会议相结合的形式，以东西部高校课程共享联盟优质课程为基础，共享数字化师资培训资源，共同举办师资培训30余场。

二是共享数字化课程。2015年起，青岛市五校共享中心累计选修东西部高校联盟优质共享课程126门次，选课学生数达3万余人；2016年起，青岛市五校共享中心建设完成"线上线下相结合"的"混合式"课程9门,实现了在智慧树平台上的跨校选课;2017年,我院的2门课程通过智慧树课程共享平台在全国跨校选课运行,截至目前,这2门课程选课学校数分别为186所和182所,选课学生分别为38260余人和40029人。

(三)互认

在青岛市五所高校中实现了学分互认,并逐步辐射至与学院合作五年贯通培养的15所中等职业学校。最近,学院又与成都航空职业技术学院、扬州工业职业技术学院签订三校学分互认、共享课程资源的协议。通过东西部高校联盟的选课和供课,实现了与全国跨校共享课程院校的学分互认。

二、加强信息化基础建设

为保障信息化教学改革的顺利实施,我们加强了信息化管理体系以及硬件条件的建设。一是,2015年以来共投入1580万元,融资1200万元。二是,升级信息化教务管理系统。三是,建立了智能教室管理系统。四是,开发了听评议课管理和教学质量学生评教系统。

三、主要成果

——被教育部授予"2017年混合式教学试点单位",同时获得山东省2017年信息化教学示范校荣誉称号。

——4位教师获得全国信息化教学大赛二等奖(其他国赛获奖2人),6人获省赛一等奖。拥有国家名师、省名师12人。

——2017年12门课程获评省级精品资源共享课,2门被省教育厅推荐为国家精品资源在线开放课程。

——2015年以来,学生在全国大赛中获得一等奖14个,其他等次奖项55个,省赛一等奖27个。

四、"十三五"规划目标

经过建设,将学院建成"人人皆学、处处能学、时时可学"的创新型、学习型智能校园,对学院实现更高、更快、更强的发展起到积极的促进作用。

（一）目标任务

一是,通过打造高性能校园云数据中心,提升计算与存储能力,搭建移动平台,构建移动应用中心,满足未来 5 年办学信息化需求。

二是,完善、推广学院数据标准,数据融合,形成学院数据共享资源中心,消除信息孤岛,促进学院教科研相关资源无障碍共享。

三是,完善人人互通网络教学空间,强化优质资源库与网络课程标准建设,推动专业混合式教育教学改革,形成智能化教科研新模式。

四是,建设校本质量管理状态数据监控平台和教师教学质量综合评价系统,为质量管理、诊断与改进提供全面、真实的状态数据。

（二）具体措施

全面打造网络教学空间,网络教学资源总量不低于 4T(其中校本资源不低于 2T),每年更新的资源总量不少于 500G,学生注册人数 10000 人以上。

新开发、完善、升级专业教学资源库不低于 10 个,学生使用率达到 100%。每年开发网络课程不低于 50 门;实施"一名师一优课"计划,省级精品资源共享课不低于 10 门;每年引入信息化课程不低于 10 门;新建国家精品在线开放课程不低于 4 门。

每年建设 4 个集网络共享课程制作、直播、互动等功能于一体的录播教室,服务网络课程资源共享。实现精品资源共享课课程空间与数字校园平台无缝对接。

采用 VR、AR 等先进信息化技术,结合实习、实训条件建设,开发、引进三维仿真导游、心理测评与危机干预、工业机器人、物流仓储等模拟仿真实训软件不低于 10 个。

修订网络教学平台使用管理办法;建设移动实习、实训信息平台加强实习实训管理;以移动终端为载体建立统一的智慧校园移动应用平台;开发学分制信息化教学管理平台。

鼓励、支持教师开展信息化教学改革与研究,面向全体专任教师开展信息教学能力培训。鼓励师生团队设立软件开发等工作室,支持从课题研究、教学使用和社会服务方面开展信息化研究。

（2017 年 11 月 23 日 北京）

服务发展战略　打造一流"创"校

——在中国—新西兰现代职业教育发展论坛上的致辞

创新创业教育在中国提出已有多年。2015 年国务院颁布《关于深化高等学校创新创业教育改革的实施意见》,创新创业上升为国家战略。"众创空间""创客"等新名词逐渐进入各个高校,并成为人才培养的题中之义和实践重点。近年来,随着全球新技术革命和产业转型升级,以及大数据、云计算、移动互联网、人工智能的逐渐融入,创新创业不再是少数人的专属,而成为促进普通人实现梦想的机会,"大众创新、万众创业"其势已成、其风正劲。作为知识人才的聚集地,大学只有因势而谋、应势而动、顺势而为,积极服务国家战略,打造一流"创"校,才能不负时代所期、国家所望、社会所期。

对大学来说,创新创业教育的根基在理念,路径在实践,本质在人才培养,是大学生谋求职业发展、实现自身价值的重要载体和途径。在这方面,现行的各种鼓励政策和"互联网＋"背景下的平台建设已经起到一定作用。但就实施情况来看,在一定程度上呈现出工具主义色彩,形式相对单一,在与专业教育融合、促进学生成长、培养创新能力的结合上缺乏创新性和实效性。这其中,有政府层面政策没有落地的原因,也有学校层面认识不统一的原因。首要问题,我认为还是认识问题、理念问题。

习近平总书记在中共十九大报告中强调指出:"创新是引领发展的第一动力,是建设现代化经济体系的战略支撑。"高校开展创新创业教育,不仅是为具有商业创业能力的小众学生群体创设培养机会,而且要面向人人,为全体学生提供创新意识与能力素养培养,帮助其建立企业家的胆略情怀、精益求精的工作态度和建功立业的目标追求,提升其面对未来的竞争实力,为未来培养潜在的创业家、实业家、企业家以及自食其力的劳动者。这个过程要有教师的鼓励、引导与人文关怀,要有科学、符合规律的人才培养模式,要有容纳失败的环境氛围与鼓励"异想天开"、敢于质疑的育人文化。

创业教育必须回归教育本源。创新的精神与素质,是大学生创业的动力与源泉,是其在推进国家现代化建设过程中发挥重要作用的基础。因此,要力戒为创业而开展创业教育,避免功利化地设定"千人一面"的创业标准;力求让创业成为一种生活模式、思维方式和行为习惯,通过创业教育开发学生潜能,使其具备可持续发展的知识力、技能力和创造力。而这正是青岛职业技术学院多年来一直坚持并为之努力的育人追求——帮助学生"成为他自己",成为具有职业操守和文化教养的大写的人,成为在生理与心理、智力与非智力、情感与意志诸方面协调发展、人格健全的人。

创业教育与创新教育密不可分。创新引导创业,创业激活创新,创新创业教育对促进学生全面发展、促进社会全面进步有着重要的价值意义和导向作用。作为高职院校,理应顺应新时代要求,以双创教育为动力,变革体制机制,创新教育教学模式,构建学校、院系、专业、课程上下衔接,全员参与的培养体系和管理制度。也正是基于对高职教育属性定位和任务使命的认识,近年来,青岛职业技术学院确立学生全面发展理念,以促进学生可持续健康发展为切入点,持续深化课程改革,突出技术技能培养,探索"学教做合一"人才培养模式,打造"创意之校"。

主要做法有以下几个。

一是转变观念,推进创新创业教育协调发展。以创新创业教育带动教育教学改革,推进创新创业教育与专业教育的融合。突出技能教育特色,回归师生课堂关系,强化专业核心技能体系建设,引入信息技术教学手段,实施发展多元评价,建立等级制过程考核制度,开展教学质量诊断与改进,构建大学生素质教育体系。从单纯的知识传授,向培养学生的创新精神、道德素养、执着态度,以及创造价值、回报社会、服务国家的责任感等方面转变。

二是搭建平台,促进创新创业教育落地生根。强化平台意识,聚集创新创业教育资源。近年来,青岛职业技术学院建立了青岛市首个大学生创业孵化基地,成立了山东省首个中科创业学院。与此同时,还建立名师(大师)工作室,通过建立创新文化、激励政策以及采用新的组织模式让教师积极参与产品研发、技术发展和创办衍生公司,将学校的产教学研资源转化为育人资源。

三是多措并举,营造创新创业教育良好氛围。将创新精神、创业意识和创新创业能力作为人才培养质量的重要指标,成立创客文化中心、创客列车,依托职业教育周、职业生涯规划大赛、创业大赛、校友讲堂等载体,以众创、众筹、众帮、众扶为宗旨,将课程、实践、孵化、创业贯穿创新创业教育全过程,不断提升学生创新创业素养。

十年来,学院创新创业教育成效显著,先后涌现出一大批创新创业英才。如,在非洲成功创业并支持母校发展的王伟欢;获全国大赛冠军、现在世界名校深造的秦子豪;坚定目标追求,实现跨界发展的刘少华;985高校博士后毕业后,回校任教的优秀校友张璟;在海尔集团实习期间获发明专利的李洪林;在海信墨西哥公司担任技术主管的优秀校友群体。

当然,在创新创业教育实施过程中,我们在理念、认识、路径上还存在着一些瓶颈问题。如,对双创教育的内涵把握与重要作用的认识不统一、不准确;双创教育课程体系构建不系统,重理论轻实操,与专业教育课程、通识课程缺乏有机结合;双创师资数量偏少、能力不足,有的教师缺乏商业创业经历,开展双创教育的热情、动力不足;双创教育评价体系不完善,科学性、针对性、有效性不强,等等。这些问题,需要我们在今后的工作实践中着力解决。

"十年树木,百年树人。"创新创业教育不是创业实体的数量判断,也不是创业项目成功与否的质量研判,而是以创新能力为核心的综合素质提升和职业精神培育的高职教育人才质量评判。建立创新创业教育长效机制任重而道远,需要政府、高校、企业三方齐抓共管,形成合力,需要在实践探索的基础上久久为功、创新发展。

（2017 年 11 月 27 日 天津）

新常态下学生能力培养的挑战与对策

——在中国—新西兰现代职业教育发展论坛上的发言

人才培养工作与社会经济发展紧密相连。当今世界,技术发展日新月异,深刻改变着全球经济格局、生产方式和人们的生活习惯。网上购物席卷传统零售业,传统手工逐渐被智能化生产流水线代替,机器人正在解放更多的人力资源。基于互联网、物联网、大数据、云计算技术和智能制造,传统行业界限已逐渐被打破,各种新的行业领域和合作形式正在产生。产业转型升级,对与之相适应的人才知识、能力、素质结构提出了挑战。

那么,在这种新的形势下,学生的基本素养与能力包括哪些呢? 我认为要有通用基础能力、创新创业能力、专业技术能力和信息技术能力。然而,作为以"为产业发展培养高技能高素质人才"为己任的高职院校,在学生能力培养上是否做到位了呢? 我们遗憾地看到,人们对这些能力的培养还存在这样或那样的问题,主要表现在以下几方面。

一是,通用基础能力不强。通用基础能力是学生综合素养的体现,也是学生面向未来工作、生存的基本技能,是他们体面生活、可持续发展的"金钥匙",表现在完善的人格、通畅的沟通、准确的理解和生活的情趣等。2010 年,欧盟教育与文化理事会曾对 7000 多家用人单位进行专访,这些单位均把"团队合作技能"排在毕业生工作能力的首位。2012 年,美国的有关媒体也针对用人单位做过调查,结果三成用人单位对大学在学生职场能力培养方面的作用感到不甚满意。一些雇主甚至认为,部分毕业生的"就业准备严重不足",比如,口头表达、书面写作、分析与研究、规划决策等基本能力薄弱。在中国,一些高职院校也存在着忽视人文教育、忽视职业素养培养的问题,一些学生缺少未来从事职业活动所必要的通用技能和基本素养。

二是,创新创业能力不足。改革创新是时代发展的潮流,不仅体现在科技与经济领域,而且也渗透在人们的生活领域,特别是在全球经济体一体化的当下,社会与经济发展呼唤技术创新,需要大量的具有创新意识与能力的各类人才。然而,在优越的生活环境里,一些学生创业动力不足,尤其是一些富二代、独生子女。他们乐于享受上辈积累下来的物质财富,对学业的追求、事业的选择、家业的经营,都缺少必要的思考与设计,缺乏变革的激情和创新的精神。究其原因,一方面,是由于这些学生习惯于传授式的、接受式的学习,不善于思考,不敢于质疑;另一方面,也是由于一些教师传授式的满堂灌,教育理念、授课内容、教学方法陈旧;还有一些学校缺乏对学生"客户"需求的关注,教育理念落后,评价手段单一,培养模式僵化。

三是,专业技术能力不硬。专业技能是毕业生进入职场、社会的"通行证"。随着产业转型升级,企业技术处在更迭转换时期,这是一个以传统手工艺为代表的高端技能型和以工业现代化为代表的智能技术型并存的阶段。这个阶段对职业教育提出了培养"复合型"高端技术技能人才的要求,要求职业院校所培养的学生,不仅要具备传统手工技能,还应掌握智能化新技能。然而,面对这一挑战,社会上仍存在着"鄙视职业教育、轻视技术技能"的现象,一些职业院校准备不足。有的偏好于低端技术技能培养;有的简单定位于岗位培训;有的重理论、轻实践,习惯于"纸上谈兵";有的缺少必要的专业技能训练设施;还有的忽略"工匠精神"的培养。这些问题不仅导致学生就业难,而且也导致他们不能很好地适应职业岗位对技术技能层次与内涵的要求。

四是,信息技术能力不高。信息技术不仅影响着人们的生活,而且也影响着高职院校的教育教学。在信息化技术革命的当下,"互联网＋"对传统的教学方式、管理模式造成了很大的冲击,"一所学校、一位老师、一间教室、一块黑板"的传统课堂弊端越来越突出。在一些职业院校中,一方面,教师教学模式"过于呆板",习惯于黑板＋粉笔,习惯于 PPT 课件,整个教学过程就像生产线上的"流水线",机械、刻板;另一方面,学生接受知识"过于被动",学习方式缺乏个体性,师生之间、生生之间信息交流不通畅。一些教师在课堂教学中把关注点仅仅放在学生是否上课玩手机上,而没有更好地关注如何将手机作为移动终端进行"互联网＋"教学。还有的教师视手段为目的,在教学过程中追求表面化的信息技术花样而实施"电灌",忽视了生态化专业教学的基本内涵。

　　各位同行、各位来宾，在社会转型、技术升级的当下，职业教育面临着改革发展的机遇与挑战。早在两千五百多年前，中国伟大的教育家孔子就倡导"因材施教"，即根据不同志趣、能力的人实施不同的教育。美国著名教育家杜威也曾说过："面对新的世界、新的工具和不同的学生，如果我们再用昨天的方法教授今天的学生，我们就剥夺了他们的明天。"联合国教科文国际教育发展委员会认为：未来的学校必须把教育的对象变成自己教育自己的主体。受教育的人必须成为教育他自己的人；别人的教育必须成为这个自己的教育。因此，面对新形势、新问题，我们应该从培养学生"学会求知、学会做事、学会共处、学会做人、学会改变"的能力着手，思考如何解决职业教育所存在的突出问题，如何采取措施进一步提升学生迎接未来挑战的竞争实力。

　　应对的主要措施如下。

　　第一，教师要更新观念。有怎样的观念就有怎样的教育教学行为。课堂教学活动是一个实践性的过程，在课堂教学中，是让学生适应教师还是让教师适应学生？这是两种截然不同的教育观。从课堂的功能来说，需要构建师生共同参与的学习乐园。教师要增强学生服务意识，树立以"学生"的"学"为中心的"学教做合一"人才培养理念，发挥学生在教学中的主体作用。教师要从课堂教学的"主宰者"向"引导者"转变，要从课堂教学的"演说家"向"主持人"转变。要全面、客观、系统地理解职业教育的属性、功能、地位和价值，准确把握职业院校的办学定位，树立正确的职业教育的育人观、人才观和学生观。要科学解读"创新创业"教育的内涵，着眼于培养学生创造未来的精神追求，着力于培养学生从事职业的综合能力和终身学习的良好习惯。

　　第二，课程要深化改革。课程是促进学生智能发展的路径。课程设置不仅要依据行业、企业的需要，还应适应专业教育的规律，更要满足学生发展的要求。要构建适应学生全面发展的生态化"大课程"体系，推进专业技能课程与素养能力课程的融合，推进多元化、自助式课程实施机制的形成，推进学生由"一技之长"向"一专多能"培养目标的转化，推进学生专业能力与可持续发展能力的协调发展。在课程内容上，要根据职业岗位对知识、技能、态度的要求来对接职业标准，在教学模式上要以信息技术手段来促进教学质量的提高，在课程体系上要通过推进创新创业课程开发来丰富专业教育的内涵。要探索构建一种新型的学生学习中心，向学生提供充足的菜单式自选课程,为学生个性化发展创设条件。

第三,学生要全面发展。学生进入职业院校,不仅需要学习专业技能,而且还需要学习生活技能;不仅需要智力得到发展,身心也需要得到发展。为此,应该为学生创设出"幸福家园"的环境,让学生在学校里感受到"当家做主"的快乐。要充分尊重学生参与学校事务管理的主体地位,让他们在参与中得到成长的机会。要改变学生全是由教师培养出来的陈旧观念,发挥学生间朋辈教育的作用,激活学生探究式学习的潜能。要加强对学生社会责任感的教育,增强他们的公民意识。要不断完善学生成长、成才、成人的支持与帮扶运行机制。青岛职业技术学院近年来以"让每一位学生成为他自己,做最好的自己"为目标,积极探索,大胆实践,逐步形成了全院、全员、全程、全域的育人体系,取得了初步成果,获评 2016 年世界职教院校联盟"学生支持服务"卓越院校金奖。

各位来宾、各位同仁,适应信息技术革命所带来的经济社会转型升级,职业教育已进入了创新发展现代职业教育体系的新时期,开启了以新质量观引领高职教育品牌化发展的新路径。高职院校应按照企业用人需求规律、学生学习需求规律和专业建设需求规律,来主动适应需求,实时自主调整,持续改进提升,在改善民生、促进就业和终身学习、可持续发展方面发挥积极作用。全球经济一体化使得职业教育的国际合作交流关系愈来愈密切,共享职业教育的研究与实践成果越来越成为大家的共识,正如联合国教科文组织所倡导的那样:"要在相互依存日益加深的世界实现可持续发展,就应将教育和知识视为全球共同利益。"目前,世界各国都在积极推进职业教育与经济发展的互动,不仅立足本国而且还将合作的触角延伸到海外,开展多方面、多层次、多元化的合作与交流,开展跨界办学、跨境办学、跨专业培养、跨文化育人。自 2013 年起,我院与怀卡托理工学院、原怀阿里奇理工学院的同行们,就职业教育的质量保障体系构建、课程开发、教师能力培训等方面进行了多角度、宽视域的研究与合作,已经卓有成效。

各位来宾、各位同仁,这是一个充满挑战与机遇的时代,我们适逢其时,肩负使命。让我们牢记投身教育事业的初心,坚守责任,共同为培养顺应时代发展趋势、符合社会发展需要的高素质、高技能合格人才,做出不懈的努力和卓越的贡献。

(2017 年 10 月 28 日 天津)

创新高职院校产教融合人才培养模式的若干思考

——在高职院校对口合作联盟四届二次会议暨新时代产教融合背景下高职院校创新人才培养模式研讨会上的发言

研讨会的这个主题很有意义。产教融合是高职教育办学体制机制改革的发展方向,也是高职教育办学模式创新的追求目标,既是热点问题,也是难点问题。也许有些同志认为,这一话题简单明了,但如果细细考量的话,我觉得这是一个并非简单几句话就能把其内涵说透彻的大命题。

题目中归结起来有高职院校、产教融合、人才培养、创新模式这四个关键词。那么,这四个方面各自的内涵是什么?它们相互之间的关系是什么?需要好好地梳理一下。譬如,怎样看待"融合"?对高职院校来说,这是一个美好的愿景、期待。然而,真正意义上的融合却并不是一件简单的事情,比如产教双方,校企双方的合作关系是不是如此简单就一"融"而"合"呢?这一点我们应该有清醒认识。还有,处于新时代这一特殊背景,我们应该考虑以怎样的视野、格局去谋划事业发展,以怎样的举措、行动去迎接发展的机遇与挑战。

回到今天研讨会的主题,我想可以从以下三个方面来思考,因时间关系,第一个方面的内容我简单概括一下,把重点交流的内容放在后两个方面。

一、为什么要创新人才培养模式

创新人才培养模式就是要改变高职院校原有的旧模式,实现有效的人才培养模式创新。因为,旧有的模式已经不能适应新时代人才培养的要求,不改不行,早改早主动。需求决定存在,要求决定行动,"产教融合"作为高职院校人才培养的媒介,为人才培养模式创新创设了新的环境。

二、如何认识高职院校产教融合人才培养模式

针对该问题,需要厘清几个基本的认知。

(一)对高职院校办学功能的准确把握

高职院校承担着与产业、行业、企业以及职场关系密切、定位独特的学校教育,它不是培训机构。因此,高职院校在履行高职教育职能时的基本办学功能,首先是人的教育,在这个基础上才是实施高等层次、职业特性的教育,对此,应全面、科学、系统地看待这一类型的教育。问题是,在办学过程中,一方面,我们往往把目标与手段的位置给颠倒了,关注于模式、方式这些操作性的技术环节,就技术谈技术,夸大了这些方面的"功效"。结果,这种同质化的模式导致职业教育的功利化、工具性特征突出。另一方面,我们习惯于普通学科本位的教育模式,而忽略了以应用技术技能为特色的职业教育人才培养的属性定位。"术业有专攻",不能简单地比较谁比谁强,谁比谁好,因为社会这个大系统需要不同层面的人才培养院校甚至于培训机构。还是那句话,需求决定存在,如果我们高职院校不去按照其自身固有的规律去办学的话,总有一天就会被淘汰掉,失去存在的价值。

(二)对产教融合两种要素的深刻理解

产,是指产业,教,是指教育,实施载体分别是行业企业和职业院校。产教融合是通过产业与教育的融合,把这两种不同的事物组合成一体,形成一种人才培养的新业态。需要深入思考的是,从"产教融合"这四个字来看,为什么要把"产"放在前面?是体现产业的重要性,还是体现出这是一种以服务产业为特色的教育?按照中国人的思维习惯,"产"在前面,固然标志着它的重要位置。既然重要,产业界就应该主动地、引领性地促进职业教育的办学模式和人才培养模式改革。但是,实际上,产业并没有充分地发挥出其应有的作用。多年来,我们一直推崇德国的"双元制",派了很多教育行政部门的领导、高职院校的校长以及一线骨干教师去学习取经。大家考察、培训回国后,都说这种培养模式好。可是,为什么在中国没有真正地推广开来?原因很多,

其中一个关键因素就是德国的"三元制"职业教育办学制度、体系和模式,有政府在直接或间接地发挥着政策引导的作用,有强有力的法律法规来保障,有运行通畅有序的体制机制来运作。相比之下,中国的高职院校在推进产教融合为特征的人才培养方面,尽管政府一再倡导校企合作、工学结合,但真正实施起来,很多高职院校往往力不从心,在推进与企业合作时因得不到政府有力的支持而显得"单枪匹马",不能与企业形成利益共同体。

(三)对人才培养模式体系的系统构建

从高职院校办学功能来看,人才培养是按照国家教育目标对受教育者实施培养的过程。在国家层面有普适性、一般性、基本性的人才培养规格要求,包括立德树人的要求,包括国家提出的"产教融合,校企合作,工学结合,知行合一"。因此,高职院校在理念层面应体现职业技术教育一般性与特殊性的规律,体现类型教育人才培养的特点。具体到学校、专业、教学,从大到小,从宏观到中观再到微观,不同的地区、不同的学校在遵循职业教育的一般规律和要求的同时,还应该有个性化的特殊要求。因此,高职院校的人才培养应该放在社会这一大的系统来考虑,进而构建出人才培养模式的体系,只有这样才能更加精准地把人才培养落实到位。这一体系由国家层面的职业院校办学模式(人才培养实现方式)、学校层面的人才培养模式、专业层面的专业人才培养模式、教学层面的教学与学习模式构成。

现在的问题是,一些学校没有学校层面的人才培养模式,只有办学理念。我觉得从实操层面看是应该具有人才培养模式的。国家提出四个方面的 16 个字,实际上就是对职业教育办学模式的界定和要求,学校层面的人才培养模式是贯彻国家办学模式,体现学校的人才培养理念,解决学校现阶段人才培养过程中突出问题的基本要求。学校人才培养模式具有阶段性、动态化的特征,既需要通过若干年实践解决制约学校发展的某一方面突出问题,也需要根据新形势要求、新发展需求与时俱进地探索新的人才培养模式。专业人才培养模式,是体现国家办学模式和学校人才培养模式基本理念、要求,结合本专业群共性特点,同时又兼顾到产业、行业、企业需求并与其共同实施的人才培养过程。现在的问题是,一些职业院校的各专业群(专业)都是同一种人才培养模式。教学模式聚焦于教师层面,因此应该鼓励教师去创新"教无定法"的个性化教学方法,而学习模式的提出则是基于将学生学习权回归的思考,也是顺应信息社会学习环境的必然选择。当然,倡导学生学习模式并不是忽略教师的指导。恰恰相反,此时教师的角色呈现多元:或是编剧、导演、教练,或是主持人、乐队指挥,或是学习者。教师在教育教学活动中,根据学生多元需求而不断地轮换角色,这对教师驾驭教育教学的能力是一个不小的挑战。

(四)对人才培养机制的有效运作

什么是机制?机制,是指各要素之间的结构关系和运行方式。源于希腊文,原指机器的构造和工作原理。那么,对高职教育而言,产教融合中的"产"与"教"这种两个不同功能属性的要素,要通过怎样的运作方式来"合成一体",相互之间兼容而不排异,从而协调一致地发挥好作用呢?这涉及"产"与"教"这两种要素通过"融合"所产生出的新"结构关系"。这种新结构关系,催生出高职院校人才培养新的有效实现方式与途径。当然,这种运作方式不仅涉及产教融合内部系统与外部系统的关系,也涉及"产"与"教"两者的关系,还涉及产业内部、学校内部子系统的运作关系。这种复杂的关系通过怎样的协调方式,促进各要素相互之间的有机运行,需要在探索、磨合的过程中去寻找一般性的规律,去彰显个性化的特质。这里需要强调的一点是,我们不能单一、孤立、封闭地看待"产教融合"下的人才培养模式改革,应该以整体的思维、系统的视角来看待"产教融合、校企合作、工学结合、知行合一"。有意思的是,这四方面中的"产"与"教"、"校"与"企"、"工"与"学"、"知"与"行",各自位置的不同,体现出产业、企业与教育、学校不同领域、不同主体之间的平衡关系,体现出工作与学习、知识与实践的和谐统一。

三、如何创新产教融合人才培养新模式

核心问题是如何有效推进产教双方实质性的融合,以此形成人才培养实现方式的新机制。

(一)校企双方在达成共识的前提下寻找融合的交集

产教融合的内涵是什么?产业、教育这两个主体尽管都是为了培养人这一目的,可是各自的出发点是不同的。对学校而言,要按照国家对学校教育的要求,培养合格的毕业生;对企业来说,需要得到满足企业需求的合格员工。事实上,高职院校人才供给与企业人力资源需求,在追求的价值上是不同的。企业追求的是利润效益最大

化,对人力资源的需求更多地看重职业要素、岗位技能要素,关注是否能够马上顶岗、补位。一些企业功利化地要求学校按照企业的"订单"来设置课程,以满足企业的用工需求,特别是在生产用工旺季,要求学生立马结束课程到企业生产一线顶岗作业,还有的把学生顶岗实习当成廉价劳动力或临时用工,在指导学生顶岗实习上没有与合作院校形成合力。在这种情况下,学生没有系统、充分地完成课程学习任务,企业与学校没有履行好合作培养人才的责任,造成一些毕业生对企业的忠诚度不够、认同感不强,导致就业后的稳定性不够、流失率高;还有一些毕业生的职业精神不强,可持续发展能力不够,基本技能与专业技能水平不高。一些高职院校人才培养职业性特色不够明显的问题突出,表现在专业对接产业的耦合度低,课程对接职场的针对性差,技能对接岗位、工位的适应性不够,知识对接生产的衔接度不强。具体表现在人才培养方案、人才培养模式、课程类别结构、教师面对职场的教学能力、实训条件资源和考核评价等方面存在的诸多问题。

企业经济利润最大化与学校社会效益最优化之间的交集会有多大的重合点,它们之间吻合度的状况如何,直接对校企双方的合作紧密程度,顺畅效果产生影响。校企各自的社会分工不同,导致了各自"利益点"的差别。我认为,再怎么强调、推进产教融合,校企双方的价值追求点、双方的依存度、双方的需求点还是不可能完全重合,需要做到的是在两者的利益需求、目标追求当中寻找到若干个相对集中的平衡点。当然,在现有的社会环境下,产教融合也需要校企双方建立"物以类聚,人以群分"的"朋友圈"。"三观"不同,便不能志同道合,靠外力的"拉郎配",靠不平等、不公平的合作关系是没有生命力的。当下,特别需要的是校企双方能够具有共享、共赢、共进的长远眼光与发展战略思维。

(二)从"企业群"的视角来调节校企合作中的供需关系

根据生产经营活动的需要,企业希望学校能够通过专业"对口""订单培养"的途径,来解决企业所需要的员工,但难以满足学校希望多接收毕业生、多提供实习岗位和师资、设备资源的愿望。这对企业来说是很现实的事情,毕竟企业要考虑到投入与产出、成本与收益。也就是说,就单一的企业而言,它不可能接收大量的毕业生,也不可能提供满足学校所需的各种教学资源。解决这一问题的思路可以从面对产业的视角来看待校企合作的供需关系,或者说是从"企业群"的角度,以产业链、生产链的结构性人才需求来对应高职院校的专业群,从而倒逼高职院校的"专业＋""课程＋改革",来适应和满足产业链上诸多企业人才供给的需求。问题是,这种产业链人才需求的大数据应该如何获取,调查依据出自哪里,调研的样本是否真实,调研的结论是否具有普遍性。一些高职院校在开展专业人才培养调研时,存在着信息碎片化的问题,导致人才需求情况的不完整、不准确。青职学院推进的以"三需求"为导向的专业人才培养方案的制订标准,旨在解决上述问题,期待以一种系统化的设计思维来满足企业、学生"双客户"的需求。

校企双方两者之间需求信息的不对称性,比较优势的不完全互补性,以及校企双方人员人际关系的亲疏状况和外部政策环境因素,导致校企合作中冷热不均、"一头热一头冷"的现象。

对这种"一头热一头冷"现象,应该理性、客观地看待。企业对学校冷的现象不能简单地把板子打在企业身上。从某种程度上看,这说明高职院校还不够强大,还不能成为企业不可或缺的依靠对象。企业之所以"冷",是因为企业对高职院校所供给的人才质量并不是十分满意。假若有一天,企业要掏钱购买我们的毕业生,就像足球运动员转会、俱乐部"卖"球员那样,企业到高职院校来抢人才的话,企业对高职院校还能不"热"起来吗? 当然,"冷热现象"还有其他很多方面的原因。譬如,高职院校人才供给还比较单一,人才供给的多元化、多样性还不够;所供给的人才对企业可持续发展作用还没有显现出来;一些企业缺乏对人力资源建设重要性的认识。此外,也存在着国家支持企业参与职业院校办学的有效激励政策不够完善、促进深化产教融合的法律法规不够健全等问题。

高职院校要从对企业盲目的"热"中解脱出来。人才培养不能受限于企业短期用工需求、某种固定岗位的"订单"上。所谓按"专业对接岗位"进行专业对口的"窄口径"的培养,既不能充分体现产教融合、校企合作的本质内涵,也不能满足复合型人才培养的目标要求,还与人工智能阶段所涌现出的新经济、新业态不适应。在共享、互联、融合特征越来越明显的当下,高职院校"宽口径"的专业群人才培养模式就显得尤为重要。应该辩证地分析、看待就业率中的"专业对口"与"专业不对口"情况,其逻辑起点应该是在满足学生"直接客户"与企业"间接客户"中把握好平衡点。多年来,高职院校基本上实施的是专业对口的人才培养,即按报考专业录取,接受专业教育,实施专业对口就业,这已成为一种基本的人才培养流程。这一流程是否符合新时代新发展的要求？从学生选择学习专业来看，很多学生或是主动或是被动地到高职院校参加专业学习。这种"被专业"一方面是因为学生盲目选择并不适合自己的特长、兴趣和潜能，另一方面是盲目听从他人意见而选择的。这些学生进入到专业学习时，往往出现因不喜欢、不擅长等原因，对专业学习产生厌倦、应付等情况。针对这一情况，高职院校现有的学籍管理制度、学分制改革又不能满足学生更换专业的需求，学生只能按自己当初所报考的专业学习。

破解这一难题的办法，可从课程改革入手，通过课程的加减法，通过跨专业的课程资源共享，增设跨专业的选修课等方式，来满足学生多样化的学习需求。毕业质量评价导向是影响人才培养的"指挥棒"，不能把"专业对口"作为人才培养质量的唯一评价标准。从人才培养绩效来看，似乎毕业生的对口就业率能够衡量"投入"与"产出"比的效益，但这一冷冰冰的评价是否适合于活生生的学生呢？如果毕业生靠自己的实力能够跨行业、跨专业就业，不正是说明该生具备复合型人才的素养，说明学校的人才培养是高质量的吗？况且，这种满足学生个性需求、尊重学生意愿的职业教育不正是以人为本的充分体现吗？

（三）探索创新产教融合人才培养新机制

高职院校在探索创新产教融合新机制的进程中，不能简单地引入或套用国外发达国家的经验，而应根植于中国大地，走出一条中国化、本土化的模式。这些年来，很多高职院校结合本地区、本校实际，积极探索，勇于创新，涌现出一批典型示范案例，譬如上海科技职院就在创新电商专业人才培养模式上做了有益的实践探索。

近些年来，青岛职院通过搭建平台形成了产教融合新体系、新机制，列举以下两个案例。

1. 以中高职贯通培养模式为推力，构建职教系统内的职教集团

青岛产业转型升级对高素质、高层次复合型技术技能人才的需求，促使中高职贯通培养模式应运而生。2016年，青岛职院与15所中职学校成立了青职学院应用技术学院，通过统一的专业建设规范、人才培养方案、课程标准、质量标准和共享教学资源、合作企业资源等方式，提升青岛职业教育整体层次和办学水平，扩大高职教育技术技能人才的存量，促进职业教育更好地服务于青岛的经济与社会发展。下一步，我们还将借鉴美国社区大学系统的管理模式与运行机制，不断完善应用技术学院的运

行机制,创新应用技术学院的治理模式。

2.与名优企业合作组建企业学院,搭建校企共育人才新机制

成立企业学院的目的在于进一步促进校企合作的深度与广度,改变以往校企合作存在的不系统、不持久、不深入的问题。校企双主体联合育人是今后重点探索的一个内容,而实现的载体则是各二级学院与企业合作共建"企业学院"。目前,学院已建立了海尔学院(机电学院),海信学院(信息学院)、喜达屋学院(旅游学院)3个企业学院,剩下4个企业学院也在筹划过程中。合作组建的企业学院不要求形成一种模式,而是鼓励各二级学院结合产业、专业的特点进行差异化发展和多元化合作,以此推进合作双方资源共享、优势释放的最优化,在合作中实现双赢与共进。

(2018 年 7 月 18 日 上海)

产教融合：职业教育协同发展的新路径

——在中日职业教育发展研讨会上的发言

一、导语

职业教育是一种类型的教育，由于它的特殊教育属性，较其他类型的教育相比，学校与行业、企业的合作关系更为密切。

需求决定存在。社会对技术技能人才的需求，劳动者对高质量的美好生活的期待，决定着职业院校应该面对企业行业、面对求学者，提供高质量的技术技能教育，提供"学者有其校"的机会，以满足每一位求学者的学习需求，为他们日后在社会上立足，找到合适的"位置"创造条件。

职业院校"校企两元"的办学特征，决定着学校应该将办学置身于社会这一大的系统里，设计出学校与社会各个领域，特别是与行业、企业的有效合作模式，设计出与所在国家、区域经济发展状况相匹配的合作方式。

随着社会发展进步和经济转型升级，职业教育的办学模式也随之进行了调整。通过探索、创新，形成了符合本国、本地区职业教育办学规律，开创独具特色的校企合作办学模式。如日本的"官产学研"、德国的"双元制"、美国的"合作教育"、英国的"学徒制"。

二、中国职业院校的校企合作情况

与日本的情况相仿，在近代，中国的职业教育发展也经历了上百年的历史。进入21世纪，中国的职业教育在推进学校与校企的合作方面，加大了探索与实践的力度。

在国家层面,中国教育部倡导职业教育走"校企合作,工学结合"之路,引导学校加强与企业的合作,以需求为导向,与企业联合培养学生。近年来,中国教育部对职业教育的办学模式提出了更为全面、更加系统的要求,即"产教融合、校企合作、工学结合、知行合一"。

这个要求从系统论的角度,阐述了产业与教育、学校与企业、工作与学习、理论与实践这四个方面各自之间的相互关系,也体现出这四个"合"字中不同的内涵。

我认为,"产教融合"是中国职业教育的类型特征,而"校企合作""工学结合""知行合一"则是实现"产教融合"的内涵解读和具体表现方式。

职业教育办学模式所彰显的核心理念在教育教学过程中的有效推进,离不开职业院校人才培养模式体系的构建。即:学校人才培养模式,特征是校企合作,体现出"学校与企业的良性互动";专业人才培养模式,特征是工学结合,体现出"专业标准与职业标准的对接";教学(学习)模式,特征是知行合一,体现出"学以致用的根本原则"。

青岛职业技术学院的人才培养模式,由建校初期的"实境耦合"到建校十年后所推行的"学教做合一",在不同的阶段体现出不同的价值取向,目标导向。

在推进校企合作方面,青岛职业技术学院经过近 20 年的实践与探索,积累并形成了多元化的校企合作模式。如以与海尔集团合作组建海尔学院为代表的企业学院模式,与喜达屋、万豪酒店合作的"工学交替"模式,与红领服装企业的"现代学徒制"模式,与烟台万华集团的"订单式"模式,与青建集团的混合制合作办学模式。

三、新时代中国职业教育校企合作的新要求

中国新时代的到来,经济的转型升级与社会进步,对职业教育提出了新要求,中国的职业教育进入了快速发展的新时期。

习近平总书记非常重视职业教育,他指出:"职业教育是国民教育体系和人力资源开发的重要组成部分,是广大青年打开通往成功成才大门的重要途径。"

2019 年 1 月,中国国务院印发了《国家职业教育改革实施方案》,其意义在于对职业教育地位的确定,即"职业教育与普通教育是两种不同教育类型,具有同等重要地位。"从内涵上可以看出,职业教育自身所独有的办学特征就是职业院校与行业、企业的合作关系密切,更加注重技术技能的培养,以此"促进产教融合校企'双元'育人"。

2019 年 2 月,中共中央、国务院印发的《中国教育现代化 2035》中指出:"加快发

展现代职业教育,不断优化职业教育结构与布局。推动职业教育与产业发展有机衔接、深度融合,集中力量建成一批中国特色高水平职业院校和专业。"

由此看来,职业教育大有可为,必将在推进经济和社会发展过程中扮演着越来越重要的角色,发挥着不可替代的作用。

四、中日职业教育具有广泛的合作前景

在全球经济一体化的今天,越来越多地强调分工与合作,经济、贸易活动如此,职业教育也是如此。

在今年 5 月 15 日亚洲文明对话大会上,习近平总书记发表了《深化文明交流,共建亚洲命运共同体》的演讲,阐述了"坚持开放包容、互学互鉴"等 4 点主张。

我想,对中日之间的职业教育而言,也应如此。去年,在大家的共同努力下,在日本成立了中日职业教育联盟。2019 年 4 月,在青岛职业技术学院成功举办了"新专业教学标准视域下职业性日语教材建设培训暨第三次中日职业教育联盟会议",取得了良好的效果。希望今后更好地发挥好这个平台的协调、纽带作用,积极推进中日两国职业教育朝着共享、双赢、跨界的方向发展。

青岛市与日本的经济与贸易往来频繁。截至 2018 年底,日本累计在青投资项目 2113 个,实际外资 58 亿美元。青岛累计对日本投资项目 92 个。2018 年双方贸易额达到 75 亿美元,同比增长 5.9%。与此同时,中日双方的交流领域不断拓展,交流活动也日趋活跃,定期举办主题论坛经贸交流等活动,如,2017 年,东京举办了中日地方经贸合作青岛论坛;2018 年有近 40 万人次往来青岛与日本之间,从事商务、旅游或其他交流活动。每天有 18 架次航班穿梭于青岛与日本东京、大阪、福冈、名古屋等城市,青岛已与日本下关、福冈、北九州、京都、川崎、札幌 6 座城市建立了友好合作城市和经济合作伙伴城市关系,各领域交流合作日益深入。

青岛职业技术学院与日本的交流往来也越来越密切。到目前为止,学院先后与日本 8 所学校(机构)建立友好合作关系。累计向日本 7 个酒店(企业)输送实习生 50 名;有 138 名学生在日本留学深造;有 3 名教师在日本高校访学、研究;10 人次日籍教师在我院任教。

最近,青岛市正在向中国政府申请在青岛建立中日韩自由贸易区。这个自贸区一旦建立,青岛将以更为开放的姿态,加强与日韩企业的贸易往来,将有更多的日韩

企业来青投资设立经营机构。随之而来的是,技能人才需求量也将增大,职业教育将承担着重要的使命和责任。

五、两点建议

为推进中日两国职业教育的合作交流,为密切青岛职业技术学院与日本有关行业、企业、院校以及其他组织机构的合作关系,特提出以下两点建议。

(一)发挥中日职教联盟纽带与桥梁作用

通过联盟这一平台,将中日职业教育领域的同仁们聚集在一起,通过年度会议、学术交流、技能大赛、成果展示等方式,就如何有效地推进职业教育高水平发展,如何创新职业教育办学模式,如何提升职业教育人才培养水平等方面的问题,进行深入研讨和经验分享。这方面,青岛职业技术学院有成功的经验,曾多次举办过职业教育国际研讨会,每年举办中国新西兰职业教育国际学术会议,今年8月还将牵头成立世界职教联盟学生支持服务专业委员会,希望有更多的日本院校加入上述机构,参加相关的学术交流活动。

(二)深化中日职业教育的合作与交流

中日两国职业院校之间、职业院校与企业(机构)之间,要建立起互通有无、开放共享的合作关系,不断扩大合作的领域。譬如,在海外实习、就业、游学、交换、学术交流、教师研修等方面,加强往来,建立起常态化、可持续的运行机制。在这些方面,青岛职业技术学院一直是以开放的姿态加强与世界各国的合作与交流,与30个国家和地区的95所高校(机构)建立了合作交流关系。2016—2018年,有155名学生出国留学、交换学习和实习,37名学生出国就业。有近50%的教师赴境外访学、交流和工作。共接收境外来自美国、韩国、土耳其、加拿大、俄罗斯、越南、巴拉圭、荷兰、德国、非洲等国家和中国台湾、中国香港地区的留学生、交换生、游学生2000余人。2018年我院争取到青岛市政府来华留学奖学金,吸引5名境外留学生来我院学习。我们欢迎日本高校或机构的留学生来我院学习。

最后,祝愿中日职教联盟在促进两国职业教育创新发展方面,发挥出更大的指导性作用,为推动世界职业教育的发展做出富有成效、更有意义的努力和贡献。

(2019 年 5 月 30 日 东京)

践行发展新理念　创新合作新模式

——在全国智慧教育校长论坛上的演讲

职业教育作为一种教育类型,在促进就业、提高劳动者技能、输送技术技能人才等方面有着不可替代的重要作用和独特优势;在缓解就业压力,推进充分就业,解决国家经济和社会发展中不平衡、不充分问题等方面发挥了重要作用,做出了突出贡献。

进入新时代,我国的经济发展方式由快速发展向高质量发展转换,这就要求职业教育在人才供给方面需要走质量提升、内涵建设、特色发展之路。

习近平总书记在十九大报告中提出了通过贯彻"创新、协调、绿色、开放、共享"的新发展理念,建设现代化经济体系的要求。作为与经济和社会发展关系密切的职业院校,在新时代背景下,应该以新发展理念为指导,积极主动地适应经济和社会的发展需求,将《国家职业教育改革实施方案》提出的促进产教融合、校企"双元"育人的要求和任务落实到位,努力培养出数以亿计的劳动者和技术技能人才。

一、创新校企合作新模式

工业技术革命进步进程的加快和信息技术迅猛发展给人们工作和生活带来的变化,使得技术技能职业岗位标准内涵以及人们的生活方式发生了重大变化。机器换人,使得"一人多岗、一岗多能"的复合型技术技能人才需求量剧增。但是,"有岗无人""有人无岗"的技术技能型人才结构性短缺的问题,反映出人才需求与供给信息不对称,培养规格与人才标准不对应,培养模式与现实需求不对路的现状。因此,创新校企合作模式,深化校企合作内涵势在必行。

（一）建立合作办学体制

发挥好产教合作理事会的长效运作机制，使理事会在深化产教融合、校企合作中起到积极的推动作用，形成区域化的"产政学"运行机制。积极探索混合制学院等试点项目，组建本地区中高职贯通培养职教集团等。

（二）深化育人模式改革

根据地方产业需求、企业需要，推进企业冠名学院、学徒制、工学交替、定制联合培养、校中厂、厂中校、工作室等多样化联合育人模式。发挥校企双方合作在社会和经济的发展中的双主体作用。

（三）探索类型教育特色

用足、用好、用活现有政策，积极争取地方政府配套政策的支持，校企联合制订促进产教融合、校企双元育人举措。开展技术技能、实践教学的学术探索与实证研究。打造与类型教育相匹配的复合型双师结构协同育人团队。

（四）优化培养方案内涵

制订以"一专多能"为特征的复合型技术技能人才培养方案。开设"工作课堂"，开发大赛课程、工作室课程，建立工作经历证书制度。创新 $1＋X$ 证书校本培养模式，设立促进学生培训与考证的多学期制度。

二、提升协调发展新层次

中国职业教育经历了二十多年的发展历程，尽管取得了显著的成就，但是，在高质量发展上的"不平衡""不充分"问题依然存在，主要表现为校企合作关系"一头冷一头热"，职业院校之间办学质量与办学水平参差不齐，职业教育类型的办学特色彰显不够充分。进入新时代，职业院校应该在质量提升方面与经济和社会发展方式的新要求同步，不断优化专业结构和课程品质，在推进职业教育协调发展中做出自己的贡献。

（一）构建利益共存关系

职业院校应该走出校门主动寻找"志同道合"企业。在与企业的合作中结缘、惜缘、续缘，同甘共苦，携手共进。平衡好企业生产用工与学校人才培养的关系，在磨合中结成共同发展、责任分担的命运共同体。

（二）树立均衡发展理念

构建学生支持服务体系，帮助学生成为最好的自己。加大素质教育、挫折教育、养成教育等软技能培养的力度。推进积极探索建立职业教育课程思政与全员育人新体系。深化育训结合，破解育人与教学失衡问题。

（三）加强专业内涵建设

推进专业群与产业链、职业群、岗位群的对接。发挥好在与大企业合作中提升专业质量、在与中小微企业合作中发挥服务作用的功能。以行业标准、企业标准对接专业标准、课程标准。

（四）提高服务产业能力

加快职业教育现代化建设进程，在提供优质职业教育上狠下功夫。校企合作开发 1＋X 证书培养与培训课程，联合打造胜任社会技术技能培训的职教师资团队，不断提升承接国家任务、企业项目的能力。

三、形成绿色发展新方式

绿色发展涉及自然环境，也涉及社会系统的和谐关系，更涉及人的高质量、可持续发展。职业院校突出的问题是面对市场自主办学的能力不足，可持续的校企合作机制尚未形成，以生为本的育人理念落实不够充分，功利化、短视性的培养模式抑制了学生潜能的发挥。解决这些问题的关键在于将"坚持以人民为中心的发展思想"的要求落实到位，建立校企合作育人机制，实施好以职业类型教育为特色的全人教育。

（一）坚持全面育人方向

落实立德树人根本任务，科学设计培养"需要的人"与满足"人的需要"的人才培养方案，德技并修，修能致用。在突出技术技能培养的同时，加强生活技能、生存技能的能力培养。启迪学生多元智能，彰显个性潜能。

（二）厘清校企合作机理

从方向、系统、行动等要素来深刻理解"产教融合，校企合作，育训结合"的内涵。全面把握教育与培训一体化的双向互动与共存关系。在独立存在、相互依存下发挥校企双方的比较优势，结成相伴相生的伙伴关系。

（三）系统调整课程结构

深化课程改革,建构显性课程与隐性课程并存的"大课程"体系,突出行动育人特色。以构建"类型课程"为导向,推进新教师与新课程、新教材、新教法的联动与融合。创设工匠精神、文化传承、技术遗存、绿色生态等隐性课程。

（四）推进评价模式变革

在科学制定质量标准的前提下,强化多元化、发展性第四代评价体系建设。推进学分银行与学分制改革的衔接。创新学生素质能力养成评价模式。加强信息化数据采集与实时监控平台建设。

四、拓展开放办学新领域

职业教育是与社会互动性强的类型教育。因此,承载职业教育办学职责的职业院校,应该具有开放的办学理念和胸怀,加强与其他类型教育的沟通、衔接。而开放是赢得发展机遇,抢占发展制高点的先机,唯有开放,才能实现更快、更高、更好的发展。

（一）增强开放办学意识

站在未来看今天,精准把握职业院校办学定位,充分履行开放办学的职能。以开放的视野和胸襟,建立广泛、多元、立体化的"朋友圈"。拓展产教融合渠道,推进多元化、多样性的校企合作办学模式。

（二）建立多维合作体系

搭建"校政企社家生友"的系统化开放性合作平台,形成学校与社会各方良性的育人联动机制。推进学校不同专业之间的合作,打破教学与科研、教学与学习之间的壁垒。推进学校内部、学校之间、培养与培训的学分转换。

（三）强化办学整体实力

职业院校要不断增强面向市场策划、聚集和整合社会资源的办学能力。进一步拓展国际视野,强化校企混编双师团队建设,提高师生配合合作企业实施"走出去"战略的专业能力和技术技能。

（四）配套出台保障措施

系统规划开放办学推进措施,明确目标定位。完善激励政策,调动校企双方参与改革试点的积极性。及时总结、推广典型经验,加强舆论宣传引导。科学制订产教融合、校企合作评价与考核标准。

五、开辟共享资源新渠道

随着互联网新经济、人工智能新业态的出现,社会分工合作的优势越来越明显。共享经济、共享资源、共享经验、共享成果,已成为未来发展的趋势。问题是,在校企合作育人的过程中,校企双方优质教育资源并没有充分共享,专业建设中"小而全"重复建设、实训设备等利用率低的现象比较突出,课程之间、教学之间资源的融合度低。如何以共享的理念来深化产教融合、校企合作,这是育训结合能否真正落实到位的重要环节。

(一)搭建资源共享平台

成立区域间职业院校对口合作交流协作组织,优势互补,共同发展。牵头或参与组建学术性专业机构,参加制定标准,共享资源。校企共建、互设教师(员工)发展学校(培训基地),推进专业培训课程与企业培训课程融通。

(二)彰显统筹融合效能

突出专业群中核心专业的带动作用,推进群内专业或与群外专业群的资源共享,开发跨专业门类的新课程。整合、优化项目教学、主题教学与多师同堂等多种教学资源。将合作企业培训与证书课程纳入专业人才培养方案。

(三)不断完善制度保障

鼓励、引导校企双方教师员工组成合作共同体,设立校企双方专业教师、技术员工的互聘制度。建立激励政策,让学校与企业,教师与学生感受到职业教育政策、制度带来的"红利",感受到合作发展所带来的价值与意义。

(四)共享双元育人成果

以学生学习成果与教师专业发展成效为追求,共享发展成果,增强师生员工的获得感、成就感。总结双主体联合育人创新模式经验,不断丰富职业教育的独特内涵与比较优势,创造出中国特色、世界水平的成功范例。

(2019年7月26日 南京)

职业教育在人工智能时代面临的挑战与对策

——在 2019(第五届)中国职业教育国际合作峰会"人工智能时代的未来职业教育"专题论坛上的发言

我国已经进入人工智能技术兴起并逐步完善的时代。这是新一代信息技术革命的产物。人工智能、互联网＋、5G、虚拟现实等新一代信息技术的出现,改变了行业企业生产和经营方式,改变了社会运行和管理模式,改变了人们生存和生活习惯。这些发展、变化,对职业教育人才培养改革提出了新的命题。因此,作为与社会和经济发展关系密切的职业教育,应借助于新一代信息技术,通过创新发展来实现职业教育的转型升级和跨越式发展。

新一代信息技术革命中,人工智能技术发展的速度之快、范围之广、内容之新、内涵之深,令人们始料不及,可谓是目不暇接、层出不穷、日新月异。然而,职业教育在专业升级、课程开发、教学改革、评价完善等方面,却显得行动迟缓,发展滞后。

在信息社会日渐成熟的今天,职业院校如何顺其自然,遵循并顺应信息技术革命发展的规律? 如何因势利导,借助于信息技术革命来促进人才培养质量的提升? 这是摆在每一个职教人面前的重要课题。

需要思考的问题是,在人工智能时代,职业教育的变革如何与社会发展进程相呼应? 如何与经济增长方式相适应? 如何与学习者的学习方式相对应?

复合型技术技能人才培养的逻辑起点是,在培养满足国家需要接班人和建设者的同时,也应满足求学者多样化的个体成长与发展需求。因此,职业院校应该根据《国家职业教育改革实施方案》的要求,科学、系统地规划设计好专业人才培养方案,以改革推发展，以发展促质量，以质量提水平。

新一代信息技术革命的出现，物联网、机器人、3D 打印等多种新技术、新业态的问世，导致工作岗位呈现"一人多岗、一岗多能"的新趋势，传统的"一技之长"订单式的人才标准将被"一专多能"复合型的人才新标准所替代。与此同时，作为网络原住民——网络环境下长大的新一代，他们从小就在网络动画、游戏、音乐，甚至学习机下生活、学习、乃至于休闲娱乐。网络思维、语言、行为已形成一种固有的习惯，甚至于形成了一种"网络基因"。这种现实情况与发展趋势，将倒逼传统的职业院校在组织构架、专业结构、课程内涵、人才培养模式、教学方式方法等方面发生重大变化。

目前存在的突出问题是，职业院校的学生在学校里没有学好和掌握面向未来职场和生活的新技术、新技能。最近，联合国秘书长古特雷斯在"国际青年日"前夕（8月 12 日）的致辞中表达了这一担忧，他认为：青年人往往在学校里学不到技术革命所需的技能。换句话说，学校在技术革命的进程中没有培养好学生所需要的技能。

受工业化社会大规模生产发展模式的影响，一些职业院校在人才培养方面呈现统一性、"标准件"的倾向。如，在学校固定场所的正式学习，统一标配的教学标准，一成不变的教学内容，僵化单一的评价体系等等。学校中固定的教学场所，不符合职业教育人才培养的特殊要求，也与信息化社会在线、移动学习空间的发展趋势不吻合。以职业岗位永久不变来设置课程和教学内容，忽视了对求学者面向未来可持续能力的培养。机械地套用普适性的教学与评价标准，导致"千校一面、万人同语"的现象。

在智慧校园建设上，一些职业院校的信息化内涵缺乏"智慧"。在硬件建设上，职业院校的信息技术条件、环境虽然在逐年变化和改善，但在软件上，教师的信息化素养、教学的信息水准、信息技术在教学中的应用率，与信息技术革命发展的速度与内涵的比匹配度不高。在智慧校园的建设过程中，一些职业院校在启迪学生张扬个性、开发智慧、优化智能等方面，因受制于落后的育人理念、封闭的办学思维、陈旧的教学方式、单一的评价模式和低下专业能力，而不能得到落实，进而制约着职业教育与时俱进的变革进程。

与网络原住民的学生相对应，职业院校教师中存在着大量的"网络移民"和"网络外星人"。这些类型的教师与学生在思维习惯、智能特点、特长等方面不对应，再加上自身"网络基因"的缺失，导致在教与学的过程中，教的输出与学的输入的结果、效能上成效低下。面对这种情况，一些教师并没有将提升信息素养纳入自己专业发展的重要内容，没有真正更新教育理念，"以学定教"地去适应学生，而是一味地、硬性地要求学生适应自己。这样下来，因没有"亲其师"而导致教学效果不佳。

职业院校应该顺应新一代信息技术革命，在人工智能时代顺势、借力地推进职业教育改革，把国家职业教育改革实施方案的改革任务落实到位。推进思路如下。

人工智能促进职业院校的学校组织结构与运行模式发生变化。学校的育人载体将由封闭走向开放，从传统的校园延展到与社会组织机构结成合作共同体；由单一的校内固定物理场所拓展到校外自然环境、云端教学共享平台，并向师生共同学习中心演进。在这个阶段中，专业结构、课程内涵、教师构成、教学模式、教学内容、考核评价等诸多方面，无论是形式还是内涵上均将发生深刻的变化，特别是"教师、教材、教法"的改革，直接影响着校企合作的深度，人才培养的质量。

"三教"改革既是一个老话题，又是一个新命题，核心在于内涵是什么，标准是什么，特别是在新一代信息技术革命的当下。

现有的职业教育"三教"改革，是优于工业化社会发展程度的 2.0 版。

首先，通过专业教师双师型建设，来改变职业院校教师结构上存在的问题。但是，双师队伍建设仅靠专业教师还是不够的。按照类型教育的特征，双师教师队伍还应该再扩展。

其次，推进活页讲义，与原有的纸质教材相比是一大进步，体现出注重新知识、新技能、新规程的与时俱进的思路。但是，如果仅以纸质形式呈现教材的话，在满足教学内容的多样性、充足性方面是有局限的。

第三，运用现代信息技术改进教学方式方法，使得教学方式方法多元、直观、生动。但是，信息技术在教学中应用时受教师信息素养水平的影响，一些教师在课程开发、教学设计以及教学实施中出现捉襟见肘的问题。

人工智能时代，"三教"改革的内涵将被拓展和丰富，"智能化"特征愈加明显，"智能教师""智能教材"和"智能教法"将登上职业院校人才培养的舞台，由此带来的是教学方式与教学内容的深刻变化。

"智能教师"。具备人工智能技术素养的教师将成为教学的主力。一些重复性的、可视化、直观性强、实操性强的教学环节被"机器人教师"所替代。优质的在线开放课程扩大了共享面。由此带来的是教师岗位的减少，教师的职能由单一的教学职能向智能教学组织与监督管理智能拓展，教师的身份也将呈现编剧剧务、领衔导演、友情助演、节目主持人、乐队指挥等多元角色。教师由"传话筒"向"赋能手"转化。

"智能教材"。一些纸质教材甚至纸质活页讲义、说明书，因时效性差、携带不便、呈现单一、可视性差、容量小等问题，将更多地被智能、多样、可视的"云活页"教材和多功能的"学材"所替代。另一方面，教学内容因人工智能、智能制造产业的问世而进行整合或更新，以专业＋、课程融合来提升和扩充知识与技能的内涵，新教材与"新学材"两种资源将呈现出共存的新形态。

"智能教法"。配合"智能教师""智能教材"的智能化教学与学习方式应运而生，呈现出混合式、交互式、社交式的学习模式。如，游戏化教学方法，引导着学生通过游戏闯关来获得知识或技能；以虚拟仿真方式再现"场景化"工作现场的情景教学法。教法与学法共用，教学方法因教师角色的不断轮换而多元化地呈现，以教师的教来引导和激活学生多样化的学。教学相长的多师同堂团队教学方式将普遍存在。

以智能化为特征的"新三教"，加快了以智能化为特征的"师生学习中心"这一新型学校形成的进程，"学生客户"的地位将更加凸显，"教师客服"的作用愈加显现。在师生学习中心里，"教师主导、学生主体"将逐步由"师生主导、学生主体"所替代，非正式学习课程、自调式学习模式，将成为师生中心和移动学校中学生求学的另一种新路径。

人工智能时代的职业院校办学模式转型，应该随着工业化升级的进程而推进。这是一个渐进的过程。在工业化转型升级和新一代信息技术革命迅猛发展交互在一起的过程中，职业教育传统与现代的办学模式、人才培养模式，以千差万别的模式和各式各样的方式共存。但是，信息技术影响社会和经济发展的主流趋势是不以人们的主观意志而转移的。"机器换人"在企业已成为现实，将来也必将会影响着职业院校。作为与社会和经济发展密切相关的人力资源供给方，职业院校应该与产业、企业发展模式的改变相对应，与社会运行和人们生活方式的变化相衔接。只有这样，职业院校办学才会有生机与活力。

职业院校如何在人工智能时代，借助于新一代信息技术，改革传统的办学模式，深化教育教学改革，取决于态度、理念、模式、能力、条件、资源等诸多方面。

态度是关键。对待新一代信息技术，职业院校是积极拥抱这个时代，与这个时代同频共振，还是消极、被动地应付，这取决于学校办学的目标动机，取决于学校的创新意识。

理念是核心。如果理念落后、陈旧,信息技术再先进,最终还是新瓶装旧药,"新三教"改革不会真正成功。具有五大新发展理念,才能积极地迎接信息技术带来的机遇和挑战;具有互联网思维、平台思维,才能推出产教融合、校企合作新模式;具有学生客户思维,才能形成多维共享学习成果与智慧的生态圈。

当然,新一代信息技术的功能再强大,最终却不能完全替代学校的基本功能,其仍旧发挥着辅助作用。作为育人的重要阵地,学校中师生的情感交流、个性化的引导和管理将长期存在。需要注意的是,教师应该与网络环境下生长起来的学生进行有效沟通,尊重并适应他们的生活、生存习惯;教师应该利用信息技术的媒介来搭建与现实生活、学习的桥梁,将教书育人的职责落实到位。

"新三教"改革任重而道远,需要职教人的积极实践与持续探索,这不仅是培养复合型技术技能人才的需要,也是提升职业院校竞争实力的需要。

(2019 年 8 月 18 日 佛山)

共话职教改革新机遇　共谱合作发展新篇章

——在青岛市中高职一体化培养职教集团年会上的讲话

各位理事、各位来宾：

大家下午好！

今天，我们在此集合，举行"青岛中高职一体化培养职教集团"2018—2019 年度会议，共庆集团成立一周年，共话职教改革新机遇，共谱合作发展新篇章。首先，我代表集团理事长单位，向一直为集团发展付出努力的全市职教战线各位同仁表示热烈的欢迎和诚挚的感谢！

2018 年 7 月，在市教育局的支持与指导下，"青岛中高职一体化培养职教集团"应时、应势成立。这是青岛市进一步探索职业教育办学体制机制和人才培养模式改革，巩固深化五年高职贯通培养成果的重要举措；也是促进校际、校企之间全方位深度合作，实现资源共享、优势互补，加快产教融合、协同发展的重要途径。成立一年来，在各成员单位的精诚互助、通力合作下，集团通过深挖优质资源、加强互联互通，深耕内涵建设、促进共生共长，运转机制日趋完善，服务能力日趋提升，发展活力日趋焕发，并形成了一定的可借鉴、可复制、可推广经验。

党的十八大以来，以习近平同志为核心的党中央高度重视职业教育，特别是党的十九大做出中国特色社会主义进入新时代这一重大政治判断，决定了中国职业教育发展的新方位。近年来，随着《关于深化产教融合的若干意见》《职业学校校企合作促进办法》《国家职业教育改革实施方案》等一系列重要文件的密集出台，职业教育进入发展"黄金期"，面临前所未有的发展机遇，迎来前所未有的政策利好。稍后，我们将以专业群为单位,对集团的下一年度工作计划进行研讨,进一步就"做什么""怎么做"交流思想、凝聚共识,把脉问诊、开出良方。希望大家畅所欲言,从完善合作平台、挖掘合作动力、丰富合作内容等方面积极表达观点贡献智慧。在此,我强调4个方面的观点,与大家分享。

一是,以五大新发展理念为指导,主动适应经济和社会发展需求。以创新发展理念激发集团活力,以协调发展理念提升集团效能,以绿色发展理念引领集团持续向好,以开放发展理念拓展集团资源,以共享发展理念凝聚集团合力,让学校与企业,教师与学生充分感受到职业教育政策、制度带来的"红利",感受到集团办学所带来的价值与意义。

二是,以"职教改革20条"为依据,突出类型教育办学特色。积极承领现代学徒制、双证融通等改革试点任务,依托专业优势,全方位推动教学组织、教学方法、教育科研、教学评价、教学资源开发利用创新,将集团打造成为"当地离不开、业内都认同"的高水平技术技能人才培养基地。

三是,以1+X证书制度为抓手,培养复合型技术技能人才。以构建"类型课程"为导向,将行业最新的技术技能标准转化为专业课程标准,推进新教师与新课程、新教材、新教法的联动与融合,构建契合产业需求的职业能力框架,推进学分银行与学分制改革衔接。在科学制订质量标准的前提下,强化多元化、发展性的第四代评价体系建设。

四是,以产教融合为纽带,强化职教集团内涵发展。一方面,要明确目标定位,系统规划集团内部开放办学的推进措施,打通教学与科研、教学与学习之间的壁垒,推进学校内部、学校之间,培养与培训的学分转换。另一方面,要站在未来看现在,跳出青岛看青岛,跳出集团看集团,以开放的视野和胸襟,建立广泛、多元、立体化的"朋友圈"。

各位同仁,发展如逆水行舟,不进则退,慢进亦退。我们要紧盯职业教育发展风向标,以战略眼光谋划"青岛中高职一体化培养职教集团"发展,总结经验,坚定自信;把握机遇,乘势而上;开拓创新、示范引领,更好地落实国家"一带一路"倡议,更好地服务山东自贸试验区、上合组织地方经贸合作示范区建设和青岛十五大攻势,积极创建全国示范性职教集团,为青岛"率先走在前列"注入动力。我们还有很长的路要走,还需要在座各位同仁一如既往地携手并进。让我们以此次年会为契机,更加积极地行动起来,更加紧密地团结起来,对标先进找差距,开阔思路补短板,持续打造青岛职业教育特色优势、品牌优势和核心竞争力,为地方经济转型升级和中国特色职业教育事业蓬勃发展做出新的更大贡献!

最后,祝"青岛中高职一体化培养职教集团"2018—2019 年度会议圆满成功!祝大家工作顺利,身体健康,万事顺意!

谢谢。

(2019 年 9 月 20 日)

携手共建工业互联网学院

协同培养产业数字化人才

——在工业互联网学院成立仪式上的讲话

尊敬的各位领导、各位来宾、各位朋友：

大家上午好！

今天,我们在这里欢聚一堂,共同见证青岛职业技术学院工业互联网学院成立暨校企合作签约仪式。这是学院应时、应势、应需,携手海尔卡奥斯深度融入"世界工业互联网之都"建设,全面构筑数字化复合型技术技能人才培养体系,为"工业互联网成就青岛"培优、助力、赋能的一项重要举措。在此,我代表学院对各位领导、各位来宾表示热烈的欢迎！

作为青岛的一所高职院校,青岛职业技术学院多年来始终坚持"立足区域、辐射全国、面向世界"的办学定位,牢牢把握现代职业教育发展大势,紧密对接区域经济社会发展需求,在服务青岛中全面提升人才培养质量。办学 20 年来,从国家示范校到国家优质校再到中国特色高水平高职学校,每一个换挡提速、高质量发展的关键时期,都离不开市委、市政府以及各部门的鼎力指导,离不开海尔集团以及一批领军企业的大力支持。对此,我代表学院对各级领导机关、合作企业表示衷心的感谢！

众所周知,作为新一代信息技术与制造业深度融合的新兴产物,工业互联网发展受到党中央、国务院高度重视。特别是随着"中国制造 2025"的深入实施以及智能制造战略的快速推进,工业互联网已从概念倡导进入到实践深耕阶段,成为促进供给侧结构性改革、加快新旧动能转换的关键支撑和重要基石。但是，与新生产方式和新产业形态的新需求、新要求相比，传统人才培养模式与评价体系已不适应工业互联网发展需求，标准体系、工作流程、安全规范等诸多短板问题亟需弥补，破解人才培养困境已刻不容缓。根据国家有关数据显示，未来五年，以数字化为特征的新职业人才需求规模超过 3000 万，具有高端技术技能水准的高级技工缺口高达 2200 万。这些数据表明，无论是新型产业、新兴职业的日新月异，还是传统产业的转型升级，都离不开工业互联网人才的培养，这对直接服务于生产、管理一线的高职院校来说，既是机遇也是责任，既是压力更是动力。

今年 3 月，工信部发布《关于推动工业互联网加快发展的通知》；4 月，青岛市发布《工业互联网三年攻坚实施方案》，对整合上下游产业链、优化资源配置平台，促进人才、技术、政策、产业的协同进行了系统化顶层设计。这些文件的出台，必将对整体推进工业互联网发展起到有力的指导作用，也为工业互联网学院建设提供了依据、指明了方向。

"上下同欲者胜，同舟共济者赢。"此前，我们已与海尔卡奥斯联合启动了工业互联网产教融合骨干教师培训，联合实施了课程开发和重点技术研发课题研究，联合申报了教育部 1＋X 职业技能等级证书试点，并且正在积极创建青岛市工业互联网职业技能提升培训基地、共建工业互联网专业、组建海尔卡奥斯人才实验班。这些工作，都为工业互联网学院成立奠定了良好基础。今后，我们将把工业互联网学院纳入中国特色高水平高职院校建设计划，作为部省共建职业教育创新发展高地重点项目，在推进产教融合合作模式改革、工业互联网专业群建设等方面，校企携手共进，创设数字人才培养新模式，创新产教融合运行新机制，创造高职教育改革新样板。

当前，青职学院发展正迎来重大"窗口机遇期"。"惟改革者进，惟创新者强，惟改革创新者胜"，可以相信，有政府的利好政策，有校企的互信互惠，未来，工业互联网学院一定能够依托地域优势，直面数字经济带来的新业态、新技术，为促进"中国制造"转向"中国智造""中国创造"贡献"青岛智慧"和"青岛力量"！

最后，祝会议圆满成功！祝各位领导、各位来宾工作顺利，万事顺意！

（2020 年 7 月 31 日）

第三篇

教育教学篇

统一思想　明确任务
——在学院 2015 年教学工作推进会议上的讲话

今天的会议既是推进会，又是动员会、培训会，其目的是落实教育部、教育厅今年的工作部署，推进学院教学工作，统一思想，明确任务。

我们目前面临的一个问题是，在新常态下，学院的办学如何实现转型升级。也就是说，学院的办学特征是不是类型教育，学院的办学层次是不是能够满足青岛市打造中国版工业 4.0 对人才的需求。下面，就如何抓好今年教学工作谈几点意见。

一、推进"一个主线"

这个主线就是"三抓两促"，其核心要义是强调抓好教学工作，其他方面的工作都要围绕服务教学工作而展开，即突出教学工作在学院的中心地位。"三抓两促"不能是喊喊口号，做做样子，而是要真抓实干，形成合力，支持教学，促进教学。

二、理解"六个关系"

一是，专业与课程的关系。专业是育人的平台、载体，课程是育人的"商品"，或者说是育人的"教育商品"，是提供给消费者——学生的育人"商品"。二是，课程改革与教学改革的关系。课程改革是对人才培养整体性的变革，涉及理念、标准、内容、路径、方式、评价等诸多方面，以新蓝图、新设计为体现，着力点在方向层面；而教学改革侧重于教学行为、教学活动的组织实施，着力点在操作层面。三是，教学与评价的关系。评价是指挥棒，评价引导教学实施。有怎样的评价标准与评价模式，就有怎样的教学标准与教学模式。四是，评价与学生的关系。评价对学生的学习来说，同样也起到引导与激励作用，多元化评价、发展性评价、个性化评价对多样化人才的培养有着积极作用，我们应把握好企业需求与学生需求的评价维度，使评价与学生形成和谐的关系。五是，学生与社会的关系。学生是社会的一分子，应该融入社会，同时，社会要为学生成长、生存、发展提供必要的土壤与环境。学生培养应与市场需求相适应，增强学生的社会公民意识，提升公民素养，在培养职业人的同时兼顾社会人的培养。六是，专业与产业的关系。专业建设应与产业发展形成互动、融合关系，专业与岗位形成对应、衔接关系，这是职业教育特色办学的根基。

三、落实"三个狠抓"

一是，抓基础。硬件、软件一起抓，包括基础设施、规章制度、教师队伍、管理运行等方面，进一步加大教学基本建设的力度。二是，抓提升。通过"归零"重起步，提高标准找差距，在示范校院校建设的基础上追求高水平、高质量发展。三是，抓成果。坚持成果导向，倡导"做以致用"，全面、系统地总结课程改革的成功经验，持续积累教学成果，为冲击国家教学成果奖做好前期准备。

四、把握"四个策略"

一是，系统思维。作为一名领导者、管理者，在工作中应该具有系统思维，在顶层设计、计划安排、组织实施、统筹协调时，要有一盘棋思想，在自己管辖的范围内系统地思考工作。二是，轻重缓急。重点工作应该集中精力，动用80%的力量和时间做重要的工作，用20%的力量和时间做一般性的工作。三是，责任到位。任务到位、人员到位、管理到位，要做到事事有人做，人人有事做。四是，成果积累。工作与研究、教学与研究一体化，及时总结工作或教学经验，提练工作或教学成果，倡导研究性工作和研究性教学，持续不断地积累工作和教学成果。

（2015 年 1 月 27 日）

努力构建教学质量监控常态化的有效工作机制
——在学院教学质量监控工作会议上的讲话

今天召开的这个会议挺重要。质控部原计划发布文件后就启动教学质量监控工作。在与我商量时,我觉得还是应该开个会议,统一思想认识,明确工作任务,以便更好地推动工作。定期交流和对接工作很有必要,应该形成常态化的工作机制。

教学质量监控是保障教学中心工作得以落实的重要手段。我们下面还要迎接管理方面的评估,绩效管理是其中的一项重要内容,希望大家提高认识,树立质量管理、绩效管理的意识。

有效的教学运行管理应当规范、科学,具有完备的工作流程。反思示范院校建设,无论是学院层面还是国家层面,有成功也有不足。每个阶段工作的重心不同,前一阶段注重了外延发展,下一阶段就应该转向内涵建设了。内涵就涉及管理,现在应该补上这一课。抓内涵管理,评价很重要,这既是结果也是过程,我们应该发挥好质量监控这个平台的作用,运作好、组织好这项工作。下面,我就如何抓好教学与教学管理工作谈几点意见。

一、系统思考如何对教学过程运行实施有效控制

这是一项系统工程,涉及学院工作的方方面面。首先,涉及"三风"建设,即学风、教风、校风。学风包括学习,教风包括教师,校风包括校园文化。其次,是人才培养方案的执行,教学组织运行的规范,这些是属于工作常态化的范畴。三是,校企合作、工学结合的要求,如何通过"学教做合一"人才培养模式改革去实现,这又涉及理念、认

识问题。教师和学生如果不知道"学教做合一"人才培养模式,不理解这一模式的内涵,岂能教好学、读好书? 学院提出的"技高品端"人才培养目标如何落地? 一些师生对"学教做合一"人才培养模式的认知上还存在着一些差距,在理解上也不够深刻,如果这个问题不解决,那么教师在帮助学生主动学习、激发学生学习潜能方面就不能做到位。希望各二级学院、各专业教研室、各有关部门进一步加深对"学教做合一"人才培养模式内涵的理解。人才培养模式是一个体系。"学教做合一"人才培养模式之下还应该有专业人才培养模式,以体现各专业培养方面的个性要求。要通过各种方式对教师进行专题培训,对学生进行专门教育,不断增强对"学教做合一"人才培养模式内涵的理解。

二、配合教学改革试点项目抓好督导工作

今年学院的工作要点当中,涉及教学方面的工作有很多,比方说"1+N"教学内容、"多师同堂"、开设创意类的设计课程等等。这方面的工作,质控部和教务处应对接好,充分了解这些工作的内涵,系统设计出推进这些工作的督导方案。对二级学院来说,要从如何组织教师实施好的角度,采取具体措施把内部质量监控工作抓好、抓实。对教学改革项目而言,不能用一把尺子去要求每位老师、每一堂课都这样做。"1+N""多师同堂"等教学模式,哪种课型适合,哪类老师擅长,这方面不搞"一刀切",允许一部分老师等待观望,通过试点、引路逐步推开,而不能一哄而上。课程改革的实施为什么要提"静悄悄的革命"? 就是基于我们专业内涵建设的现状,基于不同专业、不同老师之间不平衡的差异性。循序渐进、稳中求进是推动课程改革、教学改革的一个基本策略。

三、进一步完善并创新学业考核模式

如何看待考试,怎样组织考试,对此首先要有正确的认识。曾经有人认为,理想的大学应该取消考试。这样做行不行? 我觉得这是一种理想化的想法,回归到一开始大学起源时的状态了。就大学的现状而言,一些高校在一些方面存在着"严进宽出"现象,一些学生学习没有动力,没有压力,学习态度也不够端正,改变这一现状的一个重要手段就是要实施考核评价。另一方面,一些高校的学业考核模式陈旧、单一,不能引导学生有效地学习,考试内容误导学生去"死记硬背",因此也需要对考核

内容与模式进行改革。学业考核对学生来说是一次学习的过程,同样,对教师而言也是一次教学的过程,教师应该掌握考核的设计技巧。如何"因材施考"？如何通过考核促进发展、发现人才？这里面需要有技巧、有谋略。引导学生喜欢考核、挑战考核,把考核作为一种乐趣,需要我们下大功夫进行实证研究。中国教育出现的问题是把学生当成考试机器,把学生训练成应考的"机械手",学生从小学开始就惧怕考试,把这种阴影一直带到了大学。用一把尺子、一个标准去"度量"每一位鲜活的学生个体,去追求考核结果的"同质化"、统一性,这也是我们培养不出创新人才的一个重要原因。希望质管办从"新质量"的角度,与教务处一起研究"有效评价"的实现方式,总结学院实施多年的"等级制过程考核"经验做法,研制与项目教学法、案例教学法相配套的有效评价模式体,把发展性评价、多元化评价的理念贯穿在有效考核模式的构建之中,充分发挥对引导学生主动学习、快乐学习的拉动及导向和杠杆作用。

四、发挥科研在促进有效教学中的指导作用

中国职业教育研究所的杨进所长下周将带着几位教授到我院,对学院的"1211"课程改革模型进行诊断、把脉,并在此基础上帮助我们设立一个职教所的公益课题项目。"1211"课程改革模型是不久前教育部职成司葛道凯司长来我院考察时,在听了我的工作汇报后归纳凝练出来的,即以一个大课程为主体(含显性、隐性课程),以"学教做合一"人才培养模式、教学管理与学生服务一体化为两翼同步实施,以教师队伍和其他利益相关方这一个组合的共同参与为支撑,以静悄悄的革命为实施策略。如何认识这个模型的内涵？如何有效地推进这项工作并将它落地？我觉得还有很大的工作空间。认识还应该再统一,探索还应该再持续。这项改革试点的目标与期望值没有必要、也不可能一下子定得那么高。这是一个综合性的大课题,不可能一蹴而就、立竿见影,需要持续不断地、一步一个脚印地推进,如果能够做到每天进步一点点那就非常好了。职教所帮助我们设立的这个课题,涉及学院很多部门,需要组建一个大的课题团队。在这个课题的开题会上,希望各二级学院、公共教学部以及有关业务处室的负责人都来参加一下,并积极申报该课题中的相关子课题任务。这样做也是为将来的教学成果奖做前期的准备工作。

五、教学评价应该在三个规律上把握好平衡

第一个是人生长、成长和发展的自然规律，即作为自然人需要培养哪些方面的能力；第二个是教育教学的基本规律，即人才培养的一般性规律，当然也还有高职人才培养的特殊规律；第三个是产业、行业、企业发展运行的规律，即应该培养怎样的职业人。专业人才培养上存在的突出问题是功利性太强，往往只考虑专业本身的点，没考虑到专业外延的面；只考虑学生的今天，没考虑学生的明天。这种理念下所培养的学生就不会有可持续发展的后劲，这样的专业也就不会有生命力。教学评价要发挥引导性的作用，改变单维度评价模式，通过建立立体化多维度评价模型，构建起体现"三规律"内涵的评价体系。

六、基础性、常规性的工作要做到精细、规范

这方面的工作是学院办学的基础，也是办学层次、能力水平的体现。比如教学管理档案，就应该按照档案管理的要求进行规范。这方面的工作我们有些环节没有做到位，因此，要组织这方面的单项检查、评估，发现问题立即整改。这是教学评估检查的基础性工作，也是质量保障的重要环节。下一步我们还要建设数据平台，教学管理档案资料的真实性、完整性，对数据采集的有效性起到至关重要的作用。

（2015 年 7 月 2 日）

把握定位　聚焦育人
努力提升学院体育工作水平

——在 2015 年学院体育运动委员会会议上的讲话

体育,重在"育"上,是学院育人的重要载体。体育运动和人生的关系,无外乎三个方面:体育与生命的关系、体育与生存的关系、体育与生活的关系。"生命在于运动",科学的体育运动能增强人的身体素质,增强免疫功能,促进新陈代谢和身体发育,在防病治病、强身健体方面有着积极作用。体育运动还能促进人的身心健康,能够帮助排解不良情绪、磨炼意志、发展心智、培养竞争与合作意识、促使人际关系和谐等。体育与人的生存关系密切。通过体育训练和体育活动,学生可以掌握体育知识、技能以及科学锻炼身体的方法,学会人类生存与发展所必备的基本生活技能和本领,培养适应未来生存环境的基本素养,促进高质量就业。

体育运动对改善生活方式、提高生活质量也有着重要的意义和价值。随着生活水平的提高,人们越来越重视自身健康,希望拥有健康的体魄。于是人们工作之余自觉增加了休闲、娱乐健身活动的时间,许多居民养成了早晚散步、跑步的好习惯,还有的人热衷于游泳、爬山、远足、滑冰、漂流等,休闲体育逐渐成为人们生活中的一种时尚,一种新的理念。我认为,如果忽视运动的话,就是对生命不尊重。因为每个人天生就是需要运动的,人有四肢,有四肢就需要运动,这是天生的运动条件;人也是有智慧的,需要通过运动这一媒介,产生智慧、发展心智。大哲学家柏拉图说:"为了让人类有成功的生活,神提供了两种管道——教育与运动。"我们越来越深刻地看到,在学校教育过程中,这两种管道是相辅相成、缺一不可的。

高职院校体育工作的定位应该把握以下三点。

一是开放性,即体育运动的载体、内容、形式、资源不仅局限于校内,同时也走向校外,走进社会;二是职业性,即职业院校的体育要与专业教学相结合,开设符合未来职业岗位对身心发展要求的体育项目;三是全员性,即体育不仅是学生的体育,还是教工的体育,应该是面向人人的体育。

下面,我就如何进一步抓好学院体育工作,谈几点意见。

一、校企联办体育赛事

校企合作联办学院运动会,其目的不是为拉赞助添补运动会所需费用,而是通过这一平台让企业参与进来,聚人气、交朋友、谈合作、展风貌、促发展。要创新运动会办会模式,通过设置校企联队的比赛项目,组建教师、员工比赛团队或教师、师傅、学生混编团队参赛,以此彰显职业教育的特色,促进产教融合与校企合作走向深入。除运动会外,还可以搞一些球类等单项比赛活动,同样也可以组建校企联队参赛。运动会、球类比赛之前可以组织专业建设研讨、企业员工招聘、企业成果信息发布等活动,通过运动会、赛事活动搭建起校企合作的新平台。

二、着力加强体育科研

高职院校的体育科研大有作为。应注重以下三类别的体育研究:一是,与专业相关的"专业体育",依据专业特点和职业岗位要求所开设的体育项目;二是,与身心相关的"身心体育",开发与身心结合、促进身心健康发展的体育项目;三是,与素质相关的"素质体育",参照体能测试结果而确定的个性化体育项目。要研究"体育课程"如何生活化、可持续、科学性的问题。比如,在课间中的简易课间操,吸引学生参与的休闲、趣味体育活动;把课余体育活动作为实施素质教育的重要内容,将参加课余体育活动列入素质教育考核体系,把参加运动会、单项比赛活动所取得的成绩设置为素质教育学分。

三、精心营造体育环境

要加强体育软硬件环境建设,以此形成良好的体育氛围。年度体育赛项活动可以上墙,以展板的形式公布一些体育活动项目,以此营造体育运动的氛围,提醒、督促教师积极参加体育活动。宣传部和公共教学部考虑一下体育微平台的建设,开设诸如"体育与人生"的专栏,上传一些体育视频、体育知识、保健常识以及体育项目技巧等内容,向师生员工提供体育项目规则、示范指导等等。要对篮球场、排球场进行修缮,安装健身运动器材,用活、用好新建的体育场馆。要进一步完善学院体育工作运行机制,建立学院二级体育工作体系,出台调动学生参加体育活动积极性的激励政策。

四、系统谋划体育规划

要组织力量制订好学院体育工作"十三五"规划。一是,完善体育课程体系,根据专业教学需要开设配套体育项目课程,根据学生兴趣建立体育项目超市,增设休闲体育、趣味体育课程;二是,改革学院田径运动会的单一模式,增设球类、拔河、跳绳等赛项,并设立单项比赛积分、不同赛队组合排名、运动会总成绩等多元化、多样性的成绩评定规则;三是,探索体育教学改革新模式,充分调动广大学生参与教学改革的积极性,从体育社团特长生中聘任教师助理,改进体育教学评价方式;四是,建立学生身体素质档案,定期检测、记录学生体能、素质情况,帮助学生制订个性化体育活动计划。

体育工作与专业教学工作同等重要,是人才培养的重要组成部分,希望大家从培养国家合格建设者、接班人的高度来看待体育工作,让学生在参与体育活动中增强身心素质,强化团队精神,塑造坚韧品质,促进全面发展。

(2015 年 9 月 17 日)

在坚持与坚守中持续推进课程改革

——在学院课程改革工作专题会上的讲话

这是一次总结课程改革经验、坚持课程改革方向的会议。作为课程改革的参与者，大家见证了课程改革的探索与实践。课程改革在争议中前行，在质疑中探索，在行动中协调，在改革中完善。经过三年的努力，能够证明学院工作成效的一些成果开始陆续推出。如，最近学院获得了世界职教联盟学生支持服务的金奖，这一奖项是学院人才培养质量的体现，也是课程改革的成果。

过去三年的课程改革，是学院推进课程改革的第一阶段。这一阶段主要是统一思想、顶层设计、构建模型的过程，也是试点引路、实践探索、逐步展开的过程。下一阶段课程改革是在第一阶段的基础上，进一步深化、丰富课程改革理念与内涵，进一步扩大课程改革试点范围、增大教师的参与面，进一步凸显课程改革特色、持续积累课程改革成果。未来三至五年的改革会进入深水区，面临的问题、矛盾、挑战会增多，课程改革能否取得更大的成效，关键的问题还是能否建立共同的价值观，能否真正形成合力，能否久久为功坚持不懈。课程改革工作要以成为国家高职优质校为目标，聚焦制约学院可持续发展的关键问题，抓好教师能力、管理能力、办学能力这三大建设，以重点专业建设为载体，以课程体系完善为基础，以品牌项目打造为重点，持续不断地夯基础、抓质量、提水平、强内涵、显特色。

课程改革模型在顶层设计上要充分体现系统性、全域性和渐进性。课程改革既不是轰轰烈烈的运动，也不是破旧立新的革命。应体现传承与创新的有机结合，对学院多年来积累的理念、模式、做法、文化不是予以否定，而是在此基础上的创新和发展。对高职院校来说，课程改革是一项常做常新的工作，以往学院在课程改革方面做了大量的工作，取得了成效，对当时的人才培养起到重要的作用。进入"十三五"，随着国家经济和社会发展方式的重大变革、国家产业转型升级步伐的加快、青岛市区域发展重大战略确定，学院原有的办学理念、课程体系、培养模式等在一些方面与新目标、新标准、新要求不相适应，需要通过改革创新予以调整、充实和完善，这样做也符合辩证法，符合事物发展的规律。因此，我们应该顺势而为，与时俱进，以改革破解制约发展的短板问题，以发展提升办学的质量水平，而推进课程改革就是实现这一目标的重要切入点。

课程改革不能是单一性、封闭性的设计，也不是表面化、空心化的行动。通过"破墙行动"，体现开放、融合的理念，打破专业之间、课程之间的隔膜，打破教学与实践的物理隔断，打破学校与社会的围墙隔离；通过"破冰之旅"，彰显改革、创新的行动，完善课程体系，探索培养模式，改进教学过程。

专业是平台，课程是载体，两者是相辅相成的统一体。假若仅仅重视专业的平台建设而忽视课程的载体建设，势必会"顶天不立地"。高职院校以往的一个突出问题是，忽视职业教育语境下课程建设与课程改革。

课程改革能否有效实施取决于人才培养模式的内涵。如何从目的与手段的角度，深刻理解学院推行的"学教做合一"人才培养模式？强调"学"字当头，突出"学生""学习"，其用意又是什么？这个问题搞清楚了，人才培养模式才能变为教师的自觉行动，才能更好地助力于课程改革。强调学生、学习，是以学习者为中心理念的体现，是要解决学生学习权、自主权、发展权不能得到充分尊重，被剥夺或被忽视的问题；是要创设学生"乐学""善学"的环境与机会，帮助学生体验成功的快乐；是要激发学生自主学习、个性发展的潜能，不断提升教育教学的效能。此外，课程改革能否有效实施还取决于教师的职业态度与能力，推进课程改革的策略，教学管理与学生服务的联动等方面的内容。

（2015 年 11 月 12 日）

完善工作机制
不断提升学生身体素质培养水平
——在学院体育运动委员会全体会议上的讲话

　　年初召开学院体育运动委员会会议，体现出学院对体育工作的重视。学生身体素质不佳的现状，追根求源，是长期以来学校教育忽视体育工作，忽视学生身体素质培养的结果。1953 年 6 月 30 日，毛泽东主席接见中国新民主主义青年团第二次全国代表大会主席团时说："我给青年们讲几句话：一、祝贺他们身体好；二、祝贺他们学习好；三、祝贺他们工作好。"毛泽东主席为什么把身体好放在了第一位？因为，对青年人而言，没有一个好的身体，学习、工作都不能完成好，学生德智体美劳全面发展的人才培养目标也就不能真正实现。

　　学院今后的体育活动应做到"人人有活动，班班有项目，院院有赛事"，对每个学生而言也希望达到"人人有项目，天天有活动，月月有交流，年年有收获"的目标。

　　学院体育运动委员会的工作制度应不断完善。通过建立和谐有序的体育运动工作机制，体育活动与教育教学相得益彰。学院要面向全体师生员工创设喜闻乐见的运动项目，所设置的体育项目重在参与和体验。比赛、体测不是目的，目的在于如何培养学生热爱体育的意识，使每一个学生拥有一个体育特长或爱好，形成终身锻炼身体的习惯和兴趣，进一步增强学生的体质。要改进学院运动会的办会模式，现在的运动会赛项比较单一，师生参与的面还不够广。因此，我考虑应该借用"全运会"的赛项与管理模式，突出高职院校体育健身的特有属性，把以往球类、跳绳、拔河、广播体操等赛项纳入学院运动会的赛事项目,增加一些休闲、趣味体育项目,以此推进我院体育健身活动的广泛开展,营造全院师生共同参与的体育文化氛围。

体育活动应立足于日常。平时各二级学院、各教工分会体育活动的状况,重在每一位师生员工日常的体育活动是否能够做到常态化、制度化,通过运动会中各赛项的成绩也能反映出来。要鼓励和督促教职工、学生积极参加日常的体育活动,抓好学生体质测试与健身指导工作,推进班级体育集体活动以及体育社团工作,将体育健身内容纳入大学生素质学校课程中,冬、夏季学期也应考虑给学生布置体育活动的作业。要扎实有序地开展校园长跑等健身活动,开展学生走下网络、走出宿舍、走向操场"三走"活动。此外,体育活动还应坚持开放、合作的原则,多渠道、多形式地开展体育竞赛或体育展示交流活动,可以考虑在友好院校中开展对抗赛、交流赛。

持续不断地抓好体育教学工作。一是进一步拓展体育课的内涵,根据各专业大类对未来职业人体能的要求开设体育项目课程;突出健康理念,设立保健和健康养生课程。二是建立体育学分等激励制度,发挥体育课学生助教作用,实施学生"一对一"结对帮扶。三是建立健全学生身体素质档案,体质健康达标测试与学生体育课程考核一体化,共享体育考核评价资源。四是完善学院体育工作评价督导体系,将运动会、体育活动、师生健身成效作为学院文明单位建设的重要指标。

(2016 年 1 月 12 日)

要有大作为　要谋大突破

——在学院技能教育教学与技能竞赛交流会上的讲话

就今后进一步抓好技能教育教学与技能竞赛交流工作，我谈几点意见。

学院的技能教育教学与技能竞赛交流工作，较以前有明显的进步，但与示范院校要求相比，与其他兄弟院校相比，还有很大的差距。譬如说，参与的赛项还不够全，国赛的成绩还不够好，综合排名还比较靠后。造成这些问题的原因是多方面的，有客观原因，更有主观原因。我想，今年乃至整个"十三五"期间，我们要全力改善、改进、改革技能教育教学与技能竞赛交流，要大作为，要有显著的、实质性的突破。

首先，要提高认识。对于高职院校而言，技能教育是其独有的特色。技能大赛和技能交流是高职院校办学功能的体现，是培养高端技能型人才的需要，是双师素质教师队伍建设的要求，是检验人才培养质量高低的"试金石"。然而，从学院的实际情况与现状来看，在认识上还存在着不够到位、不够深刻、不够全面的问题。对一些教师而言，他们往往偏重于专业理论教学而忽视专业技能教育教学，导致专业人才培养方案方面、技能教育教学内容与人才培养的目标要求有所缺失，导致在具体教育教学过程中理论教学与技能训练不能融合对接。对一些部门以及管理者而言，在政策环境与支持保障方面，工作的推进与支持力度不够大，这也是师生参加大赛的热情不高、积极性不强的原因之一。今后，我们要进一步提高认识，只有认识到位了，行动才会有自觉。

其次，要认清内涵。有几个维度的问题需要进一步厘清。一是，技能竞赛与交流应该以技能教育教学为支撑、为前提，技能竞赛交流是技能教育教学质量、状况的反映。试想,没有优质的技能教育教学,哪来的丰硕的技能竞赛交流成果?去年,学院提出了各二级院部在各专业中开发本专业核心技能课程的要求,其目的,就是要将专业技能教育教学课程化,这也是课程改革的要求。二是,技能竞赛交流不能搞锦标主义,不应该是少数人的专属。技能竞赛交流要面向人人,应该让每一位师生员工都参与进来,以此提升全院师生整体技能训练与竞赛交流水准,这也就是我们为什么要强调技能竞赛、技能交流并重的原因。三是,技能竞赛交流,不仅仅是专业技能的竞赛交流,还包括通用技能的竞赛交流,因为,从某种意义上讲,专业技能可以成为学生找到一份工作的"敲门砖",通用技能可以是学生找到好工作的"金钥匙"。

第三,要统筹规划。在顶层设计上,学院要出台加强技能教育教学、技能竞赛交流工作的整体规划,拟定科学有效的、强有力的具体措施,做到技能竞赛交流在专业层面全覆盖。在目标定位上,要充分体现重点突破,均衡发展的目标。对有的二级学院而言,不仅要努力实现在国赛金牌"零"的突破,还要有更多的专业能够推出选手代表山东参赛。在价值追求上,要充分体现大家参与、人人提高的理念,做到院院有比赛、层层有选拔、月月有赛项。在制度保障上,要充分体现激励先进,鞭策后进的机制,一方面,要建立技能教育教学与技能竞赛交流工作目标责任制度,加大督查、督办、考核的工作力度;另一方面,要在物质与精神层面加大对取得优异成绩、为学院争光的师生员工的奖励力度。在工作任务上,要充分体现"四个促进""两个提高"的要求,即促进人才培养模式改革不断深化,促进双师素质教师队伍建设不断深入,促进实训教学与技能训练条件不断改善,促进实训教学与技能大赛不断融合;提高师生员工的专业水准与职业素养,提高学院的办学水平与竞争实力。

第四,要真抓实干。要以解决突出问题为导向,采取强有力的工作措施,全面、整体推进技能教育教学与技能竞赛交流工作。具体来讲,要抓好"四个对接"。一是对接国赛、省赛、行赛标准,修订好专业人才培养方案,加大技能教育教学、技能竞赛交流的比重;二是对接职业岗位要求与终身发展需求,改善课程设置结构,不仅培养学生的"一技之长",还应培养学生的"一专多能";三是对接国赛规程要求,提早下手选拔选手组成参赛团队,制定训练计划,科学组织,合理安排;四是对接科技研发与创新创意项目,在研究中学习,在研发中训练,在交流中分享。与此同时,要在实践、探索中,遵循"创新、协调、绿色、开放、共享"五大发展理念,整合资源,团队协同,校企合作,深化技能教学课程改革,完善技能竞赛交流模式,做到技能教学标准与技能考核标准并存,技能教育教学与技能竞赛交流并重,校内现有资源与校外合作资源并用。技能教育教学与竞赛交流工作要实行二级院部部长负责制,要作为考核二级学院、职能部门工作的重要指标,要作为推进人才培养质量诊改工作的重要内容,要作为衡量教师职业能力标准的重要方面。

同志们,学院"十三五"新发展、新建设的序幕已经拉开。作为开启之年,2016 年我们面临着诸多发展的机遇,同时也面对着许多困难的挑战。我想,我们有新一届党委的坚强统一领导,有广大师生员工的凝心聚力,学院今年乃至今后的技能教育教学与技能竞赛交流工作,定会取得新成果,定会实现新突破,定会达到新高度。

谢谢大家!

（2016 年 3 月 31 日）

以创新引导教学督导转型升级、提质增效

——在学院第二届校级督导聘任仪式上的讲话

首先,祝贺在座的各位老师受聘为新一届校级督导,同时,也感谢上一届校级督导对学院工作的支持、贡献和付出。

督导工作在学校教学管理中具有举足轻重的作用。一般来说,承担督导工作的同志是学校德高望重、经验丰富的老教授、老同志,他们有权威,有威信,学术水准高,在学校教学管理中发挥着重要作用。今天上午在讨论这项工作时,我提出学院的督导工作体系还要进一步完善、加强,优化工作运作与激励机制,充分发挥好督导员的作用。

不能仅从传统意义的角度来狭隘理解教学督导工作。与大课程体系构建相适应,与"全人教育"理念相吻合,督导工作应该面向教育教学的全方位、全过程,不仅对教学管理工作进行督导,还包括对学工体系中学生培养、学生教育的督导。因此,应该构建起"大教学"的督导工作体系,这与学院推进全面质量管理工作的方向、目标也是一致的。希望大家集思广益,建言献策,齐心协力地把学院督导工作做好、做扎实。

学院督导工作应该与时俱进,创新发展。就教学督导而言,要对职业教育的类型属性、人才培养理念、高职教育一般性与特殊性的规律理解深刻,对学院办学要求、重点工作了解清楚,对高端技术技能人才培养的标准能够准确把握。比如,工业2025所需技术技能人才如何培养?学院专业建设如何适应产业转型升级后对人才的需求?再比如,在学生培养方面,强调以生为本的育人理念,那么,这一理念的内涵又如何理解?仅仅是满足学生的基本需求吗?假若仅此而已的话,那不仅是不够的,而且

也不是高层次的。如何去激活学生的创造潜能，让学生具备迎接未来的竞争实力？这对我们来说是一个新命题。信息社会催生个性化、数字化、智能化的生产、工作、生活模式。对学校教育而言，个性化、数字化、智能化的人才培养模式、教学模式将是未来教育的发展趋势，传统的教学督导、教学评价模式也应随之发生变化。

教学督导要服务于课程改革、教学改革。学院推出的主题教学、"1＋N"教学、多师同堂等教改试点项目，希望大家及时跟进，重点研究。主题教学是学院借芬兰主题教学思路而移植、引申过来的，实际上与美国的整合教育理念一致。实施主题教学的目的，就是推进跨专业教学，将若干专业的课程整合成一个主题，面向产业链、岗位群所需要的综合能力要求，培养复合型、"一专多能"人才。这种教学模式是项目教学模式的升级版，是综合化的项目教学。目前我正与几位同事组成团队做主题教学的课程设计，试点成功后再与大家分享。几年前推行的"1＋N"教学模式涉及两个方面的要素。一是，在某门课程中添加其他 N 门课程的相关元素；二是，在某种教学方法基础上穿插其他 N 种辅助方法。多师同堂，不限于主讲教师与其他教师的联合授课，还可以是主讲教师与 N 个教学参考书、N 个教学视频、N 个学生助教组成的教学共同体。上述这些教学改革探索，目的就是创设生态化的教学场景，打造生态课堂，促进课堂革命，就是"学教做合一"人才培养模式的有效实现途径，以此充分释放学生主动学习、创造学习的热情与潜能。如果往大处说的话，这些教学改革实践的方向对、模式新，体现了"创新、协调、绿色、开放、共享"新发展理念，教学督导也应如此，以创新引导教学督导"转型升级、提质增效"，在常规督导的基础上向多元督导、专题督导、综合督导方向拓展。

（2017 年 3 月 7 日）

推进教师专业发展　促进教学能力提升

——在学院 NCEE 培训班上的讲话

经过一段时间的充分准备，我院与英国创新创业教育中心，即 NCEE 合作举办的培训班今天正式开始了。感谢 NCEE 对学院教师队伍建设的支持，同时也期待着各位学员学有所成。

学院与 NCEE 的合作，有利于深化课程改革，有利于强化教师教学能力建设。希望每一位学员珍惜此次培训的机会，带着问题来学习，带着思考来学习，带着行动来学习。特别是要联系学院多年来所倡导、所推行的一些理念和做法，结合起来深入思考。一是，对"学教做合一"人才培养模式的理解。为什么要倡导"学教做合一"而不是"教学做合一"？"学"字当头的内涵是什么？二是，对"多师同堂"的理解。什么是多师同堂？"师"的内涵是什么？三是，对"1＋N"的教学内容、教学方法的理解。此外，还有"专业＋""课程＋"，甚至于"课堂＋"，怎样理解这些提法的用意？为什么专业人才培养不过于提"互联网＋"？主要是从"本"的角度来思考。不是不重视互联网＋，互联网是人才培养的工具，它应服务于学院的办学，我们不能本末倒置。

这个培训班为期两年，有集中培训，也有分散实践。培训内容分了 13 个模块，有 11 个模块需要大家写反思，要去完成作业。从今天起，学院教师发展中心为大家量身定做了跟进式的个人发展推进计划，在导师的指导下，帮助大家把教师专业发展与教学能力提升有机结合起来。希望大家提高对此次培训班的认识。这次的培训班不是传统的教师培训项目，而是基于课程改革的需要，站在首批国家示范院校的平台上加强教师能力建设的一种新的尝试。大家作为培训的种子，培训结束后要在全院甚至兄弟院校中去分享、交流培训后的经验与教学成果。

此次培训班的关键词是"双创师资培训"。为什么师资培训要冠名为"双创"呢？"双创"按一般的理解是对学生培养而言，那么，对我们教师自己是否也面临着创新创业的问题？"新"字，对大家意味着什么？大家的精气神是不是新的？是否以创新的思维、创新的勇气去进行教学创新与实践？"业"字，对大家而言是职业还是事业？是养家糊口的职业还是育人的事业？不同的境界导致不同的行为走向。建议创新创业先从自身做起，教师没有创新创业的意识与能力，何谈学生的创新创业能力？

从另一个维度来看，双创教师培训中的"双创"要解决哪些方面的问题？我觉得，首先是教育理念，其次是教学设计，第三是教学方法，还有教学管理、教学评价等诸多方面，通过创新思维模式，提升教师能力素养，创新教学方式方法。

核心的问题是教育理念。作为教师如果理念陈旧，在教学过程中不是从学生的角度去体验学生真实的学习需求、了解学生学习的真实动机，就不能有针对性地引导和指导学生，有效地组织实施好教学。现有的一些所谓的教学理念、方法，可以借鉴一些培训的理念、方法。一些教师的教学过程重教轻学，讲授与学习多为"纸上谈兵"。而行动导向、教练式的培训则注重培养与训练的结合，让受训者在体验、行动、实践中理解、掌握实用的技能。我们应该引进一些培训的方法去完善已有的教学方法。

应从需求导向而不是供求导向来重构教学模式。借助于经济上的"供给侧结构性改革"的理念，优化课程结构、教学方式组合。"以学定教"这句话已经流行多年，为什么在一些教师的课堂上没有得以体现？是因为教育理念并没有"入脑入心"，导致教师在教学活动中"目中无人"，对学生的个性需求、行为举动、心理活动"视而不见"甚至于"漠然处之"。作为有良知、负责任的教师，在上课时对学生睡觉、玩手机，甚至于逃课能无动于衷吗？在我的课堂上，我是不能放过这些问题的，也不能容忍这种现象。假若一位学生开小差、不在状态的话，我马上就会有所警惕，考虑我的教学是不是有问题，学生为什么对教学内容不感兴趣，及时采取相应的措施去调整教学策略与方法。教师在课堂教学中应该承担起带好团队、组织学生一起完成教学任务的责任。这就要求教师应该具备教学组织管理能力，掌握教学管理的技巧。

此次培训倡导"培以致用""培中学""训中思"。希望培训、反思、行动、提升这一培训过程是一种常态，在这两年的培训中，有学习反思，有实践探索，有分享交流。培训课程结束后,每一位受训老师都要将已学的创新型教学模式与教学方法,用在自己的教学实践中,对原有的教学设计进行更新,也要求每一位受训老师在培训班里交流创新教学模式的做法与体会,介绍成功的教学经验。

专业教师、基础课教师应增强专业与双创教育,课程与双创教育融合的意识。教师在教学活动中,不仅要培养学生的专业知识与专业技能,还应该培养学生的双创意识与能力。正是基于这种考虑,我院的教师能力培训需求与 NCEE 的双创教师培训课程理念不谋而合。希望大家在参加双创教育模块培训时,以学生的角色,通过换位思考去体验、感悟为什么要学习双创课程,怎样教授双创课程,哪样的方式方法有效、可行。与此同时,在参加培训、观摩、体悟培训师的培训模式与方法时,去发现、归纳其中的规律,去创设自己的教学方式方法。教学模式、方法应该与时俱进不断地创新。例如,学院今年的工作要点中提出了要探索主题教学模式的任务要求,希望大家积极参与。主题教学是从芬兰现象学移植过来的,在我院已赋予了新的内涵,即在学院项目教学法的基础上进行拓展,把项目教学法"点"的优势再拓展到主题教学"面"与"体"上,使学生经过主题教学的培养后,能够独立地去经营综合性项目、完成工程任务。

此次培训是提升大家核心竞争力的机会。在机会面前,每个人是否都能将其抓住、抓牢、抓实,对大家是个考验。希望大家带着自己的问题,在培训过程中反思自己的教学行为,通过对标、对表,构建出教师专业发展、教学能力提升的逻辑能力、思维模式和行为体系。当然,态度决定一切。有怎样的理念、追求、使命,就有怎样的状态、行为来参加这次培训。希望我们这个学习团队,能够发扬"卓越、唯是、协同、学习"的学院精神,珍惜学习机会,集中精力参训,学有所成,学有所获。

(2017 年 3 月 28 日)

重视技能竞赛工作　提升教育教学水平

——在学院 2016 年职业技能交流工作总结 暨 2017 年职业技能交流工作部署大会上的讲话

今天，我们在这里隆重召开 2016 年职业技能竞赛总结暨 2017 年职业技能竞赛工作部署大会，对在 2016 年参加全国、全省职业院校技能竞赛以及全省职业院校教师信息化教学大赛等赛项的选手和指导教师进行表彰，对 2017 年职业技能竞赛工作进行部署。刚刚，几位师生代表还分别做了交流发言。借此机会，我代表学院，向所有在各级各类大赛中取得优异成就、为学院赢得荣誉的参赛选手和指导老师，以及为大赛付出努力的有关部门工作人员，致以诚挚的问候和衷心的感谢！向受到表彰的师生表示热烈的祝贺！

教学工作是学院的中心工作，教学质量是学院生存发展的生命线，技能竞赛获奖情况是学院教学水平和办学成果的重要体现。这些年来，学院十分重视技能竞赛工作，采取了一系列切实有效的措施。譬如，通过深化课程改革，促进教育教学质量的进一步提升；再如，通过技能交流月这一平台，为师生提供展示专业技能、教学技能的机会；还有，通过制定激励政策，调动广大师生参加各级各类大赛活动的积极性。今天的表彰活动就是激励的一种形式。

在今天的会上，学院对 2016 年各类职业技能竞赛参加情况进行了总结。一年来，各二级院部在技能大赛方面做了很多工作，特别是艺术学院、信息学院、旅游学院、教育学院，在去年的学生技能竞赛、教师信息化教学大赛中都取得了可喜的成绩，为学院赢得了荣誉，希望其他二级院部向他们学习，争取在今后的省赛、国赛中取得更加优异的成绩。

为了准备 2017 年大赛,学院从去年起多次要求、多次部署,相关二级院部也积极行动,超前准备。目前,在学生方面,艺术学院 3 名同学已通过省赛选拔取得代表山东省参加服装设计、服装制版与工艺两项国赛的比赛资格;教育学院 3 名同学将分别代表山东省参加艺术专业和学前教育专业技能全国比赛。在教师方面,基础部、旅游学院、海尔学院各有 1 人将代表学院参加山东省青年教师教学大赛复赛。希望教务处、人事处抓好协调、服务工作,也希望各二级院部组成项目团队,全力支持他们备赛,争取好成绩。

老师们,同学们,虽然学院在 2016 年各项职业技能竞赛中取得了较好的成绩,但从更高的标准要求来看,我们还有不小的差距,主要表现在:一类国赛获奖数量偏少,特别是一等奖数量不足;一些同志对技能大赛缺乏正确认识,对技能大赛的准备重视程度不够;二级学院的专业赛项覆盖面不足,大赛与教学的融合度还不够高,等等。因此,今后应该加大工作统筹力度,下大气力抓好技能大赛工作。

下面,我就如何做好学院的技能大赛工作谈三点意见。

一、统一思想,提高对职业技能竞赛功能与价值的再认识

首先需要解决的一个问题是,为什么要重视技能大赛?换一句话说,我们应该怎样认识技能大赛?

技能大赛,是工匠精神的传播场,因为,技能大赛倡导精益求精,追求专心致志,体现着高职教育育人的基本要求,展示出师生所应有的专业、素质、态度、协同等综合技能。

技能大赛,是专业建设的催化剂,因为,技能大赛体现产业转型升级后,所带来的新技术、新工艺、新标准、新流程和新要求,对丰富专业内涵,提升专业的竞争力有着积极的促进作用。

技能大赛,是课程改革的风向标,因为,技能大赛是职业教育课程结构的组成部分,是理实一体化教学的重要体现,技能大赛有助于倒逼新课程构建,促进新旧课程的"动能转换"。

技能大赛,是教学评价的助推器,因为,技能大赛可以从结果来检验教学的质量与成效,也可以改善单一、传统的笔试评价模式,使教学评价更加多元、更加客观、更加有效。

技能大赛,是师生成长的大舞台,因为,经历过技能大赛的磨炼,无论是专业理论还是专业技能,无论是生存能力还是生活态度,都会发生很大的变化,这也是师生成长的第二课堂。

总之,技能大赛是促进人才培养质量提高的重要抓手,也是加强校企合作的有效载体。技能大赛就像纽带,缩短了学生所学与岗位所需之间的距离,可以有效促进专业建设水平,提升学生就业质量。因此,要进一步提高对技能大赛重要性的认识,从更好地服务青岛的角度出发,来思考如何加强技能大赛工作。

老师们,同学们,青岛市第十二次党代会明确提出,今后五年要把青岛建设成为"宜居幸福创新型国际城市"。学院作为青岛市政府所属的高职院校,首先应该为青岛市输送大批优秀的高端技能型人才,理应在服务于青岛国际化大都市建设中做出更大的贡献。希望各二级院部高度重视师生的技能竞赛工作,把技能训练与课程教学紧密结合在一起,在教中练,在练中教;希望广大师生员工把学技术、练技能当成一种时尚,通过参加技能竞赛,激发出学习、工作的热情,不断提高实操能力、创新能力,成为优秀的创新型技术技能人才。

二、以赛促教,把提高人才培养质量的工作落到实处

如何把大赛工作抓实、抓好,这涉及如何把握大赛,如何设计大赛,如何组织大赛等问题。

我想,首先要解决的还是对大赛的认识问题。大赛不是人才培养的目的,而是手段。我们不能功利性地看待大赛,不能为了比赛而比赛。大赛也不能办成是少数人参加的大赛,更不能是锦标主义的大赛,我们所倡导的大赛应该是面向全体师生的大赛,应该是课程教学中的重要组成部分,应该是促进学生全面发展的大赛,我们不仅关注大赛的结果与成绩,而且更关注大赛的参与与收获。

现在,每年面向高职院校的赛事活动有很多。如,高职国家一类大赛,也就是天津大赛,是我们要抓好的重点赛项,希望大家要投入更多的精力去下功夫抓。除此之外,还有一些教指委、行职委、其他政府部门、有关企业所组织的赛事。大赛除了有与专业直接相关的赛项外,还包括诸如创新创业、产品设计、职业生涯规划等方面的赛项,这些赛项也是我们人才培养所需要的。我想,既然我们所倡导的是面向人人的大赛,就应该鼓励广大师生,结合专业学习需要,结合自身发展,根据自己的条件所能、

兴趣爱好，积极参加各级各类大赛，各尽所能，人尽其才，让每一位同学在院赛、市赛、省赛、国赛，甚至于世界大赛中，各显身手，在大赛中证明自己，在磨砺中丰富阅历。

要想组织实施好学院的技能大赛，在全国的大赛中取得好成绩，关键在于平常的教育教学工作的扎实、有效。这是一项系统工作，大赛能否取得好成绩，就看我们的工作是否抓得紧，是否做得实。功夫到了，心用足了，取得好的成绩和结果自然是水到渠成。

大赛工作是一项系统性工作，涉及方方面面。需要从顶层设计上系统思考，统筹谋划。

一是，秉持"修能致用"院训。院训是一所学校的灵魂，体现着办学的理念。修能，包括技能、潜能，还包括德能；致用，体现出学用结合、知行合一的要素，希望大家能够记住并理解。只有这样，大家才能对参加技能大赛的意义有深刻的理解，才能有主动的动力与动机。优秀校友王伟欢就是一个典型案例。他的能力不仅体现在专业技能上，还体现在他的情商、合作意识、责任心等通识技能上，他创业成功不忘母校，设立两个奖学金，就是德能的充分体现。

二是，践行"学教做合一"人才培养模式。人才培养模式是实施人才培养的有效方法或手段。我们在高职院校中推行这一模式，是全面体现高职院校在人才培养方面的双重功能，即，关注学生，尊重学生个性发展的人本需求，关注企业职业人上岗的标准需求。以学定教、知行合一，只有这样才能让更多的学生乐于参加技能大赛，才能调动学生积极、主动参赛的积极性。秦子豪从零起点学日语到获得全国大赛冠军就是一个典型的案例。学院目前推进的"学教做合一"人才培养模式，就是要强化如何把学生培养成德智体美劳全面发展的职业人，是立德树人要求的具体体现。我们在世界职教联盟大会上获得"学生支持服务金奖"，就证明我们人才培养模式的路子是对的，是切实有效的。

三是，构建专业核心技能体系。技能培养是高职院校的人才培养的特色。技能包括专业技能，也包括通识技能，这两种技能都是学院人才培养的任务。今年，我们提出构建专业核心技能体系。从纵向讲，就是要从专业到课程再到教学，从宏观到中观再到微观，把综合化技能、课程中技能、教学中技能的要素体现出来，使技能教学落实到日常教学中去。从横向看，就是专业技能与通用技能的融合、呼应。这样一纵一横，就可以构建起学院的立体化专业核心技能体系，从而促进技能培养常态化、制度化。在这种体系下，一方面可以使培养出来的大赛选手竞争力更强，毕业后在工作岗位上更出彩；另一方面，也可以达到倒逼实训条件改善，进一步促进实训教学的目的。

四是，持续深化课程改革。第一阶段的课程改革已告一段落，新一轮课程改革呼之欲出。在这里，我想强调的是，我们要从"供给侧"的思维来审视课程改革究竟如何推进的问题。青岛市提出了"三中心一基地"建设目标，即把青岛建成国家东部沿海主要的创新中心，国家重要的区域性服务中心，国际先进海洋发展中心，具有国际竞争力的先进制造业基地。两个"国家"、两个"国际"的目标，这就是青岛的发展定位，这就是青岛的需求，那么，我们的供给是什么？就课程而言，我们的课程体系、教学内容、实训条件、师资水平、教学方法等等能否实现有效供给、满足需求？面对70%以上的毕业生想在青岛就业的需求，我们如何通过改革来满足他们？从去年开始，我们推行以体现企业、学生、教师"三需求"为导向的修订专业人才培养方案，从今年开始启动的主题教学，成立学业辅导中心、创客中心。这些，都是深化课程改革的系列举措。课程改革是否真正有效，从结果上看直接反映在技能大赛的成绩上。

五是，提升教师教育教学能力。教师应该在技能大赛中发挥表率作用。因为，教师的专业教学、实训教学技能的提升，其作用不仅仅体现在有效地组织实施教学上，还体现在促进学生技能提升的作用上，包括教师的直接指导，也包括教师参赛的行为对学生参赛潜移默化的影响。学院的三级教师发展学校要充分发挥作用。最近，无论是教师发展学校牵头组织的 NCEE（英国国家创新创业教育中心）培训组织项目，还是二级学院组织全体老师参加的内训活动，教研室组织教师开展的公开课活动，都呈现出比学赶帮超的良好态势，这说明大家都动了起来。实际上，这些活动也都是在为今后教师参加大赛积聚力量。可以相信，这个好势头继续保持下去、坚持下去的话，我们一定会有更多的教师在全国甚至国际大赛中拿奖。引进 NCEE，是借助英国高校创新创业教学理念与方法，让广大教师通过培训与专业教学、课程改革相融合，以新的视角和方式，改造、改进原有的教学模式。这个项目的第二阶段培训计划拟于6月上旬开始，主题是开发课程的技巧与能力，希望参与学习的 60 多位"种子"学员，按要求提前做好相关准备工作。

六是，对接悉尼协议促进诊改工作。优质校建设的一个很重要的方面，就是我们在国际语境下开展专业建设、课程改革、标准开发。我们原有的从荷兰引进的项目教学法，要在保持原有基本特色的前提下进一步升级。与此同时，还应该借助于悉尼协议中 OBE 这一基于学习产出的教育模式,来强化结果导向、持续改进、学生中心这三个关键词在教学运行、质量监控中的有效应用。就大赛而言,大赛的结果在一定程度上会检验出教学中存在的问题是什么,这些问题就是诊改所关注问题的"数据源"。学院现在自上而下地构建诊改体系,这也包括大赛这一单项的诊改模块,这一模块的指向包括专业内涵、课程设计、教学内容、教学模式、教学资源等方面,也包括教师能力、学习动力等方面。

三、完善机制,创造有利于师生参赛的良好环境

学院要建立职业技能竞赛奖励、激励机制,对成绩突出的部门和个人要加大奖励力度。我们今年就要利用好上级的政策,重奖为学院赢得荣誉的师生。教务处、学生处、人事处、科技处、招生就业处等部门要密切配合,完善技能竞赛管理、奖励等配套措施,要搭建平台,让每个勤奋努力的师生都有展示自己才华和能力的机会,让更多的优秀技能人才脱颖而出。同时,我们还要加大宣传力度,对涌现出的先进典型和榜样及时给予肯定和表扬,营造崇尚技能、参赛光荣的良好氛围。

技能竞赛是一项复杂而细致的工作,需要各二级院部、行政部门通力合作,希望大家从大局出发,发挥各自的比较优势,在今年的技能交流竞赛系列活动中,互帮互助,互相促进,互相提高。

各二级院部,各管理部门,会后要对今后如何从提高人才培养质量大赛入手,遴选出 2018 年的参赛选手,做出计划、做出方案。同时,以问题为导向,查摆各自在技能大赛工作中存在的问题和原因,有针对性地明确工作目标、确定重点任务,拟定改进措施,使技能大赛工作健康、有序地推进。

老师们,同学们,"改变的秘诀不是多努力地和过去做斗争,而是全力以赴打造全新的自己"。当前职业教育正处在一个大发展时期,我们学院也面临着又一次发展、壮大自己的机遇。希望广大教职员工乘势而上,抢抓机遇,苦练内功,为经济社会发展培养优秀人才;希望广大同学在学习上努力拼搏、放飞理想、开拓创新、奋发有为。我相信,在大家的共同努力下,我们一定能够培养出更多、更好的高端技能型人才,也一定会有更多的老师和同学们在国家大赛、在国际大赛上实现自己的人生追求,展示青职形象,展示中国力量!

(2017 年 5 月 9 日)

把培训的成果应用到教学实践中

——在学院 NCEE 培训班集中培训结课时的总结讲话

与 NCEE 联合开展的双创师资培训班,两期的集中培训就要结束了。大家回顾此次参训的心路历程,评估一下自己在培训中的表现与收获,从成果导向角度评价自己预期目标的达成度,与此同时,也思考一下如何把培训的成果应用到教学实践中。希望大家以此次培训为契机,积极参与到学院课程改革之中,以新的理念、新的视角、新的模式,对原有的课程进行重新设计,开发出新的课程。

在此次培训班集中培训结课之际,我想与大家再进行一次深度的交流,希望对大家有所帮助。

"师傅领进门,修行在个人"这句话对大家来说,应该是耳熟能详。培训班尽管结束,但对每个人来说,后续的"自主培训"远没有结束。我建议,大家对自己的人生目标、教师职业生涯的规划再一次进行梳理。经师易得,人师难求。希望大家在匠师的基础上向大师的目标迈进,尽管最后未必就能成为大师,但在迈进的过程中,每个人都会有不同的成功收获和幸福体验,这个过程很重要。大家是否想过,在青职学院自己现在处于怎样的位置,将来想在哪些方面有所变化? 又有哪些值得期待的追求?大家应该重新审视一下"我是谁,我从哪来,我到哪去"这一朴素的哲学命题,基于目标导向、问题导向、成果导向和行动导向,理清思路、循序渐进、持之以恒、力促成果。

当初在设计这个培训项目时,我曾勾勒出"三个愿景目标"。一是,大家是种子、是播种机,你们通过在学院其他老师中现身说法,交流、分享所学所获;二是,经过培训以及后续的实践积累,逐步成为优秀的职业教师,成为教学能手、教学名师,甚至于专业领军人物；三是，成为优秀的职场培训师、创业指导师，能够承接社会、企业的一些培训项目，指导学生创新创业。

实现上述愿景目标应把握好"四个结合"。首先，与深化课程改革结合，在课程改革中，发挥主力军作用，积极承领课程改革任务。其次，与学院优质校建设项目结合，发挥专业优势，在承担建设任务的同时促进自身的专业发展。第三，与国际职业教育比较研究结合，把包括 NCEE 在内的国外同行院校教学理念和成功经验本土化，运用在教学实践中，并开展课题研究、教学实证研究。第四，与学院品牌建设工作结合，通过持续不断的积累，形成课程开发与教学实践的系列成果，推出教师专业发展的典型案例。

培训的致用性、有效性，体现在与学院的办学理念、定位以及课程改革的有机结合。"让每一位学生成为他自己"是我们的办学理念与目标追求，青职学院所追求的不仅是培养"职业人"，还要培养"和谐人"。所培养的学生不仅会工作而且会生活，不仅有一技之长，能谋得一份职业，而且还是"多面手"，具有可持续发展的潜能。"修能致用"是学院的院训，修能中的"能"字包括德能、技能、专能，体现出"全人教育"的培养定位。当下学院所探索的"学教做合一"人才培养模式，是从哲学、教育学、心理学、经济学、社会学等诸多角度构建其立意的逻辑起点，如果与"金字塔学习理论"类比，在育人的价值取向具有异曲同工之处。"多师同堂"的教学模式是指两个以上的教师共同上一堂课，教师可以来自同一专业也可以是不同专业，学生以教学助理身份参与到教学之中。这一教学模式改变了单一教师的局限性，也是教学相长的另一种实现方式。"1＋N"教学内容与教学方法，在强调"1"的主要教学内容或主打教学方法的基础上，辅以补充教学内容或辅助教学方法，体现专业跨界融合、灵活多样方法、要素资源整合。

人才培养模式体系的构建对高职院校而言很重要，对高质量的人才培养具有重要的指导作用。然而，据我所知，有很多高职院校并没有确定人才培养模式，更没有构建人才培养模式体系。高职教育的人才培养模式，大到国家，小到学校，从宏观方向，到中观推进，再到微观落实，有着不同的表现形态和具体内涵。国家层面确定了"校企合作，工学结合"的人才培养要求，学校层面确定了某种人才培养模式（青职学院曾经确定的"实境耦合"人才培养模式，现在正在实施的"学教做合一"人才培养模式），二级学院层面确定了专业人才培养模式，教师层面确定的教学模式（方法），还可以拓展到学生层面的学习模式(方法),这些就构成了人才培养模式的完整体系。这种环环相扣的人才培养模式体系,构成了系统化的人才培养实施理念与方略路径。国家层面的人才培养要求是办学导向,是管方向的,学校层面的人才培养模式体现学校办学理念,而专业人才培养模式则与专业特点相适应且具有鲜明的个性,至于教学(学习)模式,则是人才培养(自我培养)的有效实现方式与手段。现在的问题是,一方面,一些院校将某位专家、学者所推崇的某种人才培养模式机械地套用在学校办学上,使得学校的人才培养模式千篇一律,同质化现象严重;另一方面,一些院校的学校人才培养模式和各专业人才培养模式都是同一个,这就造成各专业的人才培养缺乏特色和针对性。

课程改革的价值取向与逻辑起点是培养什么人、怎样培养人的问题。职业院校人才培养的特色是突出技术技能,但是,仅仅培养专业硬技能还是不够的。学生掌握了显性的"硬技能",只是表明他会做什么事,但能否做成事还需要具备隐性的"软技能"。我们不仅需要把学生培养成为职业人,而且还应该把学生培养成为社会公民,成为具有自然和社会双重属性完整意义上的社会人。这就是为什么我们把满足"三需求"作为专业人才培养方案的编制要求,把满足学生现实需求、潜在需求作为课程设置的重要依据,使"以学定教"真正得以落实。

教师应该以学习者的身份出现在课堂教学中,特别是在信息社会日益成熟的当下。从某种意义上说,如果教师在教学活动中多了一个学习者的身份,教学相长真能落实到位的话,那么,教师的职业动机与热情就会激发出来。这是因为,教师在成就学生的同时也在成就着自己,这种教学业绩与职业发展的"双赢"让教师感受到高峰体验的快乐。学院课程改革所推行的项目教学法、"1+N"教学内容与教学方法改革、主题教学、课程+、多师同堂等,为教学相长提供了平台、载体。多师同堂不能简单地认为是几位老师或者是若干师生一起来完成教学任务。实际上,这是师生组成的教与学团队,是教与学的合作共同体。

微课程开发是课程改革的一项新的试点任务。根据教学需要将某个新知识点、某种新技能点补充在教学中,或将其他专业中短课时的课程内容片段组成微课程,纳入在教学中。微课程可以独立存在于专业人才培养方案课程群组中,也可以"课中课"方式成为某一课程中的补充内容。需要注意的是,微课程应与常规课程一样,具有基本的要素与教学的流程。微课程开发的价值意义是,通过微课程的补充与调剂,使常规课程更具柔性、富有灵性，促进了课程体系在资源整合下不断地完善。

主题教学是借鉴芬兰现象学的理念和主题教学的模式移植而来，其目的就是通过本土化的创新实践，把学院已有的项目教学法进行改造、升级，丰富项目教学法的内涵，拓展项目教学法的功能。刚才，三位老师向我们交流、分享了他们开展主题教学试点的情况。可以看出，他们在实施主题教学上已经探索出初步的教学模式，收到了良好的效果。主题教学或"课程＋"的教学改革试点，其试点范围目前分为两类：一是跨二级学院不同专业大类之间专业教学资源的整合与教学合作；二是二级学院内部不同专业之间教学资源的融合与教学合作。这两类专业教学资源整合的核心是课程通过重组、再造组成新课程。实施主题教学、课程＋改革的目的是培养"一专多能"的复合型人才，一方面，学生到企业工作后是多面手，为将来的发展打下良好基础；另一方面，因学生跨专业、多课程学习，毕业时可增加他们就业竞争力。我们推进主题教学、"课程＋"改革试点，也是借鉴了美国整合课程的教育理念。在美国的一些学校里，整合课程是围绕着学生自己的生活实际来设计主题，由此激发学生主动学习的积极性。

专业核心技能体系建设也是我最近关注的问题。从纵向看，对一个专业而言，最终学生应该具备综合技能，分解到 N 个不同的专业课程，就应该有与各课程相关的技能，这 N 个课程技能掌握了，就组合成综合技能。课程技能再往下分解就是课程单元技能，单元技能再往下分解就体现在每一堂课教学内容中所涉及的技能。专业核心技能体系的纵向是树状结构，横向则是与各专业课程相关联、相衔接的软硬技能。强调专业核心技能体系的目的在于强化实践教学，做实技能训练，使工学交替、理实一体真正落实到位。

基于学习产出的教育模式（Outcomes-based Education，简称为 OBE）在国际上比较流行，其专业认证所遵循的基本理念是成果导向、学生中心、持续改进。希望大家关注并研究一下，如何把 NCEE 培训的成果与 OBE 理念结合在一起。需要我们警惕、反思的问题是，如何看待学生的学习成果？譬如说，学生获得了技能证书，是不是就一定具备职场的能力？掌握了一门技能，他是不是就一定会做项目，完成一项任务？因此，对待学生成果应该全面、系统、科学地看待，不仅要立足当下，还应着眼于未来。在教育教学活动中，如何真正体现以学生中心？这句话每所学校、每位老师都会讲，都在说，但落实到实际果真如此吗？我认为，学生在课堂上的话语权、主角地位远没有得到尊重和回归,教师主宰、控制课堂教学的情况在很多学校大有市场。持续改进理念则体现出对事物发展规律的尊重,归结到教学过程,体现了对高质量目标的追求,这既是理念也是方法,与诊断与改进的评价要求相吻合。当然,OBE 的这三个理念用在此次 NCEE 培训也是适用的。

在结束今天讲话之前,我再强调几句与大家共勉。

一是,我们是一个团队,"尽管路很远,但我们在一起"。希望我们这个团队,为着一个共同的目标,齐心协力。

二是,规划好自己的人生,谋划好自己的事业,多考虑那些"重要且不紧急的事情",未雨绸缪,赢得主动。

三是,借鉴海尔"日清日毕"的工作要求,深刻理解彼德原理的内涵,增强归零意识,创新发展抓机遇。

四是,既不做"约拿"也不做"鸵鸟",迎接挑战不彷徨、不犹豫,面对困难迎难而上,挑战自我,做最好的自己。

(2017 年 6 月 7 日)

搭建教学竞赛平台　助力青年教师成长

——在学院 2017 年青年教师教学竞赛经验交流暨 2018 年工作部署会上的讲话

从今天会议的题目上来看,有三个关键词,青年教师、教学竞赛、经验交流。希望大家能从更深的层面去理解今天这个会议的立意与内涵。青年教师是学院可持续发展的未来,教学能力是教师专业发展的根本,经验交流则体现出青年教师的精神风貌与成果积累。

大到国家,小到学校,都离不开一代一代青年人的奋斗。在十九大报告中,专门有一段提到了青年,如"青年兴则国家兴,青年强则国家强","中华民族伟大复兴的中国梦终将在一代代青年的接力奋斗中变为现实"。青年是国家的未来和希望,青年一代把接力棒接好了,到 2050 年就能实现"富强民主文明和谐美丽的社会主义现代化强国"的目标。对学院的发展来说同样如此。新陈代谢是事物发展的客观规律,"铁打的营盘流水的兵",青年教师必将登上舞台的中央,经过磨炼、积累,为日后的发展、成功奠定基础。参加青年教师教学能力大赛,就是一次很好的磨炼机会,无论是备赛还是参赛,这个参与的过程就是学习、收获、成长的过程。

下面,我就青年教师如何参加教学大赛谈几点意见,供参考。

一、理念先行

教学竞赛方案在设计中应注重把高职教育的育人理念贯穿始终,并在参赛中予以充分体现。对青年教师而言,先进教育理念的缺失,职业教育内涵理解的欠缺是他们的短板。一些教师在备赛过程中注重"技"的演练,忽视"术"的锤炼,导致因参赛质量不高而名落孙山。教育教学理念的内化不可能一蹴而就、立竿见影,而是多年来在日常教学活动中,通过学习借鉴、实践探索、总结提炼,逐步形成教师的"个体理念"。青年教师应树立教学即研究的理念,将教学实践与教研探索相结合,教中研,研中教,着手开展教育教学行动研究、实证研究,提升自身的教学品质,为专业化发展的科学性、可持续性奠定基础。

二、注重积累

希望有参赛意愿的青年教师,从现在起就着手准备教学竞赛这种"重要、不紧急"的事情。预则立,不预则废,很多人都懂得这个道理。但是,在实际工作和生活中却往往处理不好,不能形成循序渐进、按部就班的有条理的备赛计划,到教学竞赛临近时才临阵抱佛脚,熬夜突击准备,仓促上阵,最终未能如愿地获得好成绩。从另一个角度来看,教学竞赛能力的提升、经验的积累就在教师的日常教学活动之中。如果教师在每一节课中都能认真地按照备赛的要求去设计、去授课,每一节课都尝试使用新方法、新流程、新手段,把每一次授课都当成一次竞赛的话,久而久之,日积月累,在以后的教学竞赛中取得好成绩便是水到渠成的事情。

三、课程改革

推动课程改革的主体力量是教师,其中,中青年教师又是主力,青年教师参与课程改革的情况对其教学能力有着直接影响。课程改革给青年教师的快速成长提供了土壤与机会,通过参与课程改革的一系列实践,可以更新教育教学理念,丰富教育教学经验,积累教育教学成果。学院推行的"1211"大课程改革,与大家关联度高的是"学教做合一"人才培养模式,对该模式内涵的理解与认可程度如何,直接影响着教师在教学实践中的教育理念和教学模式,希望大家以更高的视角结合自己的教学实践去加深理解。另外,学院的课程改革是一场"静悄悄的革命",其着眼点在于"每天进步一点点",强调立足于教学常态,真抓实干,力求有效。

四、创新发展

我们处在创新的时代,社会发展瞬息万变,倒逼我们必须去适应。与产业发展相适应的高职教育,无论是专业建设还是课程改革都必须与时俱进。具体到教师大赛,参加竞赛的教师本身所展示的精神风貌、教学模式都应体现先进高职教育的育人理念,其教学内容应反映产业新技术、新知识、新规程、新模式,具有引领高职教育教学新方向、新模式的特色与内涵。因此,教师参赛的过程就是自身锤炼、蜕变、升华的过程,也是对教学模式、教学内容、教学评价等进行创新设计的过程。教师大赛要坚持"产学研创用"五位一体的原则,即教学与产业互动,与创新结合,与课改同步,与实战融合,其中,创新是引领教学改革、教师发展的第一动力。

五、讲究策略

一是创意。教学大赛在很大程度上比的是参赛作品的创意设计,包括授课课程选择与课程题目确定,这方面涉及授课的脚本准备。与拍摄电影类比,教学大赛也需要有自己的"策划""编剧""导演"等,如何能够体现"新意",吸引评委的"眼球",需要下功夫。二是细节。参加大赛特别是进入决赛的选手,他们之间的能力、水平都在伯仲之间,比拼的往往就是细节。比如,授课语言的口语化,不能像念课文那般刻板,要有语句的节奏感和语言的层次性,在授课内容上应注意起伏,不能平铺直叙。三是技巧。PPT 制作以及信息技术应用技巧应该熟练掌握,起到"画龙点睛"作用的传统的板书技能甚至肢体语言使用的技巧都应注意。

教师大赛是促进教师发展的重要途径,人事处、各二级院部应把教师教学能力提高作为教师发展学校的重要工作内容。竞赛不是目的,目的在于以赛促教,提升教师日常教学能力与水平。要在广大教师中形成钻研教学艺术、积累教学经验、推进教学模式的良好氛围,也希望在教师中形成互帮互学、取长补短、共同发展的学习型团队。教师是学校高水平、高质量发展的中坚力量,优秀的教师成就优秀的学生。下一步,学院要对已有的教师建设规划进行完善,在启动名师培养工程、加强骨干教师建设、重视青年教师培养方面出台更加有力的激励举措,为青年教师的发展"搭台子""铺好路",让更多的青年教师脱颖而出,快速成长。

(2017 年 11 月 17 日)

第四篇

致辞言论篇

家和万事兴

——2015 届毕业典礼致辞

亲爱的同学们、老师们、家长们、各位来宾：

大家好！

时光飞逝，转眼间，三年"duang"地过去了。今天，我们在这里隆重集会，见证 2012 级同学学有所成，祝贺同学们圆满毕业！

同学们，你们是我作为院长迎进"青职"的第一批孩子。在三年前的开学典礼上，我为你们上了第一课，题目是《梦想，你好！》，希望你们脚踏实地去追寻人生的梦想。如今，"匆匆那年"过去了，梦想已慢慢凝成你们自信的脸庞与闪光的才华，成为你们身上永不磨灭的"青职印记"；时光也悄悄变成父母的皱纹与师长的白发，成为他们心中永不磨灭的"2012—2015 记忆"。

此时此刻，我想请同学们怀着感恩的心，用手机记录下毕业典礼上那些难忘瞬间，传送给辛勤哺育你们的父母、悉心教导你们的师长以及三年来互爱互助的"小伙伴"们，向他们真诚地道一声——"谢谢！"

同学们，今天你们就要离开青职，去闯荡社会，游历人生了。回首追梦路上所经过的一个个驿站、所停靠的一个个港湾、所承担的一个个责任，你们会发现，它们有一个共同的名字，这个名字就是"家"！所以，在今天的最后一课上，我想与你们一起交流一下"家"这个话题。

家是什么？家，是中国文化中一个特别重要的文化元素，它深刻影响着我们处世的方式、情感的表达和理想的追求。中国文化历来强调"家"的存在意义，尤其是"家"

的精神价值,就连学术上的派别也都以家而划分,如,儒家、道家、法家、墨家,等等。在这种特有的文化范式中,"家"不仅是个人的存在方式,也是个人的思想范式,还是个人道德规范和价值标准的主要来源。

同学们,不知道你们是否已感受到,人生的每个阶段都是与家息息相关、相伴相生的。与父母共有的家、与爱人共有的家、与同学共有的家、与同事共有的家、与海内外友人共有的家,这些家或在故乡、或在城镇、或在中国、或在世界,当然,抑或在校园。

亲爱的同学们,从三年前,从你们来到青职校园的那天起,青职学院就成为我们共同的"伐木累"了。

在这里,我们共同搭建了一个学习乐园,课堂学习、企业实习、专业竞技、海外游学,同学们才华横溢,技能爆表。

在这里,我们共同构建了一个魅力校园,歼六机、火车头、T-garden、海草房,工业技术文化,别具一格。

在这里,我们共同打造了一个幸福家园,嗨歌、餐叙、刷屏、恋爱,感觉甜蜜温馨,快乐美妙。

同学们,离别青职之家,你们将进入工作之家,步入婚姻之家,跨入社会之家。"家和万事兴",如何经营好"家",成为一个合格的"家人",这不仅是为人处事的重要体现,也是编织梦想、实现梦想,创造幸福、凝聚幸福的重要途径,是每个人一生要做的"功课"。时至今日,当代中国正致力于伟大的民族复兴之路,我们理当进一步认识和把握"家"的精神价值,弘扬其积极意义。

同学们,家,是家风的传承。家风正,则民风淳;家风正,则政风清。表面上看,家风规范的是如何做人、如何做事,但透过对这些规范的遵守和坚持,实际上建构的是一个家庭的未来、子孙后代的延续,追求的是选择和坚守正确高尚的人生观、价值观、世界观。培育和践行社会主义核心价值观,在很大程度上取决于每一个小家庭的家风和家德。古往今来,中国文人所留下的"家教联",令晚辈们耳濡目染。比如,朱子家训中的"一粥一饭,当思来之不易;半丝半缕,恒念物力维艰。"

家和万事兴,我希望,未来,你们能带着"卓越、唯是、协同、学习"的青职家风,筑牢"职"点,以高端之技能,健全之人格,独立之精神,勇敢之担当,做最好的自己。

同学们,家,是责任的担当。有一首歌唱的好:"都说国很大,其实一个家。家是最小国,国是千万家。"家庭和睦、国家和谐、世界和平,和而不同,这是贤者的智慧,也是中华民族优秀文化的精髓。对每个人来说,为家人和自己的理想打拼,做一名中国好公民,是一种责任;为国家和世界的美好尽力,做一名世界好公民,也是一种责任。就像习近平总书记所强调的那样,不论时代发生多大变化,我们都要重视家庭建设,使千千万万个家庭成为国家发展、民族进步、社会和谐的重要基点。

家和万事兴,我希望,未来,你们能带着"中国梦"的责任,"以青春之我,创建青春之家庭,青春之国家,青春之民族,青春之人类,青春之地球,青春之宇宙"。

同学们,家,是情感的寄托。中文辞海说,家是共同生活的眷属和他们所住的地方,是家庭所在的地方。英文词典说,家是 family,第一个字母 f 可以表示为 father,是爸爸的意思,a 是 and 和,m 是 mother 妈妈,i 是 I 我,l 是 love 爱,y 是 you 你们,它们汇集在一起就是:爸爸妈妈,我爱你们。由此可见,中西方对家的释义,都充满了浓浓的暖意。家,是父母,是故乡,是集体,是母校,是祖国,是全球,是所有有爱的地方。家,或许贫寒,在竹篱茅舍;或许富贵,在高屋华堂。但不管怎样,家都需要呵护,都需要经营。

家和万事兴,我希望,未来,你们能带着爱人爱己之心,到自己魂牵梦绕的地方落地生根为"家",做个爱家、顾家,以"家"为重的人。

同学们,家,是生命的根系。在全球化形势的当下,我们身处的世界愈发相互依存。地球变暖,雾霾弥漫、贫穷、疾病、灾害,与每个人有关,我们共同拥有一个"家世界"。所以,当非洲爆发埃博拉病毒,中国医疗队不远万里给予支援;当亚航飞机失事,多国参与搜寻救援。如今,青职学子遍及海内外,星散各处,建功立业,青职学院永远是每一个青职人的家。这种来自青春的相同基因,使你们成为兄弟姐妹。

家和万事兴,我希望,未来,无论你身在天涯还是海角,都能牢记,你的根在这里,在中国,在青岛,在青职。

同学们,你们就要离开朝夕相伴的教室,离开严肃絮叨的老师,离开花开四季的校园,离开偷偷穿越的围墙,离开非常有料的"青职大包",离开五味杂陈的路边摊,也离开还没来得及用上的体育馆……临别之际,我希望你们记住并真正体味"家和万事兴"这五个字,将来有了新家也不忘老家,常回家看看,因为那里有你的故乡,还有年迈的爹娘;有了小家也不忘大家,善待邻里,因为一盏灯亮很孤单,万家灯火才温暖;有了好日子也不忘本,关注他人,多做善事,因为授人玫瑰,会手有余香。

同学们，如果你们功成名就，成为"土豪"一个，还望坚持底线，拒绝任性。如果你们路遇不顺，还望坚持梦想，拒绝惰性。

同学们，英雄不问出处。你们现正处在"互联网＋"的新时代，希望你们离校后继续秉持"修能致用"的院训，塑德能，加上好的朋友圈，找到爱的归宿。练技能，加上好的技术，登上秀的舞台。强才能，加上好的资源，实现梦的目标。

希望你们成为青职引以为傲的男神和女神！

同学们，青职这么美，望你们常想想，守望青春，不忘初心！

同学们，世界这么大，望你们去看看，四海为家，鹏程万里！

我的孩子们，你们是最棒的，一路多珍重！谢谢！

（2015 年 7 月 6 日）

注：本文收录于《寄语人生——大学校长在 2015 年毕业典礼上的讲话》

让学习成为习惯

——2015 级开学典礼致辞

亲爱的同学们：

大家好！

欢迎你们加盟青职，祝贺你们成为青职的新成员！

同学们，在 9 月 12 日新生报到的那天，我问了一些同学这么一个问题："你为什么选择青职？"从大家的回答得知，有的，是从报纸网络上了解到青职是首批国家示范高职，拥有 9 个国家级重点专业和 9 个国家级实训基地；有的，是从用人单位那里了解到青职是全国职业院校就业竞争力示范校，培养出资产过亿的创业英才、无偿捐献造血干细胞的志愿群体，和参加纪念世界反法西斯战争胜利 70 周年阅兵的帅气士兵；有的，是从亲朋好友处了解到青职被誉为全国高职院校魅力校园，拥有青岛技术博物馆和天人合一的生态环境。当然，也有同学只是因为"不经意"的志愿填报来到了青职。我想，不管是何种原因选择了青职，从今天起，我们就是一家人了，在青职——你们的幸福家园里，我和你们的老师、你们的师哥师姐一起，迎接你的梦想，助力你的成长，见证你的未来。

同学们，你们已经成为一名接受高等职业技术教育的大学生了，此时此刻，不知道大家对今后三年的大学生活是不是已经做好了准备？ 不久前，我无意中看到这样的一段话："在高中时，大学像是黑暗中的一盏明灯，指引着前进的方向；进了大学后，天亮了，却不知道该向何处去"。我想，这恐怕也是很大一部分同学现在的思想写照吧。为什么是这样？ 究其原因，我想，一个很重要的方面就是没有"让学习成为习惯"。在大学,没有人比你更在乎你自己的学习、生活和未来,你应该成为自己未来的主人,积极地管理好现在的学业,努力地经营好将来的事业。高考中,同学们也是蛮拼的,然而现在已经翻篇,你必须忘记之前那些有的没的,从心出发,重新启航,让学习成为习惯,成为你未来大学生活的主旋律。

习惯是积久成性的行为方式,就如你闲暇时会刷手机、约会时会照镜子、游玩时会玩自拍。习惯是气质的外在表现,简简单单的举手投足,一颦一笑,都是习惯在你生活中细节的表达和流露。习惯是具有韧性的内生动力,多年以后,也许你的知识会淡忘,你的技能会生疏,但习惯会成为你一辈子的伴侣。养成一个好习惯,可以享用终生;形成一个坏习惯,就要加倍补偿。

让学习成为习惯,要懂得为何学

按照《辞海》的解释,"学"即效仿,"习"即实践。学习,就是一个不断发现问题、分析问题、解决问题和再去认识更高层次问题的过程。学习与同学们的成长相伴相生。从婴儿起,就学着吃喝、学着走路,这是一种学习;长大以后,学着玩桌游、学着刷微博、学着跳广场舞,这也是一种学习。中国有句俗语:一步赶不上,步步赶不上。当代世界,科技日新月异,知识不断更新,学习已经成为整个人生的第一需要,成为我们社会的最好时尚。或许有的同学会想,人丑才要多读书,明明可以靠脸蛋吃饭,为什么要去打拼才华? 我想说:这样真的好吗? 今日容颜老于昨日,才华却会在岁月中走向博大精深。

同学们,请你们记住孔子"学而时习之,不亦乐乎"这句名言,快乐学习,有效学习。学习的作用不仅仅是对某些知识和技能的掌握,还会使人聪慧文明,使人高尚完美。学习如登山,不畏劳苦,就能登顶光辉;如筑垒,日积月累,就能堆砌雄伟……通过学习,我们才能懂得感恩,才能尊重规律,才能善于思考,才能有所作为。

让学习成为习惯,要知道学什么

职业技术教育是每一个人通往成功成才大门的重要途径,其所强调的"知行合一",为每一个人的人生出彩提供了机会。职业技术院校不单要培养品行端正、技术高超的职业人,还要培养全面发展、潜能无限的社会人。就像医学专业出身,却成为央视新闻联播主播的郎永淳;就像酒店管理专业出身,却成为非洲大地"中国合伙人"

的 2007 届校友王伟欢。他们得益于综合素养的熏陶,受惠于学习习惯的养成,最终创造了属于他们自己"跨界""逆袭"的传奇。

同学们,青职为你们搭建了多渠道的学习平台,既有专业课堂,也有实训课堂,更有素质课堂。如果你想"脑洞大开",我们有荣誉课程、课题申报;如果你想实习实践,我们有工作课堂、实训基地;如果你想继续深造,我们有自学考试、升本续读;如果你想海外研修,我们有游学计划、交流项目;如果你想自主创业,我们有孵化基地、创客列车;如果你想丰富才艺,我们有艺体社团、技能大赛;如果你想提升能力,我们有院长助理、素质学校;如果你想奉献社会,我们有社区学院、志愿服务……有教无类,做最好的自己,才有最好的未来。

让学习成为习惯,要了解怎么学

首先,要乐学,提升学习的动力。乐学,是一种态度。勤学者不如好学者,好学者不如乐学者。乐学,是一种发自内心的热爱,叫作"我愿意"。乐学,也是以学为乐,感觉自己棒棒哒!然而,对一些人而言还存在着"被动学习"的现象,将学习当作负担。我希望大家对待学习要有一种主动的态度、思考的态度、致用的态度。青职一直在打造学习乐园,通过课程改革,使学习动起来、活起来、乐起来!同学们,坚持"活到老,学到老"的信念吧,因为,乐学,才能学有所获。

其次,要善学,增长学习的能力。善学,是一种方法。善学的关键在于善思,正如笛卡尔的名言"我思故我在"。有思考,才会有借鉴,才能有创意。如果说,中小学阶段的学习是以接受、模仿为主,那么大学阶段的学习就要以反思、质疑为主。当下,中国正兴起大众创业、万众创新的热潮。争当"三创"精英,已经时不我待。同学们,遵循"学而不思则罔,思而不学则殆"的教诲吧,因为,善学,才能学有所用。

再次,要笃学,锻炼学习的毅力。笃学,是一种品质。笃定地履行、坚定地执行,这是知行合一的过程,一切的过往,都是在塑造你、成就你。你们的学长,2015 届毕业生秦子豪,在中职曾是"吊车尾",缺少自信,没有方向。进入青职后,在老师的鼓励和帮助下,勤学苦练,持之以恒,在国内大赛中屡屡折桂,最终获奖学金出国留学。同学们,谨记"锲而不舍,金石可镂"的古训吧,因为,笃学,才能学有所成。

同学们,"修能、致用"是我们的院训。学技能、塑德能、修才能,是为你们开设的必修课程;有效性、实用性、务实性是对你们提出的考核要求。希望你们在"学教做合一"中,凸显学习的主体地位,彰显学习的主动意识;希望你们弘扬"卓越、唯是、协同、学习"的学院精神,爱学习、会学习、能学习,以学习的好习惯成就"技高品端"的好人生。

同学们,在结束致辞之前,我想给你们布置一个作业:请大家写下三封信,一封给父母和中学老师,以表感恩之情;一封给母校青职学院,提出成长需求;一封给三年后的自己,规划精彩未来!

亲爱的同学们,青春的阳光很灿烂,正是学习的好时光。我祝福你们,拥有健康的体魄,拥有健全的人格,拥有甜蜜的幸福,拥有充满希望的未来。

祝愿同学们从青涩走向成熟、从盲从走向独立、从平凡走向出彩!

谢谢大家!

(2015 年 9 月 15 日)

注:本文刊载于《中国青年报》(2015 年 09 月 28 日 11 版),收录于《寄语青春——大学校长在 2015 年开学典礼上的讲话》

创出你的人生

——2016 届毕业典礼致辞

亲爱的同学们、老师们,各位来宾:

大家好!

草长莺飞,风吹麦浪,一年四季和毕业季、开学季又到了最美好的季节。经过三年的大学生活,同学们今天你们就要毕业了,在此,我向你们表示热烈的祝贺!

亲爱的同学们,你们可曾记得,三年前在你们的入学典礼上,我希望你们"做最好的自己"那句话?回首你们三年的学业史,我很高兴地看到,你们没有在"刷屏"中迷失自我,没有在"追剧"中虚度青春,没有在"奔跑"中随波逐流,而是在教室课堂苦学专业,实训室里训练技能,竞赛场上大显身手,图书馆里享受书香,企业社区实训实践。你们用自己的不懈努力,以自己的实际行动,彰显了在品格、素养、学识、技能等方面所取得的进步与成就,践行并成就了"做最好的自己"这一约定,在此,我非常开心、也非常自豪地为你们点一个大大的赞。

同学们,十年树木,百年树人,人的成长是一个漫长的过程。毕业典礼是你们最后的校园集结,昨天,你们修炼出了精彩的自己;今天,你们开启了创业的征程;明天,你们将要创出自己的人生。我期待着你们,我祝福着你们! 从这里出发,你们有的将继续深造学业,有的将当兵保家卫国,有的将踏上工作岗位,有的将着手自我创业,还有的将奔赴祖国最需要的地方……无论在哪里,无论做什么,我相信,你们一定会是"最美青职人"。

同学们,当下,你们正处在一个充满活力的"创"时代。这个时代,社会转型速度加快,创新创业风起云涌,技术技能不断升级,网络信息扑面而来,多元文化交融激荡;这个时代,乔布斯和马云等一批精英横空出世,"苹果"集万千宠爱于一身,"阿里巴巴"彻底颠覆了传统零售业;这个时代,网上路演、桌面工厂、拎包创业等引领潮流的新概念层出不穷,"创"不仅成为谋生就业的手段,更成为创造幸福的本领。同学们,我希望你们能够用创新的追求,创意的思维,创业的勇气,创客的行动,去拥抱这个火红的"创"时代。

如何创出你的人生,我想送给你们三句话。

第一,敢创,永远保有"时不我待"的精神。海阔鱼跃,天高鸟飞。古今中外,青年总是站在创新创业的最前列——比尔·盖茨 20 岁创办微软,乔布斯 21 岁拥有苹果公司,牛顿 22 岁发明微积分,爱因斯坦 26 岁提出相对论,贝尔 29 岁研发电话,李彦宏 31 岁组建百度,马云 35 岁创建阿里巴巴……同学们,你们现在刚刚二十二三岁,这是一个充满理想、激情四射的年龄,年轻不可看轻,世界属于你们。我希望你们不要贪图享受"傍大款",也不要宅在家里"啃老爹"。敢创敢为才靠谱,建功立业才是"硬道理"!同学们,世界日新月异,青春稍纵即逝,生活每天都是限量版,抓住机遇,勇于挑战,下一个改变世界的创业家有可能就是你。

第二,乐创,永远保有"久久为功"的信念。快乐创业,持之以恒。你的坚持和选择,将会决定你的未来。然而,这一切都需要从零点起步,从基础做起。荀子云,不积跬步,无以至千里。每件事情的起步阶段都很重要,不要因事情小就忽视它,不能因事情简单、重复就放弃它,做成大事必先做好小事,这不仅是成功之规律,这也是做人之道理。创新创业未必是惊天动地的"大事情",也未必是遥不可及的"高大上",其实,它就在我们周围,就在我们身边,它是我们生活的真实写照。干个体当老板是创业,搞研究做学者也是创业,在企业当员工更是创业。同学们,创新创业是促进你们成长成功的阶梯,更是提升你们生活品质的源泉。

第三,会创,永远保有"顺势而为"的本领。尊重规律,积极作为。罗曼·罗兰曾经说过,一个人应有的生活哲学是"能念书时你念书,能做事时你做事,能恋爱时你恋爱,不可强为,不可放弃"。在这个大众创新、万众创业的当下,创业创新已不是某个人、某些群体的专属,每一位同学们都可以成为创新创业的"潜力股",只要大家坚定信念,科学规划,尊重规律,审时度势,定会在创新创业的大潮中把不可能的事变为现实,正如小米公司创始人雷军所说的那样:"站在风口上,猪也能飞。"同学们,希望你们的创业之路，学业、家业、事业一个也不能少，创业、乐业、敬业应势而行，不辜负青春年华，不辜负伟大时代。

如何创好你的人生，我再送给你们三句话。

第一，用坚持诠释"终身学习"。学业是立身之源。古语有云："玉不琢，不成器；人不学，不知道。"学习贯穿人的一生，是一种奋发向上的态度，是一种海纳百川的境界，是一种推动前行的力量。学习是一种技能，更是一种生活方式，无时不有，无处不在，它不仅发生在学校课堂里，还出现在社会活动中。我希望，未来，你们能像青职人一直追求的那样，用学习丰富自己。

第二，用行动诠释"工匠精神"。事业是立身之本。"工匠精神"是高职教育的应有之义，推崇的是实事求是、求实务实、脚踏实地，不好高骛远，不贪多求快；强调的是独立自主，宁静致远，坚守初心，不轻易盲从，不随波逐流；追求的是完美无缺，执着专一，精益求精，不流于庸俗，不止于轻薄。我希望，未来，你们能像青职人一直追求的那样，用技能历练自己。

第三，用责任诠释"使命担当"。家业是立身之基。自呱呱落地，我们每个人的肩上就有了两份家业。一份是小家业，与家人共享天伦乐；另一份是大家业，与国人共托中国梦。这份小家业，要求我们孝亲敬老，传承良好家风；这份大家业，要求我们齐心协力，凝聚中国力量。家是最小国，国是千万家。我希望，未来，你们能像青职人一直追求的那样，用担当成就自己。

同学们，我们每一个人都是在完成学业、从事事业和经营家业中度过一生的。术业有专攻，人生舞台独一无二，个性风采无法替代。你可以是型男，也可以是暖男，你可以是萝莉，也可以是御姐，人生的风景，完全由你自己创造。大学虽已毕业，但新的人生大学又才开学，只要用心去创，何愁"诗和远方"。人生之路，尽管有坦途也有陡坡，有平川也有险滩，有直路也有弯道，但我希望你们不要让"眼前的苟且"迷惑了双眼。你可以菜，但绝不能以"菜"为荣；你可以追名求利，但绝不能急功近利；你可以止步休息，但绝不能蹲下张望；你可以境遇不顺，但绝不能萎靡不振。人生旅途，每一个人都是创业者，我希望大家，不做无所用心的过客，要做积极进取的创客！也许大家最终成不了大咖，但是享受"小咖秀"的过程远比结果更为重要。

亲爱的同学们，天若有情天亦老。青职，因为你来过，便是永远。临别之际，请务必将青职精神、青职嘱托、青职祝福装进行囊，伴随你们走过每个春夏秋冬。任时光匆匆流去,母校都只在乎你,在乎你是否快乐,是否健康,是否幸福,是否创出了不可复制的精彩人生。

同学们,前行的号角已经吹响,创业的征程已经开启,你的青春由你做主!创意,让人生妙不可言;创新,让生活精彩无限,创业,让世界因你不同!期待你们,在广阔天地,如龙入海,创出人生大事业!祝福你们,在世界舞台,昂首挺胸,走出人生大风范!

母校期待着你们的好消息!

谢谢!

(2016 年 6 月 26 日)

注:本文收录于《致成长路上的你——大学校长 2016 年毕业典礼演讲精选》

备好行囊走青春

——2016 级开学典礼致辞

亲爱的同学们：

大家好！

在这秋风送爽的美好时节，青职学院迎来了你们这些充满青春活力的莘莘学子，放眼望去，真是"微微一笑很倾城"啊！在此，我向你们表示热烈的欢迎！欢迎你们步入"青职大道"！

同学们，自打你们背起行囊走进青职校园的那天起，你们就开启了一段新的人生旅程。这里，是你们生命的驿站，是你们修炼的舞台，是你们梦想的引擎。在这激情燃烧的岁月里，你们是否真正备好了行走青春的行囊？我想，在你们的行囊里，不外乎装了两类东西：一是物质形态的，有录取通知书和学习用品，有银行卡、衣物等生活必需品，甚至还有相机、游戏机、IPAD 等"奢侈品"。二是精神形态的，有父母的叮嘱，亲人的期盼，师长的祝福，还有自己对未来大学的憧憬与期待。如何使行囊与自己形影不离，怎样不断充盈并用好、用足行囊，对每位同学来讲并非易事，对青职学院来讲亦是责任。只要我们以"洪荒之力"坚持不懈，青职学院定会成为学习的乐园、魅力的校园、幸福的家园，每一位同学定会走好青春之路，走出精彩人生。

著名歌手汪峰曾唱道："谁知道我们该去向何处，谁明白生命已变为何物。"我想，行囊能否在大家的成长、发展的过程中发挥应有的作用，一方面取决于行囊的品质，另一方面取决于修行的努力。无论你的行囊已经是鼓鼓的，铆足了劲儿要在这里大显身手；还是软软的，在人生的十字路口上徘徊、迷茫；或是瘪瘪的，带着一丢丢"失败者"的气馁准备虚度年华,这些,我觉得都不打紧。因为人生是一场不必抢跑的马拉松,每一个人未必一定就会输在起跑线上,只要你坚持,也许在下一个弯道就会迎来转机,实现你的人生价值。

在刚刚过去的里约奥运会上,我们曾被一幕幕精彩的瞬间所激励,曾被一个个动人的故事所感动。在田径男子万米角逐中,英国运动员法拉赫没有被意外的摔倒所打击,凭实力第一个冲线;在男子 50 米步枪三姿比赛中,身患癌症的美国射击运动员埃蒙斯,没有被下了魔咒的最后一枪所困扰,凭坚持闯进了里约;在女子排球比赛中,中国女排没有被小组赛第四的排名所影响,凭顽强再一次笑傲世界之巅;还有洪荒少女傅园慧,凭快乐的心态展示了体育精神的本源与魅力,她不仅实现了自我超越,而且还感染了亿万观众……他们用自己的经历告诉我们,行囊里有没有正确的人生价值,有没有积极的生活态度,有没有过硬的专业技能,有没有坚忍的意志品质,是人们能否笑对人生,能否成就未来的重要因素。

同学们,请你们整理好自己的行囊吧,静下心来反思一下:"我是谁,我从哪里来,我又到哪里去?"斟酌一下,行囊里应该减少些什么,又应该增加些什么?

我期待,在你们的行囊里,至少要装下这三件"宝贝":一是,德性能力。"大学之道,在明明德,在亲民,在止于至善。"期待你们做人做事,以德为先,拥有大爱之心,怀有至善至美,追求精益求精。二是职业能力。职业能力包括专业技能与人文素养,这是你们的安身之本。期待你们潜心钻研,一专多能。三是生存能力。珍惜生命,学会生活是生存能力的重要体现,期待你们逐步走向经济独立,不断完善人格修养,坚持锻炼健康体魄。

我希望,在你们的行囊里,少一些学业挂科的烦恼事,多一些大赛获奖的开心果;我也希望,在你们的行囊里,少一些网络游戏的消费单,多一些图书馆里的借阅卡;我又希望,在你们行囊里,少一些爹妈打来的生活费,多一些劳动所获的零用钱;我还希望,在你们的行囊里,少一些失落忧郁的伤不起,多一些开心美好的甜如蜜;我更希望,在你们的行囊里少一些疾病困扰的病历卡,多一些身心健康的证明书。

我相信,你们能够做最好的自己。因为,青职学院是全国高职教育的排头兵,大爱无疆的人文关怀理念,独具特色的"修能致用"院训,丰富多样的海内外教育资源,以人为本的"学教做合一"人才培养模式,多元个性的发展育练平台,这些,都为你们实现全人、全面发展创造了条件。青职人的文化基因里传承着"卓越、唯是、协同、学习"的学院精神,这是支撑一代又一代青职人成长、成材、成人的"秘密武器"。

多年来,青职学院以"让每一位学生成为他自己"为办学宗旨,培养了大批高职精英。他们当中,有在非洲打拼的创业英才,有在海尔集团实习期间发明专利的优秀技工,有在 985 高校攻读博士的高材生,有毕业多年又返校任教的青年教师,有在国家技能大赛获一等奖的在校生,有支援西部的优秀志愿者群体,还有在海外学习、工作的留学生,以及众多在各行各业默默奉献青春年华的优秀普通劳动者。这些师哥、师姐们在青职学院扬帆启航,成就了自己的人生梦想。也正是因为青职人多年来的不懈努力,近日,在世界职业院校联盟组织的评选中,我院的学生支持服务工作因成就卓越而获金奖。9 月 20 日,我将随中国高职教育代表团赴巴西去领奖、去演讲,向全球传播青职声音,向世界展示青职风采。

亲爱的同学们,育练青职英才的集结号已经吹响,请你们再次备好行囊走青春吧。你的行囊映射的就是你的人生。行囊是你人生出彩的锦囊袋,是精神食粮的存储器,是技能绝活的工具箱。从现在起,时时检视,时时更新,为未来备好你的行囊。大学时代已开始,人生展开新征程。请同学们记住我在你们录取纪念卡上写的那句话:站在崭新起点,怀抱美丽梦想,青职将与你一起,走向成功、幸福未来!

谢谢大家!

(2016 年 9 月 5 日)

注:本文收录于《致青春路上的你——大学校长 2016 年开学典礼演讲精选》

以德立身行天下

——2017届毕业典礼致辞

亲爱的同学们：

大家好！

离歌起仲夏，桃李又芬芳。转眼，又到了收获的季节。今天，你们即将带着成功的喜悦从这里启程，奔向全国，走向世界。在此，我向你们表示热烈的祝贺！

同学们，三年前在你们入学的开学典礼上，我们曾以"做时间的主人"为约，共同开启了属于自己的青职时间。一千个日夜里，你们或在课堂里勤学，或在实训室苦练，或在大赛中竞技，或在社会上奉献……校园内外留下了你们成长成才的足迹，你们也见证了学院日新月异的发展。在你们的参与和努力下，学院连年荣膺山东省文明单位，成为全国高职创新创业示范校50强，获评世界职业院校联盟"学生支持服务"卓越院校金奖……我为你们骄傲、为你们喝彩。

亲爱的同学们，此时此刻，看到你们身着亮丽的毕业服，我知道，曾经憧憬的未来已经大踏步来到眼前，你们即将学成，就要去四海八荒纵马扬鞭、挥斥方遒了。未来的路上，无论你是有"春风得意马蹄疾"的快意，还是有"才下眉头却上心头"的纠结，抑或"潦倒新停浊酒杯"的失意，甚至"蓝瘦香菇"的伤悲……我都希望你们坚守立身处世的准则，那就是：以德立身行天下。

为何要以德立身？

立身之道千万条，以才智、凭技能，还是搏颜值、拼老爹？其实，这些都是套路，古人早就给了我们答案："天行健，君子以自强不息；地势坤，君子以厚德载物。"德行是人生中最深沉的力量。国无德不兴，人无德不立，以德立身才能拥有"千磨万击还坚劲，任尔东西南北风"的无穷力量，才会扛起"为天地立心，为生民立命"的使命担当，才会开启"虽千万人吾往矣"的勇毅笃行。著名教育家陶行知说过，"道德是做人的根本，根本一坏，纵然有一些学问和本领，也无甚用处。"所以，无论什么时代，砥砺德行都是立身之本，是走向社会必须要扣好的"第一粒扣子"。

亲爱的同学们，青年是引风气之先的社会力量，青年兴则国兴，青年强则国强。以德立身行天下，同学们，你们准备好了吗？

如何以德立身？

首先，做人要有品德，这是每个人立身行天下的基础。或许不少人会认为，要成为像道德模范一样的人，简直比登天还难。其实，崇德向善未必一定"高大上"，关键在于驰而不息、身体力行，从传承优良家风、弘扬民族精神做起，从孝顺父母、尊敬师长、友善邻里、诚信朋友、关爱弱者做起。"天道无亲，常与善人"，我相信，以品德为根本，用道德修炼人格，用仁义修养性情，你们就一定能在各种选择面前不迷茫、不盲从。

其次，从业勿忘操守，这是每个人立身行天下的要求。或许在很长一段时间里你都不会有前呼后拥的光鲜，只有跑腿打杂的心酸；不会有人人艳羡的高薪，只有满足温饱的车薪，但不管怎样你都需要坚持道德底线和行业规范，不好逸恶劳，不坑蒙拐骗，以"工匠精神"成为行家里手。"天道酬勤，人道酬诚"，我相信，以操守为准绳，用匠心雕琢价值，用坚持砥砺奋进，你们就一定能在各种困难面前不退缩、不放弃。

再次，处世坚守良知，这是每个人立身行天下的底线。或许见利忘义、拜金主义现象依旧存在，但积极向上的社会风气仍为主流，热心公益的青岛微尘，"真诚到永远"的海尔品牌，见义勇为的中国好人，还有荣获金奖的青职"小马支教"……他们是楷模，他们在引领。得势不张狂，得意勿忘形，希望大家始终保持真善美的本色定力。我相信，以良知为本分，用责任勇于担当，用信仰坦荡做人，你们就一定能在各种诱惑面前不忘本、不跑偏。

亲爱的同学们，作为"青职人"，以德立身，简单来说就是遵循"修能、致用"的院训，修技能，更修德能，立起一个大写的"人"，不管你是在南方的艳阳里大雪纷飞，还是在北方的寒夜里四季如春，都应把自己的快乐建立在他人的幸福之上，把自己的梦想建立在中国梦的实现之上，做最好的自己，成就最出彩的人生。

亲爱的同学们，骊歌响起，离别在即。此时此刻，我想到一位作家的话："所谓父女母子一场,只不过意味着,你和他的缘分就是今生今世不断地在目送他的背影渐行渐远……而且,他用背影默默地告诉你:不必追。"是啊,师生是一种情缘,我们一起探讨最初的梦想,一起守护最美的青春;青春是一场修行,大家学习爱己爱人爱世界,学习做人做事行天下;梦想是一种奋斗,你们用勤奋拓展人生宽度,用德行书写人生高度。今天的毕业典礼结束后,当我和陪伴你们三年的老师,看着你们以自信的脚步、成熟的背影迈出青职大匠之门时,我们也可以放心地对自己说:不必追。

亲爱的同学们,今后无论在哪里经天纬地,建功立业,无论在哪里独善其身,兼济天下,我都希望你们永远敬畏头顶的浩瀚星空和心中的道德法则,愿你们永远善待世界,并被世界善良以待。

我相信,当有一天天南海北响起青职欢乐颂时,那一定是你们担起了青职的荣光和声名。祝福你们,期待你们!

再见了,青职的孩子们,衷心祝愿你们以德立身行天下,不负光阴不负己,不负青春不负国!

谢谢!

(2017 年 6 月 26 日)

注:本文收录于《匠心点亮人生——高职院长书记的"最后一课"(2017)》

你的大学你做主

——2017 级开学典礼致辞

亲爱的同学们：

大家好！

秋分至，缘分起。怀着满满的期待，青职学院在最美的时节邂逅了最美的你们。在此，我谨代表全院师生，向你们表示热烈的欢迎！

此时此刻，在对未来饱含激情、满怀憧憬的时候，不知道你们是否认真思考过几个问题：什么是大学？为什么要上大学？怎么上大学？或许，你们觉得第一个问题不需要答案，因为从上幼儿园开始，深谋远虑的父母就已经为你设定了高考倒计时，大学就成了你此生必然要为之攀越的第一座高峰。那么，重要的问题来了，未来的三年大学时光该怎么度过，你想好了吗？是结交几个知心朋友？是考取多个资格证书？是在各类校园活动中崭露头角？还是利用假期来一场说走就走的旅行？无论是什么，我都要祝贺你们，你们来对了！因为青职足够大，装得下你的梦想；因为青职足够强，能送你们到想要去的远方。

其实，在今年 6 月甚至更早一些，我就在思考与你们见面时该讲些什么，这是每年我作为院长的应履之责、作为师长的必备之课。思量颇久，我想起哈佛大学曾经对一批智力、学历、环境条件相差无几的毕业生做过的一次调查。调查发现：经过 25 年，这些毕业生在事业和生活上的成功与幸福，与他们当初刚入校时的目标和规划的明晰程度成正比。所以今天，我想给你们讲讲规划，因为"无规划不人生"。有规划的人生是蓝图，没规划的人生是拼图；有规划的人生是选择生活，没规划的人生则是被动谋生。站在人生的新起点,你若不去规划人生,未来就可能被人生规划。你的大学,必须由你们自己来做主。

自主规划你的大学,先要明白什么是大学。孔子曰:"大学之道,在明明德,在亲民,在止于至善。"尽管这里的大学并非是我们今天所讲的大学,但其所推崇的"格物、致知、诚意、正心、修身、齐家、治国、平天下"的人生境界,与当今教育提出的"大学之大在于使命之重大、理想之远大、精神之伟大、胸怀之阔大、文化之博大、学问之宏大、师爱之恒大、声望之高大"的理念不谋而合。一所好的大学,一定是与社会、与生命相伴相生,是传授知识的殿堂、传承文明的载体、传播风尚的灯塔,是"社会之光,不应随波逐流"。而大学精神便是其所立、所求、所兴的灵魂所在。长期以来,青岛职业技术学院始终以奋发进取的姿态屹立于世,应时而动、乘势而上、筚路蓝缕、薪火相传,形成了"卓越、唯是、协同、学习"学院精神和"修能、致用"院训,并作为"青职人"共同的价值追求,弥漫在校园的空气中,奔腾在校友的血液里。

自主规划你的大学,再要明白为什么读大学。大学改变命运,曾是我们这一辈人坚守的信条,如今,这一信条正受到质疑,一部分家长认为读大学不仅花费时间,还花费学费,不如让孩子高中毕业直接去打工,几年下来怎么着都可以赚个好几万,作为创业、买房、投资的第一桶金。其实不然。如哈佛大学校长在 350 周年校庆时所说的那样:"哈佛最值得夸耀的,不是获得了多少个诺贝尔奖、出了多少位总统,而是使进入哈佛的每一颗金子都发光。"大学能赋予你的,不仅是学习的"本事",还有做事的"本领"和做人的"本真"。或许,这里不是你曾经梦寐以求的地方;或许,即将就读的专业与自己的兴趣并不一致甚至相去甚远。这都不打紧,因为这里是"青职大匠"原产地,这里的良师益友和成长氛围,将为你成为最好的自己和最适合的职业人提供充分的自由空间。作为世界职教联盟"学生支持服务"金奖获得院校,在这里,你可以通过专业学习、工作课堂,育炼职业技能;在这里,你可以通过社会实践、志愿服务,提升综合素养;在这里,你可以通过创新创业、技能大赛,搭建成功阶梯;在这里,你可以通过合作办学、海外实训,走向更大世界。"鹰击长空,鱼翔浅底,万类霜天竞自由。"我相信,当你真正走进青职,真正融入青职的工作课堂里,你就会发现,来到这里,青春不虚度,人生不虚行。

自主规划你的大学,还要明白怎么读大学。亲爱的同学们,从今天开始,以青职为坐标,你将启程一段属于你的人生"发现之旅"。如何规划好这段旅程,希望你们坚持"四个追问"。

一是,不断追问生命的价值,修德为上。正如我不久前告诫你们学长的那样,德行是人生中最深沉的力量,国无德不兴,人无德不立,以德立身才能拥有"千磨万击还坚劲,任尔东西南北风"的无穷力量,才会扛起"为天地立心,为生民立命"的使命担当,才会开启"虽千万人吾往矣"的勇毅笃行。无论什么时代,砥砺德行都是立身之本,是走向社会必须要扣好的"第一粒扣子"。

二是,不断追问生活的真谛,修心为本。在三年的大学生活中,你们不仅会遇到不同地域和文化背景的老师同学,更会经历各种先进思想与新奇观点的争鸣与交锋。不同文化代表不同阅历,不同思想代表不同境界,正是因为这些不同的存在与交融,大学才真正成就了其创新的使命。你们要懂得兼容并包、接纳不同,学会彼此欣赏、相互支撑。

三是,不断追问生存的本原,修学为要。对学生而言,学习在什么时候都是主业。在青职大课程体系下,对你们而言,学习不仅是知识的传承与积累,更是开启智慧与创造新知的探索。你们的创新创意,哪怕是异想天开,甚至是不着边际,只要源于你们对知识的理解和缜密的思考,都将会得到鼓励与支持。知乎的一项调查显示,排名前1%的学生,靠的不是天赋,而是学习习惯,而这一习惯,自带加速度,你越是学习,就越会适应学习,越会坚持学习。

四是,不断追问生长的意义,修行为重。"路漫漫其修远兮,吾将上下而求索",人生就是一场自我完善的修行。"英雄不问出处",人人都有出彩机会,就像连考三年才考上浙江一所专科学校却最终成为商界精英的马云;坐而论道容易,起而行之不易,就像抵押全部房产投资《战狼2》却最终创造56亿中国电影票房之最的吴京。成功在于坚持,梦想始于追求,这是奇迹,也是必然。所以,不妨如王健林所言,"先定一个小目标",而后久久为功努力去实现它。只有不忘来路,不忘初心,方能超越自我,行向远方。

亲爱的同学们,你们的大学你们做主,带着怎样的目标出发,就会到达怎样的终点。从你踏入大匠之门的那一刻,我和青职就已经为你做好了规划人生的准备。你们是90后,我不希望你们叹老,更不希望你们啃老。只有不好高骛远,也不妄自菲薄,三年后,你们才会用行动向父母证明,向社会宣告,高职生也可以身怀绝技,匠心独运,成为鲁班式的大国工匠;也可以蕙心兰质,多才多艺,成为懂得琴棋书画,了解柴米油盐,上得厅堂,下得厨房的优秀人才。就像在非洲成功创业又返校设立奖学金的学长王伟欢;就像语言零基础起步,成为世界名校早稻田大学研究生的学长秦子豪;就像从中国海洋大学博士后流动站毕业,返校任教的学姐张璟;就像科研专利被海尔集团以其名字命名,未毕业即就业的学长李洪林……

亲爱的同学们,正如哈佛大学图书馆墙壁上的著名训言:此刻打盹,你将做梦;而此刻学习,你将圆梦。人生如电池,少年蓄电,中年发光,老年保养,每一个今天,都是我们余生里最年轻的自己。所以,时不我待,马上行动起来,用规划赢得未来,唱响属于自己的"青职之歌"吧!

最后,再次祝贺大家考取青职,欢迎大家成为青职人!

谢谢!

(2017 年 9 月 19 日)

注:本文收录于《做小事成就大梦想——高职院校书记校长"开学第一课"(2017)》

做人生的实干家

——2018 届毕业典礼致辞

亲爱的同学们：

大家好！

青春校园，树木成荫，转眼又到了毕业季。今天，是离别的时候，因为你们的青职之旅即将结束，很高兴与你们一起度过人生中最重要的三年。今天，也是期待的时刻，因为你们的未来之旅即将开启，很幸福，与你们一起见证这个青春中重要的时刻。今天，更是收获的时节，因为确认过眼神，我们成为当下最好的彼此。厉害了，青职学子们！我为你们打 call！

翻开过往，总有一些重要的人、重要的事，值得终生铭记。那些镌刻进入大学三年时光的青春印记，既轰轰烈烈，又无声无息，星星点点地连缀起一片汪洋。这里，记录了你们孜孜求学的日日夜夜，记载了你们征战未来的沙场点兵，记住了你们二十岁的青春华年。三年里，从教室到操场，从宿舍到食堂，日月晨昏，青职陪伴你们成长；三年里，从校园到社会，从课堂到车间，寒来暑往，你们分享了青职发展的累累成果——成为山东省第一批优质高职立项建设院校，当选中国职业技术教育学会人文素质教育专业委员会会长单位，获评全国高职院校国际影响力 50 强和创新创业示范校 50 强，获得世界职教联盟卓越院校金奖……在一千多个日日夜夜里，你们与青职一同奔跑在创建国际先进水平优质高职院校的"新征程"中。在这里，我要衷心地向你们表示感谢，感谢你们选择了三年前的青职，感谢你们参与了三年中的青职，同时，我也希望今后的你们，以自己的卓越行动继续温暖着咱们的青职。

同学们，回想三年前，在你们入校的开学典礼上，我曾叮嘱过你们"让学习成为习惯"，悟得为何学、懂得学什么、习得怎么学。今天，在你们离校的毕业典礼上，我还要送给你们一句话：希望你们"做人生的实干家"，因为，学习的目的在于应用，正如毛主席教导我们的那样："如果有了正确的理论，只是把它空谈一阵，束之高阁，并不实行，那么，这种理论再好也是没有意义的。"因为，说一千道一万不如一个干字。习近平总书记强调说，"社会主义是干出来的"，"全面建成小康社会要靠实干，基本实现现代化要靠实干，实现中华民族伟大复兴要靠实干"。人生，不是虚无缥缈的空中楼阁，是山一程水一程的路途；人生的行走，也不是孙悟空的一个筋斗十万八千里，而是玄奘历经九九八十一难、风餐露宿羁旅天涯的长途跋涉。正所谓"青年有理想，则国家有希望。青年有本领，则国家有力量。青年有担当，则国家有前途。"只有不驰于空想、不骛于虚声，坚持实事求是、求真务实，善始善终、善作善成，做人生的实干家，才能以信仰驱动梦想，成为堪当民族复兴大任的一代新青年。

做人生的实干家，要有"想为"之境界，树立天下己任的志向。想为，是一种态度，彰显的是一种思想自觉，蕴含的是一种价值追求，迸发的是一种精神状态。在硝烟弥漫的战争年代，有"愿得此身长报国，何须生入玉门关"的壮志豪情；在国家动荡之际，有"亦余心之所善兮，虽九死其犹未悔"的拳拳之心；在和平时期，有"风声雨声读书声声声入耳，家事国事天下事事事关心"的责任担当。无论是"位卑未敢忘忧国"的忠诚，还是"天下兴亡，匹夫有责"的情怀，"家国一体"的民族情感，始终在个人与民族息息相关的历史衍生中一脉相承。作为正在经历一个伟大新时代的你们，"士不可以不弘毅，任重而道远"已然成为当下"家国天下"的时代表达。"苔花如米小，也学牡丹开"，我希望，未来，无论你是在改革开放前沿城市大展身手，还是在西部偏远艰苦地区扎根奉献，抑或在更高学府潜心深造，都能以不负时代之担当，去觉醒、去奋斗，用"实干"彰显青春的价值。

做人生的实干家，要有"敢为"之担当，确立求变立新的精神。敢为，是一种品格，是要把责任和使命变成干成事，无论遇到什么情况，都能做到不躲事避事、不怕事推事，理直气壮地干，脚踏实地地干。实干兴邦，空谈误国，机遇永远属于那些有胆识、有抱负、不安于现状的"冒险者"，因为"青春是用来奋斗的"。李大钊说："青年之字典，无'困难'之字，青年之口头，无'障碍'之语。"林肯说："每一个人都应该有这样的信心，人所能负的责任，我能负，人所不能负的责任，我亦能负，如此，你才能磨炼自己。"人生之路尽管不可能总是一帆风顺，但是，只要勇立潮头，把准航向，掌稳船舵，大家必会乘风破浪，迎来海阔天空。而那些以梦为马、激情奋斗的日子，必将成为人生的宝贵财富。"纸上得来终觉浅，绝知此事要躬行。"我坚信，未来，无论你是工程师、学者，还是经理人，抑或是快递小哥，都能以"功成有我"之担当，去创新、去改革，用"实干"创造最好的自己。

做人生的实干家，要有"善为"之能力，创立走在前列的榜样。善为，是一种能力，彰显的则是达到理想彼岸和奋斗目标的能力水平。没有善为，什么梦想都难以实现，甚至会南辕北辙。马克思说："全部社会生活在本质上是实践的。"学院早期领导人、著名生物学家童第周先生告诫大家："我们的事业，需要的是手，而不是嘴。"走出校园后，你们当中的一些同学可能会出现短暂的本领恐慌，也许，有的同学还没有找到称心如意的工作，但请你们不要宅在家里靠爹娘，即便是想少吃点苦，也不能祈求天上掉馅饼；即便是会"鸭梨山大"，也不能像鸵鸟那样逃避现实不作为。通常情况下，一般人的潜能只开发了 2% —8% 左右，还有 90% 的潜能处于沉睡状态。即便像爱因斯坦那样伟大的科学家，也只是开发了 12% 左右，每个人都具有无限的潜能。我期待，未来，无论你是青年，还是中年，抑或是步入老年，都能以善作善成之决心，去挖潜，去增效，用"实干"成就出彩的人生。

亲爱的同学们，今天以后，你们就要带着青职基因走向四面八方。请相信，只要你们秉承"卓越、唯是、协同、学习"的学院精神，以卓越为目标，以唯是为基础，以协同为方式，以学习为引擎，做人生的实干家，每个人的青春都不会被辜负。我希望，通过实干，在你们中间能够涌现出像中国中车技能大师郭锐校友这样的大国工匠，像 25 岁前就考取了注册会计师、注册税务师和律师资格的刘少华校友这样的学习达人，像荣获中国青年志愿服务项目大赛金奖的小马支教这样的志愿团队……他们以勤勉敬业赢得了信任，以扎实肯干成就了锦绣前程。亲爱的同学们，请谨记，无论走多远，你们都是青职人，你的背后永远有青职为你守护。

亲爱的同学们，青职永远关注着你们，惦念着你们、期待着你们，你若安好，便是晴天。祝福着你们！愿你们历尽千帆，归来仍是少年！

谢谢！

（2018 年 7 月 9 日）

注：此文收录于《做一个幸福的奋斗者——来自职业教育第一线的思考》

学会担当　学会学习　学会创新

——在 2018 级新生军训阅兵式暨表彰大会上的讲话

尊敬的各位教官，老师们、同学们：

大家好！

金秋九月，大地鎏金。为期两周的 2018 级新生军训工作即将结束。在此，我代表全院师生，向承训部队教官致以衷心的感谢！向全体参训同学表示亲切的问候！向受到表彰的集体和个人表示热烈的祝贺！

"君子安而不忘危，存而不忘亡，治而不忘乱，是以身安而国家可保也。"在大学生中开展军事训练，是贯彻总体国家安全观的战略举措，也是实现中国梦、强军梦的必然要求；是落实立德树人根本任务，努力培养德智体美全面发展的社会主义建设者和接班人的重要体现，具有重要的政治意义和战略意义。

"宝剑锋从磨砺出，梅花香自苦寒来。"连日来，同学们努力发扬"流血流汗不流泪，掉皮掉肉不掉队"的拼搏精神和"团结合作、友爱互助"的团队精神，遇到困难，不后退；遇到挫折，不气馁，尽显新时代青职人良好的精神风貌。同时，41 名教官在训练场上身先士卒、以身作则，为同学们做出了表率；30 名辅导员、100 名带班学长高度负责、全程参与，为同学们做好了保障；相关部门和二级学院负责人热情关怀、看望慰问，为同学们送去了温暖。我相信，他们的风采一定会令同学们终生难忘，他们的教诲也一定会让同学们终身受益。

同学们，今天之后，两周的军训就要画上句号，但关心国防、热爱国防、支持国防的神圣使命感和在军训中养成的纪律意识、集体意识与责任意识，将一直伴随你们的校园生活和未来人生。借此机会，我提三点希望，与大家共勉。

第一，要学会担当。责任是人生历程的支柱、社会发展的基石、国家稳定的前提，是人类可持续发展、共建和谐社会的关键，任何民族的崛起、国家的昌盛乃至世界的和平，都离不开青年一代对国家、民族乃至人类的生存与发展的责任担当意识。习近平总书记说，"时代的责任赋予青年，时代的光荣属于青年"，"青年有担当，国家就有前途，民族就有希望"。路不行不至，事不为不成，你们理应不驰于空想，不骛于虚声，以时不我待的紧迫感、舍我其谁的使命感，自觉弘扬工匠精神，主动担当历史责任，在探寻中国梦的伟大实践中，在实现人生价值的非凡道路上，传递青职正能量，传播青职好声音。

第二，要学会学习。对学生而言，学习在什么时候都是主业。在青职大课程体系下，学习不仅是知识的传承与积累，更是技能，是生活方式，是开启智慧与创造新知的探索。展望未来，到2050年我国实现"两个一百年"奋斗目标之时，你们还不到60岁，你们将有幸全程参与这个新时代的建设，成为实现中国梦的主力军！"得天下英才而育之，师之大乐也。"技能成才之路刚刚起步，未来的一千九百个日夜里，青职将与你们一道，"与时代同行"，做新时代的学习者、见证者、开创者、建设者！

第三，要学会创新。纵观古今中外，创新之路从来就不是一条坦途，在激烈的竞争中，唯创新者进、唯创新者强、唯创新者胜。四个月前，随着上合峰会的成功举办，作为"一带一路"倡议支点型城市的青岛，再次在世界目光的聚焦下，展示了40年的"开放芳华"，这无疑为你们提供了更加肥沃的成长土壤，搭建了更加广阔的成才平台。我坚信，有时代机遇的倾注与加持，在青岛这座灵秀和拥有百年厚重历史的城市，每个人的青春都不会被辜负。你们一定可以走出传统，突破固囿，在创新的道路上勇立潮头，实现从追赶者到领跑者的华丽转身！

本次军训工作的圆满完成，进一步深化了我院与承训部队的合作与友谊。最后，让我们再次以热烈的掌声，向为此次军训付出大量心血的承训部队所有教官，表示最衷心的感谢和最诚挚的敬意！

值国庆节来临之际，衷心祝愿教官们身体健康，万事如意！祝愿老师们工作顺利，阖家幸福！祝愿同学们生活愉快，学习进步！祝愿青职的明天更美好！

谢谢！

（2018年9月29日）

用爱与责任为学生撑起更美好的未来

——在"最受学生欢迎的大学校长"颁奖大会上的发言

各位领导、各位同仁、各位媒体朋友：

大家好！

非常荣幸，受颁 2016 年"最受学生欢迎的大学校长"。在此，感谢中国高等教育学会、《中国青年报》一直以来对青岛职业技术学院的关注与支持！感谢诸位高等教育，特别是高职教育战线同仁一直以来对我的帮助与提携！这奖不仅属于我个人，也属于爱教育、爱学生的所有青职人！

2006 年，我从市教育局调任青岛职业技术学院工作，至今已逾十年。十年来，我不断地在问自己两个问题：一是，教育的目的是什么？二是，高职院校校长的职责是什么？对学生而言，是获得知识、掌握技能，还是享受乐趣，活出自己，抑或是取得成功、赢得尊重？其实，这两个问题殊途同归，我们用十年的实践，得出了一个唯一的结论，那就是优其学，乐其业，"让每位学生成为最好的自己"，拥有人生出彩的机会！这是高校的核心职责，也是教育的终极使命。

尽管高职生与本科生存在差异，但正所谓"术业有专攻、行行出状元"。随着党和国家日益高度重视，高职教育早已不再是"弱势"教育、"断头"教育，而成为国家技术技能积累与创新的重要引擎，在促进社会和谐、有机运行上发挥着重要作用。我们坚信，在经济发展新常态下，高职教育必定大有可为，高职学生必定大有所为。为此，以"让学生成为最好的自己"为目标，青职学院先后实施卓越人才培养计划、创业引领计划，成立班长俱乐部、体育俱乐部、大学生素质训练学校，设立艺术节、体育节、社团节，探索"学教做合一"人才培养模式，构建全员、全域、全程大课程体系，力求"返璞归真"，回归育人本真，从人才培养模式、校企合作、课程改革、教育管理、科学研究、社会服务等方面求变、求新、求发展、求突破，为学生打造施展才华的魅力校园、学会学习的学习乐园和快乐生活的幸福家园，注入可持续发展的竞争力、迁移力和自生力。

大爱是情怀，真爱是态度，善爱是能力。作为一名高职教育者，我很幸运，因为我有幸亲历并见证了高职教育波澜壮阔的发展史。作为一名高职院校校长，我很幸福，因为我有幸迎接并见证了一代又一代"青职人"在各行各业尽展其才、尽得其位，体面而有尊严地生活。

各位同仁，在"中国制造2025""大众创新、万众创业"和"一带一路"等重大国家战略的推动下，高职教育发展正进入黄金时期，企业行业需要有一技之长和一专多能的过硬人才，社会也需要有高尚品德的合格公民。古人云："三人行，必有我师焉。"教育需要更多的合作与分享。感谢中国高等教育学会、《中国青年报》提供如此难得、宝贵的分享与交流平台，我们将与您一道，以更加赤诚的心、更加振奋的精神，投入到无限光荣的高职教育事业中，用爱与责任为学生撑起更美好的未来！

谢谢！

（2017年1月7日 顺德）

大学生做"快递小哥"折射就业选择多元

大学生选择做"快递小哥"一事被媒体披露后(3 月 27 日本报报道),一时间引发了不同方面的热议,认同者有之,讥讽者有之,困惑者有之。他们各执一词,各抒己见,其言论有的基于生活阅历,有的囿于固有偏见,还有的在于认知缺失。

热议大学生做"快递小哥",从表面上看,似乎是人们在关注大学生的就业选择,但其背后却反映出一个重要问题,那就是各利益相关方对高等教育的期待,这也决定着人们对高等教育的价值取向。具体而言,大学生的择业观念需要转变,社会和家庭的期待需要包容,高等教育的供给需要改革。

首先,大学生应该拥有正确的择业观。

在一段时间里,"眼高手低""低不成高不就"的就业观,让一些大学生经历过"选择"与"被选择"、应聘与被拒绝的纠结和痛苦。他们当中有的不愿从基层做起,有的逃避艰苦环境,有的没有生活目标,还有的宅在家里成了"啃老"一族,他们的这种行为表现为社会所诟病。随着物质生活的改善和丰富,一些多年来在家庭、学校"圈养"下长大的大学生缺乏艰苦的磨砺,缺少面对困难、艰苦环境的心理准备和能力储备。事实上,知识能力的缺失并不可怕,最为可怕的是精神萎靡、目标缺失。值得肯定和欣慰的是,"快递小哥"的行动,展示出当代大学生应有的正能量。可以相信,有过这种经历的大学生,他们日后的发展通道更加广泛,阅历更加丰富。

其次,社会应该尊重大学生对职业的选择。

最关注大学生就业的群体莫过于学生家长,"望子成龙""望女成凤"依然是很多父母最大的期待。有些家长担心子女送快递吃苦受罪,换个角度想,孩子愿意从基础工作做起,是不是反倒要表扬和鼓励? 常言道:"吃得苦中苦,方为人上人。"如果此时能做"接地气"的工作,将来才有可能顶天立地。

社会方面也应该为做"快递小哥"的大学生提供更加包容的制度和舆论环境。在就业导向上,一些用人部门出于面子的"学历高消费"现象,也起到了推波助澜的作用。

随着社会发展,一般比较高水平的岗位不应也不可能拒绝大学生,但是高学历的大学生在一些普通职业工作,也逐渐成为一种常态,因此不必大惊小怪。正所谓"三百六十行,行行出状元",在任何岗位上都是服务人民、奉献社会,都有可能建功立业。

第三,高校应该为大学生多元发展提供支持。

亚里士多德曾言:人生最终的价值在觉醒和思考的能力,而不只在于生存。反思我们的教育,标准化式的大而统一要求下的培养,按照标准化的要求去"塑造"所谓的人才,结果导致学生的"营养不良"或者是"吸收不良",潜质与特长被埋没,兴趣与爱好被限制,一些高校所关注的是当下为了就业的技能教育,而忽视的是为了人生的素养教育。很多教育是在"教书"而不是"育人"。"目中无人"的教育还大有市场,"以生为本"还只是停留在口头上而已。

实际上,大学生就业与培养目标岗位不一致,未必就不是一件好事。因为,对一些大学生而言,大学学习并没有与兴趣相关,很多人是"被"专业进来,也有的是他们进入大学后才发现所学的专业与自己的兴趣不对应或不适合自己。大学生在大学学习,也是一种人生的经历,既是学习,有功利性的追求,也是生活,非功利性的享受。

对学校而言,应该满足求学者的需求,应该关注学生潜在能力的培养,而不是功利性地以毕业是否就职高端岗位来评价人才培养质量、来评判毕业生的能力。很多领袖人物、商界精英不都有过"小人物"的经历吗?

美国心理学家詹姆斯·罗兰·安吉尔说:"教育最主要的目的,不是教你挣得面包,而是使每一口面包都香甜。"对此,我认为大学教育最应当回归"使受教育者成为他自己"的教育本质,注重培养学生在职业生涯乃至终身发展中具备的可持续发展能力,让其能够准确找到自己的位置。

大学生做"快递小哥"表明,一些大学生的就业观念已经开始发生变化,这是一个可喜的现象。但愿有更多的类似于"快递小哥"的大学生活跃在社会的不同舞台上,为推动社会和谐进步与经济发展做出自己的贡献。

(本文发表于《中国青年报》2017 年 4 月 17 日 10 版)

90 后叹老，教育有责！

最近，媒体上关于 90 后服老、怕老、叹老的话题时有耳闻，屈指一算，90 后，最大的不过 27，最小的也已经 18 岁。从我这知天命的年龄来看，90 后真是青春蓬勃、意气风发，令人无限羡慕的一代啊。然而"老"从何来？90 后的"老气"有什么特征？教育要不要为此埋单？

了解"老"，不妨先看看"年轻"有什么？有梦想、激情、勇气、乐观、创造力。如果你在服老，意味着刚才列举的这一些，正从你的生命中不同程度地减损。那么，90 后的"老"有什么表现呢？

首先是心态老。一入职场，发现并不是自己想象得天地之大，任我驰骋。不仅不能在年轻的时候就像比尔·盖茨、马云这样的精英一样当成影响力大的 CEO，可能还要从基层做起，跑业务风尘仆仆，五加二、白加黑，没有和朋友喝咖啡的时间，甚至，没有找到合适的岗位，加入快递小哥的大军。一想到，而立之年到来之前，要买车买房，娶妻生子，顿感压力山大，对当下及未来的焦虑让其"白"了头。

第二是观念旧。工作要找安稳、体面、收入丰厚的，对象要找有房、有车、有存款的。前些年流行一首歌《不想长大》，为什么不想长大呢，因为"长大后世界就没童话"，一旦发现没有童话般美好，或"我宁愿永远又笨又傻"，或感叹时不我待，老气横秋。其实，年轻最大的一个优势就是创造力和丰富的机会，面包为什么一定是别人准备好的呢？没有的话，自己和面、起灶，做一个，不行吗？

第三是身子娇。90 后一代正是中国独生子女一代，家庭的万千宠爱，往往使之成长环境顺风顺水，被呵护，被安排，被成全，往往缺少抗挫折能力和吃苦耐劳精神。

在其成人之后,这种惯性也会使一部分人在遭遇挫折后,丧失斗志,转身回到家庭的避风港,成为"啃老"一族。在精神上坐上了"轮椅",挂上了"拐棍",追风少年成为暮年老者。

90 后的"老"自然有多方面原因,作为一名教育工作者,我所思考的是,教育要为此埋什么样的单? 教育为他们的"梦想""激情""朝气""创造力"打下了怎样的基础? 这个基础有没有持续的强劲的生命力,让 90 后拒绝暮气,保持青春?

人在成长的过程中,基本上会受三类教育的影响,家庭教育、学校教育和社会教育。

对 90 后首先发生影响的是家庭教育,家庭教育是其成长的基础,影响力也将贯穿其一生。中国的父母对子女寄予了厚望,不仅望子成龙、望女成凤,往往还会将自己未及的人生梦想和所谓的人生经验得失叠加在子女身上。高期望值,造就了超出子女能力基础的过于宏伟的目标。而且这种传承与寄望下出来的梦想,也常常包含着安稳、优越、轻松、体面、名利等因素。而家庭教育培植这些梦想的途径也往往是通过过分呵护——包括溺爱、迁就甚至是纵容、帮衬直至包办等途径——进行的。这样子女成人后在追逐梦想的过程中,往往会在过高的目标和松软的自身能力基础之间形成反差,极易因不切实际备受挫折,从而陷入一蹶不振、丧失斗志的"叹老"怪圈。家庭是人的第一所学校,教给子女怎样的做人做事价值观至关重要。

学校教育,可以在家庭教育的缺失上纠偏。但是由于学校教育也往往把关注点放在了升学率、就业率上,在这些方面错失了良机。比如职业教育,近些年来,也有一种急功近利的倾向,将教育简化为培训,将学有所成等同为就业。在教育过程中,过于偏重专业培养,岗位技能培养,忽视了学生的可迁移能力的专业素养教育,忽视了其创新创业精神的培育,忽视了其责任担当意识的养成,忽视或不够重视促进其人格完善的素质培养,如信念教育、意志力培养、团队意识、吃苦耐劳精神等。90 后即将成为推进社会发展的中坚力量,是实现民族复兴中国梦的重要主体。他们的精神状态决定了民族的未来。我们的教育除了赋予他们谋生的技能,还要为他们的精神补钙。

另外一个非常重要的是社会教育。我们每个人都生活在社会中,社会的价值变迁、风气走向、文化特征,都对人们产生潜移默化的影响。随着经济社会的迅猛发展,改革开放后多元思想和文化的交融,人们的价值理想会受到来自多方面的冲击和挑战。利益驱动、拜金思想、享乐主义、攀比之风,夹杂其中。有些人会因此动摇了原来的目标理想,有些人从家庭的优越环境中走到社会职场,受不良风气的影响,出于面子或虚荣心,会不切生活实际、离开经济基础追求生活上的"高消费",被房子、票子、车子绑架为房奴、票奴、车奴。而这种被"绑架"后的人生,往往就造成了精神上的暮气。增强一国的国民素质,需要净化一国的社会风气,需要弘扬一国的优秀文化,需要从理想价值层面、舆论宣传层面、文化弘扬层面进行引导。青春之少年建设青春之国家,而青春之国家必然也会孕育青春之国民。

活到老,学到老,教之育之。90后叹老,教育要有所思,有所为。

(本文发表于《中青在线》2017年4月24日)

面对人工智能，高校该怎么办？

——在中国—中东欧国家高校联合会第五次会议上的发言

各位来宾：

大家下午好！

很荣幸，高校联合会给我这次交流发言的机会。

大会设立的人工智能时代的人才培养这一专题讨论板块，我觉得非常好。我在想，面对人工智能时代的到来，高校该怎么办，我们准备好了吗？

人工智能这一"热词"，反映了人们对它的关注。因为，它改变了人们的生活、工作和学习方式，使得过去繁琐、笨重、费时、费力的事情，变得便利、简单、迅捷和高效。我们都是信息技术革命带来巨大变化的见证者，信息技术发展成果的分享者。

人工智能是信息技术革命发展到一定阶段的必然产物。这种革命性的变化，使得工作方式与工作内涵发生重大的变化。表现在，工作标准的变化导致人才标准的变化，岗位工种、工作分工的细化向兼容性、复合型方向转化。在这种情况下，一些企业、社会组织对人才的需求也相应变化，呈现出由知识、技能的单一性向综合性方向发展的趋势。

用人单位、雇主对人才需求的变化，对高校的人才培养提出了新的要求，这就倒逼高校以创新的理念对人才培养模式进行改革。

那么，对于以职业技术教育见长的高职院校，如何顺应人工智能时代潮流而进行人才培养模式的改革呢？我认为应从以下几个方面考虑，这些方面有些也是青岛职业技术学院曾经实践探索过的工作。

一是，完善人才培养方案。重点突出"三个需求"导向，即在满足社会、企业需求方面，结合专业要求，对加强人工智能应用技术能力的培养提出要求，这不仅局限于成立人工智能学院、开设人工智能专业，还应在其他专业中开设人工智能课程；在满足学生个性化和可持续发展需求方面，要开设培养学生思考和分析问题，以及创新创业教育的课程；在满足专业建设需求方面，突出数字化教学资源，以及信息化教学平台的建设。

二是，深化课程体系改革。要在推进不同专业合作的基础上，实施课程＋融合计划，不仅加互联网技术，还要加上其他专业的课程、素质与艺术美育课程、社会课程资源，以此来重新组建新课程。此外还应开设"机器换人"所不能取代的"心智能力"的课程，培养学生的想象力、判断力和理解力，培养学生的情感、态度和价值观，培养学生规划和设计未来的思维能力。

三是，构建新型教学方式。凸显学生在学校生活、课堂教学活动中的主体地位，创设适合学生多样化学习的机会和环境，尊重学生对不同学习方式的选择权，譬如信息化在线学习，选择量身定做的私人定制课程学习空间。在人工智能时代，未来的课堂教学活动将由教师主导向学生主导来转换，教师已不是教学资源调配的唯一掌控者。学校班级制的教学组织形态也将会发生变化，学校也将呈现出学生学习中心的新形态。

四是，提升教师专业能力。教师要具备开放、包容、共享的新理念，要积极、主动地适应和接纳人工智能时代对教师职业提出的新的要求。未来的教师将更多地扮演着集导演、主持人、编剧、乐队指挥为一身的多元角色，这无疑对教师教学活动的组织、驾驭能力提出了新的挑战。教师专业化发展的内涵也将发生深刻的变化，教师不再是传统意义上精通某一专业的"一技之长"专才，而是精通某一专业的"一专多能"通才，特别是教师还要熟练地掌握并有效运用信息技术手段。

需要强调的一点是，人工智能的前提还是"人工"，它不能取代学校教育的基本功能。因此，在人工智能时代，人工智能教育技术、教学资源，是促进人才培养效能提升的辅助手段和工具，我们需要做的是利用先进技术对人才培养模式进行创新，在这一点上，我们应该保持清醒的头脑。

（2018 年 5 月 29 日 深圳）

第 五 篇

理论探索篇

全面发展视角下高职教育课程改革

在学校教育实现培养人的诸因素中,核心因素是课程。课程是体现学校一切培养理念和培养策略、培养资源的基本载体。课程改革是所有学校教育共同的课题,也是个持续永久的课题。学校教育要适应社会、适应人的发展的需要,就必须从改革课程入手,不仅从来如此,而且永远如此。教育要促进人的全面发展,对于高等职业教育而言,就是要在全面发展的观念下,来考虑职业发展的问题。

一、高职教育课程的再认识

学校教育的根本目的,是促进人的全面发展。教学过程作为学校实现教育目的的主渠道,要依据课程来进行,课程在教学中居于中心地位。高职教育要突破"学科"知识教育和技能训练式教育,构建一种促进学生职业能力和综合素质发展的育人模式,必须从课程着眼、着手。认清课程内涵是推行课程改革的基本前提。在英语语境里,课程(course)原为"跑道"之意,其引申出来的意义即学校教育教学与求学者的人生轨迹、"生活学校"、发展需求的互动关系。也就是说,从本原意义上,课程不是外在于受教育者独立存在,而应与受教育者现实生活息息相关。服务经济社会发展的根本属性,决定了高职教育的课程与求学者生活之间理应具有更为直接和密切的联系,我们要以系统的、市场的、动态的观点来重新认识课程。

全面发展视角下的课程是一个完整的系统。由于人类社会的生产和生活的现实是丰富、多元、立体、综合的,那么反映现实生活的课程就不能是单一、孤立、片面、机械的,而应该是能够满足受教育者发展的需求的科学体系。就空间视角而言,整个学校就是一个大的课程体系,学校所开展的常规教学、所组织的社团活动、所倡导的社会实践以及学校运转所需要的教辅、安保、后勤等支持系统,都应当成为课程体系的必要组成部分,成为对学生进行教育教学的重要内容。

有效的高职课程应该是符合市场规律的。从经济学的角度考察,学校相当于生产和提供知识的企业,学生相当于学校的顾客,课程相当于学校生产的"产品"。学校把课程这种产品提供给学生,不是免费赠予,也不是强行摊派,而应该能够引发学生的兴趣,为学生所"悦纳",使得学生及其家长愿意"购买"。换言之,课程能够像其他商品那样"流通"起来,从而由"产品"转化为"商品"。

优质的课程应该是保持学校与社会间动态互动的。这尤其是高职教育课程应当具有的特性,可以将这种特性称为"活性"。高职教育课程要保持"活性",最合理的路径就是院校通过与企业、行业等社会组织合作,把现实生产生活的真实过程转化为教育教学内容。课程的"活性",是高职教育教学过程以及受教育者保持"活性"的前提条件。从这个角度来看,高职教育的课程实际上突破了学校的范围,是学校与相关社会组织进行互动的产物。

二、高职教育课程存在的问题

我国高职教育经过十几年的快速发展,已经取得了举世瞩目的巨大成就,高职教育课程改革也取得了很大进展。但是,高职教育课程在实践中仍然存在着缺位、失位或偏位等问题。这些问题直接影响着高职教育的教学质量和水平,使得高职教育在与学术教育、中职教育,甚至与社会培训的比较中,显得定位不够清晰,特性边界模糊;也影响到社会认知态度,成为高职教育承受若干诟病的深层原因之一。

其一,课程来源单一而封闭。所谓单一而封闭,指的是高职教育课程很多仍然主要来源于学校内部,或者仍旧没有摆脱本科教育课程压缩饼干的模式,或者是高职院校相互"借鉴"而成的"拼盘"课程,甚至存在与中职课程以及社会培训课程的机械引进,而学校与企业、行业之间的互动则流于浅表,没有及时将生产生活实践的真正诉求和最新信息体现到课程当中。单一与封闭既是课程构建方式,也是课程构建结果,更会影响到课程的实施和教学效果,这样的课程因乏味而难以受到学生欢迎,实施中就难免存在使学生畸形发展的可能。

其二,课程内容呆板而陈旧。高职教育课程内容的狭隘性,表现为相互矛盾的两个方面的同时并存。一方面,课程因单一封闭而缺乏实践"活性";另一方面,很多高职院校与企业行业联合开发课程过于形式化、简单化、表面化。无论哪个方面,又不同程度存在粗浅的现象,通识课程成为脱离职业实践的"孤本",技能课程又表现出低端重复性训练的倾向。这种狭隘而浅层的课程内容,所导致的必将是一种肤浅的、片段性、片面化的教育。

其三,课程实施单向而功利。反观高职院校的课堂,教师主宰课堂的现象仍然较为普遍地存在。满堂灌、多媒体"电灌"、"纸上谈兵"、"雾里看花"的现象也并不少见。学生的主体地位被忽略了,学习的主动热情受到压抑,很多情况下学生要么被"管理"得服服帖帖,要么被"遗忘"得干干净净。自觉不自觉地课程"异化",文化意味被"削弱",即片面迎合市场需求,过分注重教育的功利性,偏离了促进学生全面发展的教育本原职能。在实践中一种较为极端的表现,就是将高职教育沦落为简单的技能培训。

三、高职教育课程改革的基本思路

高职教育课程改革是系统工程。课程要得以实施,需要师资及其他资源,以及教学方法、评价等其他诸项因素的协同。所以,高职教育课程改革应该根据课程在整个人才培养过程中的枢纽地位,进行系统的规划、设计和实施。

1. 在现代职教体系建设背景下整体设计

职业教育发展的主题,已由初期的"求异"转向系统的重建,不再是各级各类职业教育各自为政,而是要建立一个科学的、顺畅的、完整的职业教育体系。其中最为重要的一个内容,就是构建职业教育人才培养"立交桥",包括不同层次的职业教育、职业教育与普通教育、职业教育与职业实践之间的相互连通,构建促进人才成长和个性发展的制度平台。在这样的整体背景下,高职的课程改革不再是单纯的岗位分析和课程开发、课程内容重新组合和教学方法的改进,而应该首先在整个现代职业教育体系中找到自己的位置,并准确地厘清与其他相关领域衔接的边界,确定高职层次的培养定位和课程教学标准尺度。职业教育的课程,必须建立在职业分析的基础上。现代职教体系构建,可以搭建一个新型的校企合作平台,集中高层次智力资源,更有利于在科学的理论指导下,运用先进的技术手段,进行系统、科学的课程开发。

课程系统的开发和形成,既要体现其知识性、系统性,符合教育规律,促进人的发展;又要体现职业性、实践性,符合职业规律,促进职业素质和职业能力发展,并把这几方面有机地结合起来。它既不是学科知识的简缩版,也不能是完全排斥学科知识的纯粹职业训练。必须把教育基本理论和职业理论紧密地结合起来,用严谨的科学态度,客观地审视目前职业教育课程的得失,珍惜人类历史文化成果,又与时俱进面向职业未来。这样,才能建构一个科学的、完备的职业教育课程系统。

2. 由"学"引导的人才培养模式创新

职业教育要创新和建构一种完全不同于学术型教育的人才培养模式,这是课程改革最终的目标。由"学"引导的人才培养模式,就是把人才培养的全过程的全部因素,全部地置于"学"的牵引之下。"学"可以代表学校,也可以代表学生,代表学习。将三者统一起来,"学"特指在学校教育的基本框架下,正在成长着的学生所从事的一切学习活动,人才培养模式也就有了一个明显的表达,即学生通过在学校(专指职业院校)接受系统的教育活动,这些活动围绕着学生的学习而展开,最终完成其作为职业人的成长和职业能力的发展。这个模式最显著的特征,就是体现着职业实践,不仅仅在目标层面体现"为了职业实践",也在过程层面体现"进行着职业实践"。教师的教育教学活动,根本价值在于把学生的学习和职业实践活动连接起来。

适合于职业教育的人才培养模式,是要突出"学生"获取职业实践能力和职业发展潜力。这个"学"既关注学生在学校里"学什么",也关注学生在校期间"怎么学",换句话说,也就是它包含了课程和教学方法两个基本要素。

3. 建构体现职业实践检验的课程评价体系

职业教育的培养价值指向职业实践,那么培养的过程效果和最终结果,理所当然地应该指向职业实践。职业实践不仅是职业教育存在的根源,也是职业教育培养过程的基本法则,当然也是检验培养结果的基本标准。基于这个思想,建构评价体系有两大任务:建立对培养过程的每一个环节进行评价的子系统;建立最终检验培养效果的评价系统。前者指向学生的学习效果,它要求根据职业培养目标,建立一个指向具体职业的专业培养目标和体现这一目标的课程体系与课程标准,以及用这个标准进行考核评价的方法体系;后者则是指向学校的课程教学效果,它要求建立一个与职业动态对接,互动协作课程建设机制,适应职业诉求的教学方法手段和资源整合方式。简言之,就是以学生个体职业实践为标准,建构学生职业教育的学业评价标准;以整体的职业实践为标准,建构学校的课程体系及对课程的评价和改进系统。

青岛职业技术学院在示范院校建设任务完成以后,认真反思,教育的本质是什么？职业教育为了什么？改革是因为什么？在此基础上，确立了新一轮课程改革的基本定位：坚持以人为本的理念和育人的使命，把院校教育教学回归到"人"，促进学生个性全面发展，顺利实现职业化和社会化，促进教师的职业发展和自我实现；坚持职业教育面向就业，加强实践在教学中的中心地位和专业课程的主体地位；坚持科学的理论指导和科学的课程开发、设计、实施、评价，努力建立全程、全员、全域的立体育人课程体系，坚持以现代信息技术为支撑，构建现代化的立体教学资源平台和交互平台，引导具有现代理念的学习方式和终身学习理念。

为实现这一目标，学院提出了"大课程观"，即课程应覆盖学生在校期间成长的全方位，实现专业课程与公共课程并重，学业课程与非学业课程衔接，显性课程与隐性课程统一。确立了"一体、两翼、一支撑"的改革思路，即以建构全方位立体育人的广域课程体系为主体，以"学教做合一"人才培养模式探索和"教学管理与学生服务一体化"模式为行动策略，以教师和员工自我发展和专业化水平提高为支撑。

课程改革要求坚守人本理念，坚定理性指导，坚持创新精神。通过持续的改革行动，持续地实现课程的不断完善，持续地提升人才培养质量。

（本文发表于《中国高等教育》2015年第3期，获2015年中国职业技术教育学会第三届职业技术教育科学研究成果三等奖）

关于"学教做合一"人才培养模式的基本思考

经过 30 年的积极探索,我国高职院校形成了各具特色的人才培养模式,较好体现了学校与企业等社会组织日益密切的合作关系。但与此同时,对人才培养内涵的质的研究相对缺乏,两大传统偏向没有得到根本解决。第一个偏向,在理论传授与实践操作方面,高职教育被扭曲为两个极端,一个极端是仍将高职教育做成学术教育的"压缩饼干",注重实践应用的特征表现不足;另一个极端是高职教育被简化为低级的重复性劳动和更为压缩的简化理论,甚至是程序或指令。第二个偏向,是在教育教学的组织开展方面,教师习惯于依靠外在施压、简单灌输等生硬方式对待学生,不自觉地包办学生的学习,学生无形中沦落为被动的模仿者。

现实问题启发人们:有必要从既符合教育本原意义,又体现学校教育功能、受教育者需求与社会适应性的角度,研究如何构建有效的高职教育人才培养框架。学生作为一个受教育者,"他越是忠实于他自己,他越是紧密地遵循他的天性法则和他自己的事业,他就会越接近人类的共同事业,此外还能更好地与别人交往"。"学教做合一"人才培养模式的构建与探索,立足探寻问题根源,试图以内生性的视角,从高职教育诸多相关元素中,科学把握学、教、做这三个影响人才培养质量的关键要素,力图构建起一种有效的育人模型。

一、"学教做合一"概念界定及其内涵解读

所谓"学教做合一"人才培养模式,就是着眼于职业教育人才培养过程本身,突出"以人为本"精神,以学生内在成长需求为出发点和落脚点,以充分调动学生积极性、

启动自我教育和自主学习为切入点,有组织地开展既突出实践应用又注重素质养成的教育教学行为,最终培养在职业生涯乃至终身发展中具有可持续发展能力的高层次专门应用型人才。陶行知先生提出"教学做合一",认为"教学做是一件事,不是三件事。我们要在做上教,在做上学……",强调教、学与"做"的关系,把"做"作为教、学的目的和根本方法。"学教做合一"在此基础上推进一步,探讨在有了"做"的支撑之后,如何准确处理教与学的关系,强调将"学"作为教育的起始点。

1. 逻辑起点:"使受教育者成为他自己"的教育原点(或曰教育本质)

该模式将"学"与"教"的位置互换,强调"学字当头",旨在将高职教育首要思考的问题,回到"教育是培养人的社会活动"这一根本问题上,旨在从教育本义出发,优化高职学生的培养路径。教育的社会功能是培养人,教育模式应遵循马克思所说的"人的全面发展"学说的意义规定,即消除异化,实现人的身心全面发展。它以实现符合学生内在成长需求为核心价值诉求,通过满足这种需求调动学生自我教育的积极性,从而引导高职教育沿着正确方向实现其特定的人才培养目标。在很大程度上,构建"学教做合一"人才培养模式,是对客观存在的所谓满足特定岗位需求和提高就业率等教育功利化、工具化、短视化倾向进行纠偏的努力。

2. 操作路径:突出实践、关注综合的自主教育模式

传承陶先生"行知统一""行在知前"的精神,依照建构主义学习理论,强调学生自我实践和思考以及知识体系的自我建构,教育的目的不仅仅是要"学会",更是要"会学"。"学教做合一"模式力图使教育教学过程的设计和实施,尽可能尊重学生的创造意愿,遵循身心成长规律并有利于激发学生的内在兴趣,凸显学生的主体地位。学生是教育教学活动的"主角",置于"学"之后的"教"为主导,是高职教育活动的"导演","导演"要最大限度地激发"主角"的潜能。"做"为载体,突出高职教育注重实践的特征,这种"做"不仅指技能训练,也包括思想修养。三者当中,"学"起到统领作用,"教"和"做"都依顺"学"并为之服务,以此实现三者合一。所以,在很大程度上,构建"学教做合一"人才培养模式,有对现实教育中普遍存在的"教"主宰一切、"学"被动接受现象进行纠偏的努力。

3. 目标追求:让每位学生成长为具有可持续发展能力的高层次专门应用型人才

该模式渗透多元智能理论的基本观点,期待能够发掘每位学生身上的闪光点,促进学生个性丰富、独特和全面发展。加德纳多元智能理论认为,每个人都具有自己独

特的优势智能,教育的宗旨就是帮助学生发现并发掘这种优势智能,最充分地展现他们的长处。从分数角度衡量,高职院校的学生大多是高考分数偏低的学生,但这并不代表学生其他能力同样偏低,所以,对高职院校而言,发现并发掘学生的优势智能尤为重要。"学教做合一"人才培养模式从尊重个体的内在需求出发,通过基于职业实践的训练模式调动学生自主教育的内在动力,其产生的效应是多方面的,既有利于使学生在适应特定岗位的同时培养起更为宽泛的"近域"适应能力,又有利于使学生在满足当前工作需要的同时培养起不断自我更新的持续发展能力,在成为岗位能手的同时成长为合格的社会公民。相对于目前广泛存在的片面化、片段化、孤立化的不良教育倾向来说,"学教做合一"模式突出强调把学生培养成为具有可持续发展能力的高素质、高端技能型人才。

二、"学教做合一"的多视角理论探析

1. 哲学的视角

在教育领域,学生自身的学习、成长是内因,内因是其成长的第一要件,教育的一切行为,都要围绕这一核心问题展开;教师组织的教育教学行为是起着重要作用的外因。"学教做合一"人才培养模式旨在构建"以外因诱发内因"的健康教育秩序。该模式将"学"摆到教育教学行为的首位和核心,强调依据学生学习的需求,施展教师教育的行为。在这种模式的推动之下,能够通过教育教学行为这些外在因素发挥作用,将社会需求和教育目的转化为学生内在的动力,与学生自我成长和自我发展相统一,两者形成互动,推动教育事业进步,最终推动学生成长。此外,从系统论的角度来看,学、教、做在人才培养的过程中,是互相依存、不可分离的统一体,它们之间的良性互动与渗透,对有效的教学组织起到积极的推动作用。

2. 教育学的视角

"学教做合一"人才培养模式的构建,顺应和体现了东西方文明对于教育自古至今逐步形成的共识。教育学首先要解决的问题,是对于"教育"概念的认知和界定。从词源学角度考察,东西方关于教育的认知既存在差异,也有异曲同工之处。发展到今天,两者更呈现出趋向一致的走势,即都愈加重视受教育者在教育过程中主体地位的彰显。

"教"的甲骨文为""【注：甲骨文。从百度查。】，意为蒙童要掌握文化，需要长辈（执教鞭、教具）从旁训诫；"育"的甲骨文为""【甲骨文】，是妇女养育孩子之形。《说文解字》称："教，上所施，下所效也；育，养子使作善也。"《孟子》中"得天下英才而教育之"一语，是较早将两字合用的记载。西方"教育"一词源于拉丁语 educare，后转化为英语的 education 及法语、德语、意大利语、罗马尼亚语等诸多相近文字。其前缀"e"有"出"的意思，词根"ducare"为"引导"之意，二者合起来就是"引出"，意即把受教育者内在的秉性（天资、禀赋、能力、知识、智慧、美德等）引导出来。可见，中国自古以来即把教育定位为自上而下、自外而内、自公而私的约束性活动；西方则把教育定位为对个体自身固有东西的引导。这种词源差异对于中西方关于教育的认知产生了深远影响，在数千年历史进程中，中西方之间的这种教育差异表现得非常明显。

但到今天，这种情况在发生变化，尤其是中国的教育，越来越重视学生主体性的发挥。这种做法也越来越成为国际范围内对教育更加自觉的把握，从联合国教科文组织对教育两次定义的变化即可看出这一自觉的程度。1976 年，国际教育标准分类将教育定义为：不是广义的一切教育活动，而是有组织、有目的地传授知识的工作。而到 1997 年，该文件将教育定义修订为：教育是能够导致学习的交流活动。显然，新的定义将引导学生自主学习确定为教育的本质行动。"学教做合一"人才培养模式重视学生的主体性作用，以引导学生开展自我教育为价值诉求，不仅切合教育的本质，也顺应了当前和未来教育发展的趋势。

3. 心理学的视角

从心理学的角度考察，教育的根本目的在于促进受教育者心理的发展。心理发展包含知、情、意、行各个方面的协调发展。学生通过学习，促进心理过程的不断积累和品质的改善，最终促进个性的整体形成和发展。可见，教育行为与心理活动之间存在着密不可分的联系。正是由于两者之间存在这种特殊联系，所以，很早即形成了教育心理学这门交叉学科，该学科特别把学生的学习过程和心理发展作为研究的重点和核心。另一方面，学生对外界事物的那种求知需求心理，需要从积极心理学的角度予以满足。教育心理学的发展为"学教做合一"人才培养模式提供了重要的理论支撑。

李红认为："学生的学是在教师的影响下进行的，但教师的教必须以学生的学为依据"。现代研究指出："在建构对周围世界的理解过程中，学生是一个积极的参与者,他们不是被动地从教师、书本以及其他材料中接收外来信息,而是在自己原有的知识结构基础上建构对新信息的理解。在这个过程中,教师的角色就是一位帮助者。"

相较于学术类型的教育,高职教育由于注重实践操作的特征而使得学生的参与性更为明显。显而易见,"学教做合一"人才培养模式的探索,契合了青年学生的心理成长规律。这种模式不仅注重以学生为中心、以学习为中心,更蕴含着以"学生心理"为中心的深意,很大程度上,这也为教育教学的心理化,即教师在教学过程中关注学生的心理状况、运用心理学的教学技巧,提供了理论基础。

4. 社会学的视角

社会学是研究社会整体现象、探究社会发展规律的科学。从社会主体成长的角度可以认为,社会学研究的对象是社会主体社会化的形成、维系、扩大、延续的过程,主体交互性是其中一个重要的基本范畴。教育是重要的、具有自身发展规律的社会现象。现代教育理论主张:教育是一种"主体际"活动,即不同主体之间(通过客体媒介)互动以实现各自成长的行为过程。可见,社会学关于主体交互性和教育学关于"主体际"活动的主张是内在一致的。

不同主体之间的互动,表现为不同的业缘人际关系。社会学研究表明,高职院校办学过程的教育性和职业性,不仅体现在校园内部的业缘人际关系,而且体现在学校与社会各界的业缘人际关系。这些多元关系为高职教育的实施创造了和谐包容的外围环境。在教育活动实施的过程中,积极、良好、和谐的师生、师师、生生关系,诚恳、互动、友好的师生与社会各界人士的关系,是高职教育活动成功的基础,是高职教育目标实现的前提。

探索并构建"学教做合一"人才培养模式,是社会学和教育学具有普遍意义的行为方式在高职教育领域自然的投射和反映。一方面,体现出学生即"客户"的理念,通过院校和教师的"营销"行为,激发学生潜在的学习能力;另一方面将高职教育活动纳入整个社会相伴相生、互动交融的有机生态链中。无论是杜威的"教育即生活",还是陶行知的"生活即教育",无不体现教育的"社会性"这一广泛的功能。探索"学教做合一",目的在于尽最大可能地将教育教学行为还原成真实的生产生活行动,缩小生产生活的准备阶段与实际状况的差距,从而提高高职教育办学实效。

5. 经济学的视角

作为研究社会经济现象及其规律的专门学科,其核心价值诉求是经济效益最大化,即如何用最小成本获取最大收益。20 世纪 60 年代,教育经济学的产生促使教育实践者更加理性地探索教育效益的提高问题,对有效性的追求成为教育领域新的准则。

高职教育"学教做合一"人才培养模式的探索,力图体现这一基本准则。与被动学习、外在强迫灌输相比,只有把学生主动学习的积极性调动起来,学生蕴藏的学习潜力发掘出来,才能起到事半功倍的作用。因此,如何提高教育有效性,对于高职院校具有特别切近的现实意义。

三、"学教做合一"模式实施的框架性思路

对高职生的学习来讲,学什么和怎么学;对高职院校的教育教学来讲,教什么和怎么教,都需要在厘清培养定位的前提下,科学设计和有效实施。

1. 转变教育教学观念

牢固树立"以生为本"的理念,坚持"从学生出发,面向学生,为了学生"的原则,从人才培养方案的制定到教育教学内容的选择,从教育教学活动的开展到对学生的考核评价等等,每个环节都应从学生成长的需求出发,扭转首先考虑满足教师设计和实施课程需要的思维惯性。具体体现在 3 个方面。其一,要把教育看作一个引导学生成长为健全"人"、合格公民、合格社会成员的过程,而不仅仅为了满足企业用人、学生就业等功利化、工具化需求。正如联合国教科文组织早就指出的那样,教育在于"为一个新世界培养新人!"。其二,要从多元智能理论出发,相信不同的学生具有不同的发展潜质,教育目的就在于促进学生符合自身潜质的专长能力的充分发展。其三,要尊重青年学生的身心成长规律,相信学生主观能动性的发挥,教师的作用就是充分激发学生自我教育的内在积极性。

坚持"以生为本"要防止"学生中心主义"倾向。面向高职学生的特点,既要保护他们的自尊心,努力通过发掘学生的"闪光点"重建其自信心,同时也要在学习方法和习惯上给予必要的指导和帮助。"以生为本"要求教师从学生内在需求、成长规律出发,设计和组织教育教学活动,但绝不是让教师对学生放任自流。所以,相对传统简单化的"照本宣科"而言,"学教做合一"培养模式对教师的要求是提高了,而不是降低了,切忌矫枉过正,无形中淡化教师的责任。

2. 整合教育教学内容

实施"学教做合一"人才培养模式,要以"广域课程观"为指导重新整合教育教学

内容。所谓"广域课程观",指的是从课程的本原意义出发,对校内外有效教育资源进行"课程化"的整合改造,使其均成为学生成长课程的理念。同时强调学校教育教学与求学者的人生轨迹、生活学校、发展需求的互动关系。

在"广域课程观"指导下,高职教育应着力构建"生态型"课程体系,所包含的课程既有显性课程又有隐性课程,既有实体课程又有虚体课程,既有主体课程又有补充课程。显性的实体课程又包括基础综合类课程、实践技能类课程、社团兴趣类课程、社会实践类课程等;隐形的虚体课程则包括校园内的标识、文化、制度,也包括教师的言谈举止,等等。课程要与学生的身心成长、现实社会生活密切联系;课程要有足够的数量,能够给学生提供充足的选择空间;课程类型多样,能够满足不同学生的个性化需求;课程之间具有灵活的组合方式,能够合理搭建有别于学术专业的实践应用方面的专门体系;课程能够根据现实变化随机调整,不断更新知识点、淘汰过时的内容,等等。

可以看出,"广域课程观"指导之下的"生态型"课程体系大大突破了传统的课堂教学,将可利用的校内外教育资源尽可能纳入其中,实际上是对学生未来生活的"浓缩版""演练"。这样的课程克服了理论教学与实践教学在数量上和结构上的割裂,建构面向实践而不忽视理论的简明、科学的理论与实践一体化课程模式。当然,这一目标的实现还需付出长期艰苦不懈的努力。

3. 改革教育教学过程

首先,遵照系统论的观点,理顺学、教、做三者之间的相互关系,提倡全新的学校育人行动,改变教师单向传授、学生被动接受的局面。以名词来看,"学"即学生,学生是教育教学行为的主体,只有学生的积极性发挥出来,才能使"教"借助"做"实施的行为取得实效。以动词来看,"学"即学习活动,只有激发起学生的激情,教学活动才是有效、和谐、生态的,教师应当依顺学生的内在需求施展教育教学的行为。"做"是教育的目的,也是教育的手段,"做"使学生的学习行为和教师的教学行为联系在一起。对高职院校的学生来讲,就是通过自主学习能力的培养,激发和牵引出他们的创造能力与潜能。

其次,通过推进教育教学心理化,让育人活动入脑、入心,使对高职学生的培养更加切实有效。教育教学心理化有利于在教师、学生及其他相关社会成员之间建立起一种和谐的"业缘"关系。这种关系不仅能够尽快消除学生和教师及学生相互之间的陌生感,而且能使其尽快融入周围的学习工作环境当中,始终保持心情舒畅和心理健康,从而事半功倍,大大增进教育教学活动的实效。这需要在微观层面设计实施很多具体的方式方法,如项目教学法、案例教学法、社会实践法等,在对学生进行技能传授的同时,增进其职业素养、生活本领、社会技能等方面的修炼。

最后,构建"教学管理与学生服务一体化"体系,对学生进行"无处不在""无时不在""无事不在"的教育。教学人员要承担起对学生进行管理服务的职责,管理与服务人员同样对学生负有教育的责任。这种着眼于综合素质培养的教育,要求警惕和防止那种过于强调教育"实用"的工具化、功利化的倾向。要建立课堂内外、多元化、多方位育人体系,广泛调动、充分发挥各层面管理与服务育人的积极作用,形成"不同分工、共同责任"的局面,让每一位学生都能够在学业钻研、品格修养上健康成长。

4. 改进考核评价方式

实施"学教做合一"人才培养模式究竟会取得怎样的"效益",需要对教育教学成果做出尽可能科学的评价,这种评价应该是一种动态、多元、人性化的等级制考核评价。等级制强调过程考核,其出发点是改变单一终结性"以分定性"的做法,以多维度、全视角来判断、考量学生的学业状况,其落脚点在于为教育教学的改善提供依据,最终提高人才培养质量,促进学生的健康成长。

保证实施的"有效性"是等级制考核的核心问题。一方面,要促进考核评价的科学化。首先,要采取日常考核与最终考核相结合的方式并合理确定权重,这是对学生保持持续必要压力的重要环节。其次,要合理编制考核试题,尤其要注重学生专业能力提升情况的考查,设置必要的实践类操作类考查。最后,宜采用题库形式实施专业统考,并保持不同试题难度适中。另一方面,要促进考核评价的人性化。人性化看似与科学化相矛盾,实则是对考核评价更高层面的要求。首先,要努力使过程考核成为对学生能力发展的动态反映,既要保证考核的高标准,防止等级制考核简化为传统分数考查的多次分解,又不能变相成为对学生的"额外控制"。其次,考试要关注每一个学生的合法利益,对能力各异以及有特殊情况的学生,可以探讨采取灵活变通的考核方式来满足相应学分要求。最后,要保证学生及其利益相关者对考试程序、评判标准、考试成绩等的知情权,让考试成为教育评价、教育反馈、教育改进的重要内容和依据。

综上所述,"学教做合一"人才培养模式兼顾到高职教育所应遵循的"人的发展需求规律""学校教育办学规律"和"市场变化与社会组织需求规律",打破了以往封闭、僵化的体系。因此,工学结合、校企合作是"学教做合一"人才培养模式实现的载体与路径,条件与保障。从学生发展出发,注重实践的科学的教育教学,实现培养社会所需技能人才的目标,是该模式的基本原则和价值归宿。

（本文发表于《中国高教研究》2015 年第 11 期,获 2016 年第一届山东教育科学优秀成果一等奖、2017 年全国职业教育优秀成果一等奖）

新常态下高职院校的转型升级

高职教育从诞生之日起,就与社会经济发展密切相关。高职教育是社会经济发展的必然要求,社会经济发展是高职教育生存发展的依托。当今,世界经济一体化发展进一步强化,中国也迈入了经济发展新常态。在这一背景下,高职教育迎来怎样的"新常态"? 在经济新常态背景下,高职院校如何转型升级? 这是中国高职教育亟须破解的命题。

一、高职教育发展所面临的经济新常态

"新常态"一词最早是由美国太平洋基金管理公司总裁埃里安提出的,意指国际金融危机后世界经济缓慢而痛苦的低增长过程。2014 年 5 月,习近平在河南考察时指出,我国发展仍处于重要战略机遇期,我们要增强信心,从当前中国经济发展的阶段性特征出发,适应新常态,保持战略上的平常心态。这是新一代中央领导首次以"新常态"描述新周期中的中国经济。2014 年 11 月,习近平在亚太经合组织(APEC)工商领导人峰会上首次系统阐述了新常态。从当前我国经济发展的阶段性特征出发,新常态意指我国经济发展在新阶段呈现的一种崭新的而且将持续一段时间的发展态势。

新常态是经济发展规律作用下我国经济进入新阶段的自然表现。新常态的特点一是"新",是新变化新特征新态势,需要我们以新思维积极把握;二是"常",即将在一定时间内长期存在,需要我们主动适应,以新的状态去适应。

国际经验和一般的规律是,当经济发展水平达到中等收入后,经济增长率将出现

30％～40％的递减,世界各国和地区无一例外。由"高增长"转为"中高速增长"是一种内在趋势,但更重要的是经济结构将全面优化升级,经济发展进入到"提质增效""结构优化"的新时期。在这一新阶段,过去适合于旧常态的宏观经济政策和其他政策已经不适应新常态发展,必须做重大的调整和变化,并逐步"常态化"。

二、高职院校步入高职教育发展新常态

从 20 世纪 80 年代初我国创立职业大学至今,高职教育的发展已走过了 30 多年的历程。特别是进入 21 世纪,伴随着中国经济的快速发展,对高技能应用型人才需求加大,高职院校如雨后春笋。2000 年独立设置的高职院校有 442 所,到 2014 年增加到 1321 所。2014 年高职院校招生 318 万人,在校生 973.6 万人,分别占高等教育的 45.5％、39.5％。从 2000 年到 2006 年,高职院校增加了 663 所,从 2006 年到 2014 年,高职院校增加了 216 所。高职院校的增长速度逐步放缓。而随着国家示范院校建设计划的实施,中国高职教育也逐步从速度扩张转为内涵提升。2014 年,伴随我国国民经济健康有序的发展,国务院颁布《关于加快发展现代职业教育的决定》,提出了"加快构建现代职业教育体系""创新发展高等职业教育"的要求。中国高职教育也步入了自己的"新常态"。

高职院校的"常态",依然表现在要适应和满足三大需求上,即市场与企业行业需求、学校教育需求、人的发展规律需求,这是高职院校专业设置的基点。

新时期下,高职教育新常态发展的"新"主要体现在以下三个方面。

第一,办学理念和内涵的丰富。

高职教育的办学思想是以服务为宗旨,以就业为导向,走"产学研"结合的发展道路。办学内涵建设首先明确办学定位和人才培养模式,其次体现在学校领导能力建设、专业课程建设、师资队伍建设、教学质量监管、校企合作深入、办学条件建设等诸多方面。在新阶段,在体现人才红利的过程中,要从"订单培养"的致用性人才转变到促进人的全面可持续发展上来。高职教育为社会上的劳动者提供了职业技能培养、文化素质教育等全方位、多角度的教育服务。人口构成和社会对人才需求的多元化,也决定了高职教育的多样性。让每位学生成为最好的自己,使之最大限度地发挥潜能,实现个人价值,奉献社会,是高职教育的使命。要让高职院校成为学生人生的中转站,为其进一步成长成才铺路搭桥。青岛职业技术学院的人才培养模式,从强调合

作办学的"实境耦合"到着力学生个体成长的"学教做合一",正是从办学结构到教育对象内涵发展的思考和探索。

第二,专业课程与市场的紧密互动。

专业设置和课程体系建设在高职院校人才培养过程中占有十分重要的位置。高职专业设置需要与企业需求相吻合,需要前期做好市场分析和对接,更需要具有前瞻性。这是在产业转型升级的宏观背景下,激发职业教育活力的重要内容。

我国经济进入从高速增长转入中高速增长阶段的新常态下,经济结构正在不断优化升级。新常态下,对速度的追求虽有所降低,但对质量的提升却更加重视。体现在产业结构上,第三产业开始超越第二产业。要素结构上,创新驱动力增强,技术和劳动生产率的改善对经济增长的作用更加明显。一方面,高职院校在专业结构上要进行适时调整,对接新业态,培养社会所需新型专业人才。防止在过去僵化专业结构下出现所培养的人才旱涝不均,在某些行业过剩,在某些行业空白的现象。同时,在课程建设上,树立商品意识。不是学校生产什么,学生就接受什么,而是学生需要什么,学校就要朝着哪个方向努力。创新创业教育成为高职院校的必修课。避免走入"专业与岗位相对接"的误区,创新型人才的培养应该成为高职教育人才培养的重要目标。

第三,教师教育教学理念与手段的与时俱进。

高职教育归根结底是对"人"的教育。教师作为"传道者",需要根据学生特点和具体学情调整教育理念和教学手段。随着我国科技和经济的日新月异发展,当年"一本教案走天下"的教学手段和"老师讲、学生听"的教育方式早已被时代所淘汰。新时期的教师,必须与时俱进,革新教育观念,适应角色转化。使学生由被动地"听",转为主动地"学",教师由"教导者"变为"引导者"。高职教育是学生人生中的"中转站",而非"终点"。学生通过这个"中转站",可以通向未来的无数种可能。

三、高职院校转型升级存在的问题与挑战

从 2003 年高职评估,到 2006 年国家示范性高等职业院校建设,再到 2014 年国务院《关于加快发展现代职业教育的决定》的颁布实施,我国高职教育正逐步进行着转型升级。高职教育的转型升级,不是"升本"。我国高职教育在转型升级过程中,虽然在示范建设时期实现了跨越发展,取得了很大成绩,但也应清醒地看到当前存在的

问题和挑战。

首先，社会对"高职教育"存在认知上的偏见。谈到"技术"，人们会直接联想到单纯的体力劳动，认为相较本科院校"高级知识分子式"的脑力劳动要低级。因此，高职生的社会地位、经济收入和社会认可度普遍不高。人们只看到了"技"而忽略了"术"，这是思想观念上的偏颇。技术，不光要具有技艺，还需要讲究方法和谋略。高职教育是脑力劳动与实际动手能力的结合，它作为高等教育的一个类型，应该得到社会的尊重和认可。

其次，高职教育还未能满足广大群众日益增长的文化教育需求。高职生在经历高考进入高职院校大门的那一刻，就被打上了"先天不足"和"营养不良"的烙印。相较于本科生，高职生的知识储备、学习能力、学习态度等"先天条件"不占优势，在"后天培养"中，如何满足他们的文化和教育需求，是高职教育亟待解决的问题。除了专业技术和实际操作技能之外，作为培养"人"的教育，还需要为学生补充哪些"维生素"？使学生成为高级应用型技能人才的同时，还能具备可持续发展的能力，使他们成为"最好的自己"。

再次，高职教育还未能实现"上下衔接、左右贯通"的局面，在与中职教育、本科教育的衔接和培养规格上存在着不畅通和区分度不鲜明问题。往往高职院校在与中职或本科院校开展"3＋2"分段培养中，在人才培养方案制定、课程衔接、学分互认等方面缺少制度和政策支撑，在要求和条件方面存在着不少困难。

最后，我国在技术创新方面，高职教育还未能成为主力军。高职教育旨在为国家培养和输送大批高级应用型技能人才，可目前大部分高职生的就业岗位偏向生产一线，后续技术科研、技术创新能力不足，无法承担更高层次的技术应用和研发工作。因此，在高职教育转型升级过程中，在锻炼学生动手能力的同时，也应重视和加强对其理论知识和科研能力的培养。

四、高职院校转型升级路径探索

面对经济发展的新常态，正视高职教育发展的新常态，实现高职教育的快速、高质发展，需要教育者从纷繁乱象中抓住根本，理清思路。万变不离其宗，无论是要坚守什么，变革什么，这一切还要从大学的基本功能谈起。

大学的基本功能，包括人才培养、科学研究、服务社会。人才培养是核心工作，科学研究是重要职能,服务社会是人才培养和科学研究功能的延伸。这是高职院校无论怎样变革都必须坚守的。在经济全球化的时代背景下,高职院校的目标的确定,仍然要回到教育的原点,即"培养人",就是要促进人的全面发展,就是要让每个人充分发挥自我潜能,实现自我价值,就是让每个人成为最好的自己。高职院校的责任与使命就是要让每个人得到适合他的教育,使之实现个人的自我价值。由此,高职院校应该立足于探讨构建终身教育体系,它不是单纯的职业培训机构,而是培养人的学校;它不仅是青年学生的学校,也是教师获得职业成长的学校,是社区职工回炉充电的学校。它不只是培养具有职业技能的工程师,它培养的是具有综合素养的承担社会责任与使命的合格的公民。

在新常态下,高职院校转型升级所面临的问题和挑战,归根结底表现在观念、体制和能力问题上。从高职院校自身来看,提升高职教育的社会认可度、美誉度,在于其人才培养能力、科学研究能力、社会服务能力的增强。这是高职院校实现转型升级的基础。要真正促进能力提升,需要关注几个要素。

一是课程。

在经济飞速发展的时代,专业是教育与经济的接口,课程是高职教育活动的核心,必须根据区域经济发展需求特别是产业、行业对人才的需求,对课程进行及时、适度调整,拓展学生的学习领域。把课程从单纯的学业课程拓展到学生的学习生活,从直接的职业工作延伸到终身职业生涯,培养学生可持续发展的能力、终身学习的能力。深入、持续地开展高职教育课程改革,这是高职教育提升竞争实力、实现内涵式发展的重要环节,相较于其他诸多问题,是高职院校可以自行推进解决、能有所作为的问题。

课程的含义和定位至今都没有统一的概念。对课程内涵的理解程度决定着教育的理念与教学模式。要从课程的原意——"跑道"去挖掘出这个词所引申出来的学校教育意义,认识到学校教育教学与求学者的人生轨迹、生活需要、发展需求的互动关系。

教育与学习无处不在,完整的教育课程系统应当既包含专业课程也包含通识课程;既包含学业课程,又延伸到学生自主学习、实践以及在校集体活动等;既重视显性课程,也关注隐性课程,形成一个结构合理、层次明晰、有机生态、立体优化的课程系统。有效的课程实施,是关注生命、关注生长、关注能力、关注智慧,理性科学、民主活泼、教学相长的教学过程。课程的建构应该是促进将素质转变为能力、将方法转变为文化、将职业转变为事业的行动。以青岛职业技术学院为例,从 2012 年开展课程改革,学院将课程改革作为专业建设的灵魂,摆在教学的核心地位,通过厘清高职教育的本质来进行"质"的推进,把理念的引领和实践问题启动相结合,把课程改革行动推进和教师课堂行为转化相结合,把教师的教与学生的学与做相统一。通过自上而下和自下而上的结合,突出学生的发展需求,从课堂教学的基本单元做起,唤醒教师课程意识的自觉,渐进式、螺旋式地做实,构建包括显性课程和隐性课程在内的"大课程"系统。

二是教师。

课程改革的难点集中在师资队伍建设上。课程改革有五个难点:第一是教师的习惯性思维与行为;第二是系统的课程管理和有效实施;第三是多元评价模式的构建;第四是人才培养方案的制定;第五是教师的教育教学能力。第一和第五个难点直接指向教师本身,其他三个难点也与教师密切相关。

要开展课程改革,师资队伍是主力军。教师要树立常新的教学理念,不断刷新知识体系;教师要具备教育教学理论和职业教育理论以及科学的思考能力,同时具备先进的教育教学手段和职业教育教学方法;教师不仅要具备"双师"素质,还要拥有国际视野,掌握国际先进教育理念。

教师要改变在教学中的角色,不能再是"警察""教书匠",甚至居高临下的"布道者"。教师要成为学生的良师益友、引领者,通过努力使学生成为教师的"追随者"。要引导学生通过自主地学习、自主地做事、自主地承担风险和相应的义务,学会技能、学会合作、学会担当。这样才能真正使学生成为社会需要的合格人才,在社会上体面地生存,幸福地生活,让学生获得自豪感,使自己获得成就感。

青岛职业技术学院成立"教师发展学校"。这是一个系统的开放平台,具备整合资源和课程开发为重点的教师能力建设,让教师成为课程资源的开发者,课程实施的传播、供给者。通过这个平台,实现教师职业素养的成长。

三是学生。

在教育工作过程中,往往强调利用其他资源,为学生学习服务,常常忽略学生对教育资源的反哺。青岛职业技术学院提出"学教做合一"的人才培养模式,"学"字当头,突出学生的成长需求,以"学"为根本建构起一种新型的人才培养模式。凸显学生的主体地位,就是一切从学生出发,正确认识高职学生的心理特点和学习特点;凸显学生主体地位,就是让学生做学习的主人,让学习成为激发兴趣和快乐的自我完善的过程;凸显学生主体地位,就是让学生重新发现自己,通向幸福人生。

从经济学意义上讲,课程就是学校的"产品",而这种产品能否适销对路,能否成为"学习商品",让学生这些"客户"欣然接受而转化为"商品",通过交换而体现出其价值,关键在于课程这个产品是否与客户需求相一致。课程的建设与改革,首要解决的就应该是适应学生需要这个问题。

在信息社会的今天,学生获取学习信息的渠道很多,应体现学生在课堂上"当家作主"。在对教师和专业进行评价时,最根本的维度应该来自学生——因为他们才是真正的"用户"。教师要取得好的教学效果,首先是转变观念,了解学生,包括他们的学业程度与问题、学习习惯与方式、智能特点与兴趣,以此因材施教;其次要转变角色,从领导者、传授者转变为学生学习的协助者、引导者、参与者和协调者;最后,要改变教学方法,运用问题教学、专题讨论、案例教学、项目活动等教学方法,激活学生的学习潜能。

高职教育无论处于怎样的发展环境,面临怎样的新常态,学生的竞争力永远是学校竞争力的集中体现。而高职院校能力的提升,归根结底在于所培养人才的成功。科学研究是大学人才培养的重要载体,服务社会是人才培养和科学研究功能的延伸。坚守大学的三大职能,并将之发扬光大,正是高职教育的重要责任和使命,也是高职院校在新常态下实现转型升级的重要基础。

(本文发表于《中国高校科技》2015 年第 11 期,获 2016 年山东省教育科学研究优秀成果一等奖)

回归教育的价值定位

编者按: 日前,2016 年世界职教院校联盟(WFCP)大会在巴西召开,在联盟院校中评选出应用研究与创新、学生支持服务、绿色校园、促进就业、高等技术技能、领导力发展、创业精神与校企合作 7 个奖项,每个奖项设金、银、铜奖。来自世界各国的 21 所院校获得以上奖项,我国获得 2 金 1 银 3 铜的好成绩,其中青岛职业技术学院获得学生支持服务卓越金奖。本文为青岛职业技术学院院长覃川在 WFCP 学生支持服务专题研讨会上的发言。

今天,我们各国职业教育人齐聚巴西,就世界职业教育的发展进行交流研讨,希望通过我们的共同努力,携手共进,在新的时代背景下,实现职业教育的新发展、新突破。

2015 年 11 月 4 日,第 38 届联合国教科文组织全体大会通过《教育 2030 行动纲领》,并发布成立 70 周年以来的第三份重要研究报告——《反思教育:向"全球共同利益"的理念转变》。报告指出,回归教育的价值定位,即促进人更好发展的教育才是优质的教育。面对全球经济发展的新形势,职业教育如何迎接挑战? 如何回归教育的价值定位? 应该怎样培养人才? 培养什么样的人才? 这也许就是我们今天在此聚集的意义所在。

近年来,青岛职业技术学院围绕服务育人,积极探索实践,取得了一定的育人成效。

理念引领,凸显学生主体地位。学院秉承"修能、致用"院训,以让学生成为最好的自己为目标,凸显学生的主体地位,创新"学教做合一"人才培养模式,深化课程改革,整合全方位育人元素,优化人才培养过程,构建全员、全域、全程促进学生发展的立体式"大课程"系统。

管理创新,引领学生全面发展。围绕学生的教育管理、帮困助学、权益维护、后勤保障等实际需要,全面构建"教学管理与学生服务一体化"工作体系和综合素质评价体系,完善学校、家庭、企业、政府、社会、学生"六位一体"联合培养机制,将传统入学教育改为"入职教育"(为期一年),建立全国高职院校首个"四学期制度";将课程因素融入社团活动,将教学与兴趣相结合,实现社团"品牌化、专业化、国际化、制度化、社区化、课程化"发展。

丰富载体,助力学生成长成才。率先在全国高职院校实施"学生助理制",建立大学生权益委员会,学生以准员工身份参与校园管理;注重将学科优势、社会需要和人才培养结合起来,将社会实践和顶岗实习纳入学分体系;以志愿服务为载体不断培育学生社会责任感和奉献精神,义工成为青职学生的第二身份;设立劳动教育课,开展院领导与学生代表下午茶活动,成立大学生基本素质训练学校,建设学生职业素养训练体系和不占学时学分体系,全面提升学生的综合素质;实施"卓越人才培养计划",成立班长俱乐部、体育俱乐部,开设教授荣誉课,奖励资助优秀学生赴国(境)外游学,鼓励学生参加技能大赛,进行科学研究。

拓展渠道,多元化搭建服务平台。以"经济困难有资助"为目标,不断完善校内"奖贷助补减"体系,设立"学生奖助"专项资金,90%以上的家庭经济困难学生都能及时得到不同形式的资助。以"学习困难有帮扶"为目标,实施专业导师制、处级以上干部进宿舍上讲台制度,成立学业辅导中心,切实提高学生的学习能力和学业水平。以"身心健康和谐发展"为目标,推动学生阳光体育运动的广泛开展;心理健康教育渗透到校园文化,营造"人人关注心理,人人关注健康"的良好氛围。

联合培养,校企共育技术技能人才。在每个二级学院建立产教学研理事会,学校与企业以"合作办学、合作育人、合作就业、合作发展"为路径,联合制定培养计划,共同打造教学团队,协同实施双向管理,使学生提前受到企业文化熏陶。学院就业率连续7年保持在97%以上。据企业评价,他们在岗位上不仅表现出较强的专业能力,也体现出优秀的团队协作精神和卓越的领导力。

创业引领,培养全面发展职业人。成立国内首所专门从事创业培训和创业服务的创业大学,设立创客文化研究中心,建立众创空间——青职创客列车,启动以"创意之校"建设为基础的"三创"行动计划,完善创业教育体系,面向全体学生开发开设创新研究、就业创业指导等方面的公共选修课,利用设在校内的"青岛创业大学教学点"和"智岛大学生创业培训中心",开展创业培训。校内大学生创业孵化基地每年入驻企业超过30家,年营业额近4000万元。

对话国际,延伸教育平台。坚持国际化办学理念,秉承开放性、多元性、学术性、共享性、本土性原则,立足专业建设,在课程改革、学术交流、教师互派、合作办学、海外实习、交换留学等方面不断探索并创新国际合作与交流的机制与模式。截至目前,已与22个国家(地区)的80所院校(机构)建立了紧密的友好合作与交流关系,中新职业教育发展研究中心(青岛)基地、联合国教科文组织产学合作教席研究基地、中荷专家工作室先后落户学院。

当然,中国兄弟院校的同仁中也有很多优秀工作成果。比如,南京工业职业技术学院实施英才培养战略,成立精英人才学校,助力学生实现人生出彩的梦想;扬州工业职业技术学院构建学生荣誉体系,让知识学霸、技能土豪、文体明星、社团精英都有出彩的机会;天津中德职业技术学院围绕心理、生活、学习和生涯四个功能,打造大学生健康成长特色品牌活动;宁波职业技术学院实施"绿洲工程",针对心困生、情困生、学困生建立特殊人群帮扶体系等。我们一道为此共同努力着。

"弄潮儿向涛头立",职业教育是影响经济发展方式转变的基础和促进社会公平的重要力量。然而,职业教育发展要达到"以人为本"的理想状态,还有很多的鸿沟需要去弥补,还有很长的路要走。最后,我想以德国哲学家雅斯贝尔斯《什么是教育》中的一段话与大家共勉:"教育,不能没有虔诚之心,否则最多只是一种劝学的态度,对终极价值和绝对真理的虔敬是一切教育的本质。"

(本文发表于《中国教育报》2016年10月25日6版)

重视人才培养方案制定

近年来,我国高等职业教育蓬勃发展,高等职业教育的办学规模已占高等教育的半壁江山。随着我国经济社会的快速发展,行业企业对高等职业教育人才培养提出了新的更高要求。因此,构建职业教育国家教学标准体系,对高职院校适应国家经济新旧动能转换要求,在促进国家经济社会与产业转型升级的进程中,培养大批高质量高端技术技能人才有着重要的现实意义。

职业教育国家教学标准体系的建立恰逢其时。从高职教育的现状来看,在高职院校中还存在着专业设置随意、专业教学标准不科学、课程计划不执行、顶岗实习不规范等问题;有的高职院校对学生的评价重技能、轻素养,仅考虑短平快的低水平就业,忽略学生可持续发展的能力培养;还有的高职院校专业教学缺乏职业内涵,实践性教学要么"短斤缺两",要么"形同虚设"。俗话说,没有规矩不成方圆,同样,没有标准何谈质量。国家教学标准体系的制订,从遵循办学规律出发,制订规则、提供规范,为依法治教、规范办学奠定了基础,这标志着高职教育发展的重点已进入到内涵发展和质量提高的新阶段。

职业教育国家教学标准体系具有宏观性、全局性,具体到地方、行业和学校又呈现出各自不同的个性特征。因此,各省既要通过制订指导性的省级标准来与国家标准对接,又应鼓励各高职院校立足实际情况,做好教学标准的执行方案。从实践来看,把握企业用人、学生发展、专业建设这三个方面的需求,制订好贯穿学生三年学习过程的专业人才培养方案,是使国家教学标准落地的重要抓手。

首先,适应企业用人需求。专业是高职院校的基本办学单元,也是联系社会的纽带。高职教育的各个专业要为国家、行业、企业的发展培养高素质劳动者和技术技能人才。学校在制订专业人才培养方案时要积极与行业企业合作，根据多岗位、职业的任职能力标准和晋升标准，参照相关的职业资格标准，改革教学内容，制订教学标准。要广泛地进行标准制定调研，企业专家和教育专家共同分析情况，努力实现教育与产业、学校与企业、专业设置与职业岗位、课程教材内容与职业标准、教学过程与生产过程的深度对接。

其次，适应学生学习需求。专业的改革与建设关系到要让学生学什么、能否满足其就业的问题。有专家在 2017 国际职业技术教育大会中表示："我们今天所习得的技能有可能不再适用于明天的社会，所以我们必须要有相应的解决方法，帮助个人提高和更新在整个职业生涯和生命过程当中的技能。"高职教育要以培养学生适应未来生活的可持续发展能力为目标，促进学生个性化发展，让学生成为他自己。首先，专业人才培养方案的制订应在全人培养的思想指导下进行，把育人方向放在第一位，做人做事，以德为先，坚持培养又红又专、德才兼备、全面发展的人。其次，检验人才培养好坏的关键指标是学生的成长成才。方案的制订要多关注高职学生学习的个性特点，顺应其天性，突出对学生素质和能力的培养，支持服务其成长。在具体操作过程中，强化"学"字当头的教育教学策略，教师引导，学生主动，构建学生行动学习模式，调动学生学习的积极性和主动性，让学生在个人知识与技能体系的建构中规范发展、自主成长。

第三，适应专业建设需求。专业建设需求是满足企业用人需求、学生学习需求的有力支撑。教学场地、实训条件等教学基本硬件匹配度，教师教书育人素养与能力吻合度，政策环境支持达成度是专业发展需求的主要内涵。教学标准的落地离不开这些软硬件条件的支持，离不开那些与教学标准相适应的教师。教师的教育理念应紧跟高职教育的发展趋势，在参与高职教育课程改革中，使"以学生为中心"的理念真正入脑入心。譬如，教学标准体系应当是"教"与"学"相统一的标准，学生应当参与教学标准的制订，教师也应指导学生制订学习标准。教师的教学标准和学生的学习标准应当并行，既有教师引导学生的学习，又有学生协助教师的教学。

专业人才培养方案是高职院校专业教学的"规范性文件"，具有稳定性、时效性、法规性等特征，是专业教学准确、有效实施的基本制度，是国家职业教育教学标准体系中的重要组成部分。专业人才培养方案制订的质量如何直接影响着高职专业人才培养的质量。为确保专业人才培养方案的质量，一方面，高职院校的"教学工作诊断与改进"应该将专业人才培养方案列为重要的工作内容；另一方面，高职院校课程改革的持续深化推进还应与专业人才培养方案的完善相结合。

职业教育教学标准体系的建立，不仅需要职业教育系统内统一认识、达成共识，还需要得到社会各界的支持与认可。对高职院校而言，要在坚持"工学结合、校企合作"的办学要求的基础上，遵循国家职业教育教学标准，结合省情、市情、校情实际，制定出各具特色的专业人才培养方案，确保职业教育教学标准落实到位，确使职业教育有序、良性、可持续地健康发展。

（本文发表于《人民政协报》2017 年 9 月 20 日 10 版）

破解"不平衡不充分"，高职院校怎么做？

进入新时代，我国社会主要矛盾已经转化为人民日益增长的美好生活需要和不平衡不充分的发展之间的矛盾。高职教育如何承领新使命、完成新任务，为中国特色社会主义新时代培养合格的建设者和接班人？这是每一位高职教育工作者面临的一个新课题。

一、重温高职教育的初心和使命

新时代社会的主要矛盾，在高职教育领域可以理解为：求学者日益增长的美好生活需要与高职教育发展不平衡、供给不充分之间的矛盾。理解和应对这一矛盾，依然需要重温高职教育的初心和使命——让学生成为德才兼备、全面发展的人才，使他们在为国家社会建功立业的同时，不断提升个人生活的幸福指数。

中国高职教育经过二十年的发展，目前已占高等教育的半壁江山。产教融合不断深化，校企合作不断加强，大批的高素质高技能人才成为大国工匠。但是，我们应清醒地看到，由于高职教育发展时间较短，其发展的状况也是处于"初级阶段"，在满足学生全面发展的需要、对美好生活的需要，满足社会产业转型升级对高素质高技能人才需要，满足社会全面发展对高职教育的需要等方面，高职教育仍存在着发展不平衡和不充分的问题。

从外部层面上看，西部内陆地区与东部沿海地区之间高职教育发展不平衡，学校适应、服务地方产业以及高技能人才供给方面发展不充分，校企合作的程度与产教融合的深度既不平衡也不充分。从内部层面上看，在专业建设、课程改革、教学改革、教师发展等方面,发展不平衡、不充分的问题依然制约着现阶段高职教育的内涵发展。

二、破解当前主要矛盾,肩负使命全面育人

高职教育发展应当主动适应新阶段的新情况,把握机遇,迎接挑战,在推进社会全面进步的进程中,肩负起全面育人的历史使命。

第一,确立学生中心基本理念。

对高职院校而言,其重要的办学职责就是以服务学生为中心。要以学生对美好生活的向往为目标,不仅培养他们面对职场的就业能力,还应培育他们经营家庭的生活能力。这一目标的实现就要求我们在办学过程中,一方面要着力培养学生适应职业岗位、具有"工匠精神"特色的硬技能,另一方面也要培养学生可持续发展、具有"双创"素养的软技能。

在具体的教育教学运行与管理中,应遵循学生的成长规律,突出高职教育办学特色,尊重学生在教学活动中个性发展的主体地位,发挥学生在教学活动中自主学习的主导要素,以"学"为根本建构高职教育育人新模式。建立全员、全域、全程促进学生发展的立体式教学系统,关注学生的德能、知能与潜能的培养与激发,服务于学生作为"人"的全面发展和可持续发展。

同时,以学生成长为中心,以立德树人为目标,完善以"支持服务"为主旨的管理文化体系,形成校内外各相关环节及领域同向、同行、同力的正向育人功能和育人氛围。开辟支持学生成长成才的"工作课堂",支持学生以"准员工"的身份参与到学校教学事务的管理中,为学生的自主、正向、全面发展提供引领和支撑。通过持续不断的努力,把学校建成学生的"学习乐园、幸福家园、魅力校园",为学生多元、健康、快乐发展,培养他们未来创造新生活的能力与素质奠定坚实的基础。

第二,提升高职办学能力水平。

习近平总书记提出要优先发展教育事业,让每个孩子都能享受公平而有质量的教育,同时,还提出了提高就业质量和人民收入水平的新要求。当下,职业教育进入了现代职业教育体系建设的新时代,开辟了以质量为生命的优质化、品牌化道路。作为高职院校必须主动适应需求,实时自主调整,持续改进提升,在改善民生、促进就业和终身学习、可持续发展方面发挥积极作用。

应对以技术进步、创新驱动为特征的经济发展趋势,面对全球的产业转型升级,

面对时代和社会对高技能、创新型、复合式,具有可持续发展力的高素质人才的需求,高职教育也需要通过深化供给侧结构性改革,来优化存量资源配置,扩大优质增量供给,实现供需动态平衡。

高职院校要从提高专业、课程、教学等育人资源供给质量出发,优化专业与课程结构,使供给要素实现最优配置,有效地满足行业企业用人、学生的发展、专业建设的需要,以此促进人才培养工作质量与水平的提升。

与此同时,高职院校还应该提升学生可持续发展能力,培养学生创新创业精神,使高职教育实现"更高质量、更有效率、更加公平、更可持续的发展"。

第三,完善职业教育办学体系。

习近平总书记在十九大报告中指出:"完善职业教育和培训体系,深化产教融合、校企合作。"适应新要求,高职院校必须要通过深化改革,明确办学定位,构建起符合时代发展的现代大学治理体系,使高职院校内外利益相关者在平等和相对自主的基础上,共同参与办学,形成与区域社会经济发展良性互动的高职院校办学新模式、新机制。

面对未来社会转型升级、新旧动能转换和信息技术革命带来的变革,高职院校需要迎接挑战。实施产教融合、校企合作,就要求高职院校创新合作办学机制,推进政行校企融合发展,开展宽领域、多样化的合作,探索混合所有制改革,创新集团化办学模式,推进现代学徒制试点。推进工学结合,就要求高职院校加强专业内涵建设,改革传统人才培养模式,形成具有高职特征属性的人才培养体系;强化专业核心技能培养特色体系建设,把实践教学、技能培养落实到日常教育教学之中;推进二级学院由教学单位向办学单位转变,强化专业与产业对接与互动,推进校企联手开展应用技术技能积累与研发推广工作。

面对国家终身教育体系构建的新要求,高职院校应积极应对,主动作为,成为国家终身教育体系和学习型社会建设的一支重要力量。以行业、企业对技术技能人才需求为导向,开发职业技术类培训课程资源库,推进优质培训资源跨区域、跨行业共建共享,为行业企业提供多层次、多类型、立足岗位需求的技术技能教育培训服务和学历继续教育。发挥高职院校社区学院的功能,在推进新型城镇化建设、加强农村转移劳动者转岗能力、提升社区文化教育等方面发挥作用。服务"一带一路",配合合作企业"走出去",一方面输出高素质技术人才,一方面提升当地劳动者的技能水平与素质能力。

(本文发表于《光明日报》2017 年 11 月 2 日 14 版)

高职教育的价值内涵和整体策略

高职教育作为一种教育类型,已经被广泛接受,高职教育的规模和功能也在实践中得到了充分体现。然而,面对未来的发展,各种观点繁杂,都有其依据和道理。认真梳理高职教育的价值问题,是确定高职教育发展方向和立足点的基础。

一、"三个需求"的价值分析

高职教育是在改革开放后,随着经济社会的快速发展应运而生的。一开始就与企业结合紧密,能够培养出企业急需的技能型人才,有效地顺应了各行各业需要大量一线技能型劳动人才的趋势。就是说高职教育就是应劳动力市场需求而产生,并逐步发展的。劳动力市场的需求,是职业教育最初始的价值体现。

尽管高职教育最直接的目的是为企业培养一线技能型人才,但是人才本身就是一个有机整体,首先是人,然后才能是才,技能培养必须建立在促进受教育者身心全面发展的基础之上。一方面,高等职业教育属于学校教育,是针对年轻一代进行有目的、有系统的培养活动,那么就必须遵循学校教育培养人的根本原则;另一方面,高等职业教育是高等教育的一部分,必须培养具有一定基本品德素养和文化素养的人,才能达到高等教育培养的基本规格。

要达到培养人的目的,作为组织有效活动,进行培养过程的专门机构,学校自身的实力积累和与时俱进的发展,是为学生提供最佳学习资源和有效成长环境的先决条件。作为教育资源的供给方,必须在开展教育教学活动的过程中,积累和发展自己,才能为学生的发展提供有效教育供给,从而影响学生的成长。

系统论观点认为,学校教育活动,必须使相关各方的诉求协调实现,各方的行动和功能形成良性的互动。事实上,高职教育"三个需求"的背后是"人的需求"。一般来讲,来自企业的需求,实质上背后还是对"职业人"的需求;专业需求或者说教育的需求,实质上也是"教育者"这一"人"的需求。因此,企业所需要的雇员(毕业生)、求学者(在校生)、教育者(教师),这显性和隐性人的需求,组成了学校教育活动的人的基本结构,是学校人才培养功能价值的"全面体现"。

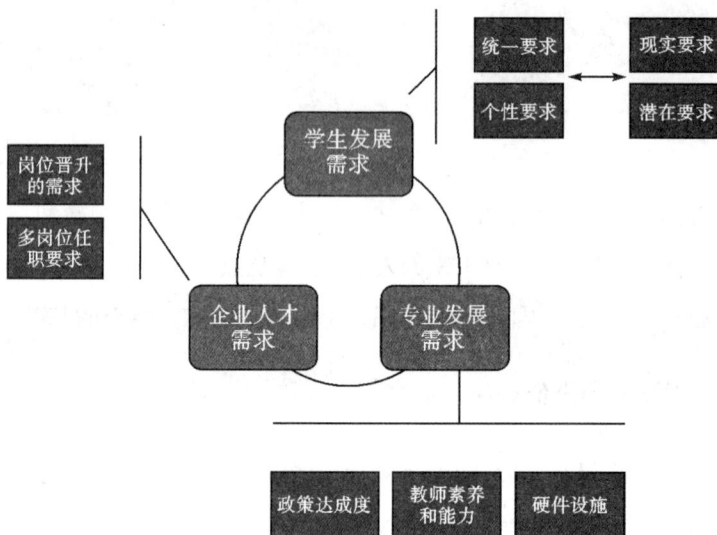

(图1)

我们把上述三个方面的需求,进行一个整体的分析(如图1)。首先,是学生发展需求,是指学生身心发展的需求,也就是教育和培养的最终目的,包含了体现国家、地区、学校整体的统一要求,也包含学生个性发展的要求,既要重视学生毕业、就业、适应岗位工作的现实需求,也要重视学生潜在的未来职业生涯发展的需要。其次,是教育发展的需求,即专业发展需求,包含有效整合、挖掘国家、地方政府相关政策的资源,为专业发展提供有效支撑;利用校企合作、项目支持等方式,改善专业教育教学的设施和教学条件,特别是实习实训基地建设,为教学科研提供物质基础;最重要的是促进专业教师的自我发展。第三,是企业人才需求,即用人单位的人才现实需求和人才储备需求。

二、"三个需求"的现状

在现实中,有些现象一直令人担忧。主要表现在三个需求之间不能相互协调,以及对每一种需求本身也存在认识上的误区。如日常调研中从学生提出的要求中体现的往往是企业的需求,而并不是他们自我发展真正的需求;企业的需求也往往是工具性的某几个岗位、职位的需求,缺乏对多岗位、多层级人才需求的分析与论证;教育的需求常常被误解为学校升格、获得更多的资金支持一类外延性的要求,而不是学校、专业积累和自我提升的需求。

学校所强调的往往是社会需求,职业教育的企业岗位的直接需求。有的人认为职业教育即功利化的就业教育,狭窄的某一(某几个)职业岗位需求、标准,替代了行业职业岗位的通用需求(技能性基本需求、通识性基本需求)。职业需求被简单地理解为企业方提出的需求、工作岗位最直接的需求,由此误导了院校专业人才培养方案的制定与实施。同时,人才培养方案在企业需求方面,体现得过于刚性,柔性度不足。按狭窄的社会需求所制定的人才培养方案,与在校生的需求往往是不对称的,导致学生的学习兴趣、积极性不高。因为,学生的"被专业"背景,再加上学校"唯企业"岗位的需求,忽视了学生个体需求、兴趣、能力差异与职业倾向,也导致培养质量差、学习动机与动力乏力等问题。正确的认识应该是,对于企业和市场的需求,建立在全面系统的调查研究、大数据的分析基础上,得出各行各业的真实需求,并将其科学地进行教育表述。

尽管学校开始矫正、反思"唯专业""唯技能"所带来对学生可持续发展培养的问题,开始强调、注意对学生综合素养的培养,但是,这往往是统一套餐式的,硬性地规定所谓的通识课程、素质课程,缺乏套餐式的自选课程。另一方面,一些学校对学生可持续能力的培训、综合素养的培养,实施方卖弄存在着"形似神不似"的问题。走过场式的、完成任务式的教育教学活动,缺乏实效性,学生为了完成学分而被动学习。或者学校提供给学生的通识课程,是在被动地接受上级规定的课程,或是应付式地、象征地设置。学生需求应该取自对毕业生、在校生、潜在的职高生(中高职衔接)的需求调研。由此在按照国家意志设置课程外,还应该从学生未来发展的潜在趋向,从学生个性、兴趣与能力状况,从学生多元智能的学习特征,综合地考虑需求,使得人才培养方案具有"一案多本"的结构,尽最大可能地面向每一个学生个体。

专业需求,是保证教学高质量实施的基本条件和保障。作为人才培养的"专业载体",应该从人才培养的基本要件上入手,体现在人才培养方案中,包括教师对新知识、新技能在学习的需求,教师教学需要拥有的实训场地和设备,需要制作相应的"新课程",开放新教材等教学资源等等。没有这些基本条件或者对新增教学条件的需求,就使得人才培养方案在执行过程中,因条件的不具备造成"短斤缺两"式的、降低教学质量标准的"对付式"的教学活动。专业需求的关注,是学校教育活动适应于企业需求和学生需求的基本保障。然而,一些学校在某种程度上缺少对专业内涵系统化地关注,而是功利化地追逐诸如大赛等能够为学校带来"声誉"的任务指标。

三、"三个需求"指导下的课程体系

课程是院校实现专业人才培养的主要载体。专业培养的全部内容及院校人才培养的全部内容,都必须通过课程使之系统化、明晰化。课程是将教育教学理念具体化的对象,是教学方式、方法,教学手段运用的基本依据;课程是贯彻专业培养目标,是体现培养过程的途径;课程是将培养过程中的人与事连接起来的桥梁,是规定师生教学进程的轨道;课程是体现学科知识的逻辑结构和实现专业培养的枢纽;课程是体现高校内部不同领域知识结构的范畴,也是高校教师从事特殊劳动的主要对象。从某种意义上讲,学校教育中,课程是比专业更具有本质意蕴的教学单元。因为专业只是一个具有特定目标的框架,其中体现其内涵的是课程,不仅包含课程的具体内容,也包含了这些课程之间的关系和课程体系结构,在整个教育教学系统中,体现供给侧的改革思想。

自从高职教育创办以来,重视知识和技能的"致用"价值,整体上改变了原来高分低能的状况。课程与行业企业岗位需要结合紧密,课程内容和教学都以企业工作为基本蓝本,为高职教育争得应有的地位。然而,也存在着课程过分重视市场需求等现象,特别是课程更多体现某一特定岗位的操作技能,而忽视学生整体的职业能力的提升,知识技能迁移能力差;过分关注企业当下的工作需求,忽视学生通用技能教学,忽视学生潜能培养,不利于学生职业生涯的可持续发展。专业教学要求无论是校方、教师,还是教学条件等方面,存在少新意、少创意,内容陈旧,方法呆板的问题。课程改革,必须从整体上力求解决这些问题。

体现"三个需求"的理念,必须建立一种新型的课程体系。所谓新型课程体系,指

的是从课程的本原意义出发,对校内外有效教育资源进行"课程化"的整合改造,使其均成为学生成长课程的理念。在英语语境里,课程(course)原为"跑道"之意,其引申出来的意义即学校教育教学与求学者的人生轨迹、生活学校、发展需求的互动关系,这与全面发展视阈下的广域课程观的内涵非常契合。在"广域课程观"指导之下,高职教育应着力构建"生态型"课程体系,所包含的课程既有显性课程又有隐性课程,既有实体课程又有虚体课程,既有主体课程又有补充课程。如,显性的实体课程可以包括基础综合类课程、实践技能类课程、社团兴趣类课程、社会实践类课程等等。隐形课程包括校园内的标识、文化、制度,也包括教师的言谈举止等等。无论从哪个角度进行分类,这些课程所共有的特征是能够满足现实性、丰富性、多样性、灵活性、生长性等多方面要求。首先,课程要与学生的身心成长、与现实社会生活密切联系;其次,课程要有足够的数量,能够给学生提供充足的选择空间;第三,课程类型要多样,能够满足不同学生的个性化需求;第四,课程之间具有灵活的组合方式,能够合理搭建成有别于学术专业的实践应用方面的专门体系;第五,课程能够根据现实变化随机调整,不断更新知识点、淘汰过时的内容等等。

课程改革,就要以课程系统构建为中心,这是课程改革的主体,具体来讲包含以下几个方面。首先,学院层面要从整体上建立一种全新的课程制度,比如整个学院的课程结构和学分构成方式,专业课程与公共课程的配比,必修与选修课程数量、比例,必修课程内部必修内容与可选内容的安排,学时与课时分配及学分计算,学分登记和管理制度;其次,各专业课程设置和专业课程体系,各课程的关系以及开设顺序,理论课程与实践课程的整合等;再次,课程(群)开设的目标和课程标准建设以及课程考核方法,教材及其他教学媒体的选用和开发;再次,教学单元的设计(教案),课堂教学组织形式、教学方法、教学场所、教学进程环节安排、单元作业成果等。另外,在整个教学进程中,教师言行所体现出来的学术修养和教学风格,整个学校的制度文化、行为文化、专业文化和环境文化等隐性课程建设,课后学生的文化、艺术、科普、社团等活动课程建设等,都是课程建设的内容。

上述的论证,我们试图在阐明以下三个方面:第一,课程作为教育的主要载体,要体现"培养人"的目的规定性,课程必须为培养人这个目标而设置和实施,课程要体现学生作为人的全面发展的需求;第二,职业化的课程,体现着职业教育的社会功能,为各行各业的企业进行高智能劳动力的再生产,为他们提供技能人才的储备,满足职业教育市场需求;第三,课程作为典型的学校教育的内在要素,其社会化、系统化、动态化、信息化水平,是教育机构自身发展的核心实力的根本依托和标志,它体现着学校内部专业实力和教师发展的内在规定性,体现着教育自身的需求。

青岛职业技术学院在示范院校建设完成之后,根据学院发展的战略目标和学院面对的现实挑战,提出了"大课程观",就是从课程的概念的内涵和外延两个方面进行丰富和拓展。突破传统的狭义的课程只是针对列入学科教学计划内的教学科目,专门安排学时,即进入课程表的限制。课程也包括了学生在课下进行的各类群团活动,甚至包括学生在学校的生活、校园环境、学院教师(包括从事管理工作的教师和后勤工作的教师)的精神风貌和行为作风,都构成了课程的内容。换句话说,凡是对学生的成长可能产生影响的因素,都是课程。在学院的人才培养方案制定过程中,将学生课下进行的社团活动、志愿者活动、自主阅读活动、学生科研活动、社会实践活动等全部列入课程体系,并赋予一定的学分,进行课程化管理。

四、"三个需求"下的人才培养过程

人才培养模式,是将教育理念付诸行动,最终实现目的的系统设计。"模式"一词从一般方法或科学哲学中引用而来,其英文词是"model",原义是"模式""模型""典型""范型"等,它表示用实物或符号将原物、活动、理论等仿制、再现出来。美国两位著名学者比尔和哈德格雷夫在研究一般模式时所下的定义有三个要点:第一,模式是现实的再现;第二,模式是理论性的;第三,模式是简化的形式,是对理论的精心简化。人才培养模式是科学理论模型的一种,它是以一种有目的、有计划、有组织地向受教育者施加影响,促使受教育者的身心得到发展的社会实践活动为研究对象,以探讨受教育者的身心如何在投入最少而获得最佳发展效果的规律为目标的教育科学研究方法系统。

青岛职业技术学院积极探索"学教做合一"人才培养模式改革,其着力点在于强调教、学、做这三个方面统一,强调实践的重要性。"学教做合一"将"教"与"学"位置的颠倒,是从解决我们面临的现实问题出发的。事实上,在我们的一些课堂上,教师直接或间接地主宰课堂,学生的主体位置被忽略,学习的主动热情被压抑。在有的学校,学生要么被"管理"得服服帖帖,要么被"遗忘"得干干净净。学与教位置的互换,就是要理顺师与生、教与学的位置关系,倡导一种学校育人的理念与价值取向。在

"学教做合一"的内涵里,从名词来看,"学"即学生,在师生关系中是第一位的,是"教"的原因,没有他们,学校和教师职业就不存在了;从动词来看,"学"即学习活动,学习是根本性的、目的性的,只有激发起学生的激情,这样的教学活动才是有效、和谐、生态的,对高职院校的学生来讲也就是通过自主学习能力的培养,激发和牵引出他们的创造能力与潜能。

在人才培养模式方面,也同样体现着"三需求"的内涵:第一,"学"当头,把学生放在教育行为的起点和归宿的地位,体现着教育的目的性——培养人才,同时关注学生的学习能力和学习习惯,体现学生成长的发展需求和现实需求;第二,注重职业实践的教学模式设计,体现了职业活动的内涵特征,体现着人才市场的需求;第三,教育教学中师生以课程、项目作为载体的互动,实现教学相长,在教育学生的过程中,实现了教师的自我教育和自我实现,丰富了学校的积累,实现了教育教学对学校的反哺,体现教育自身的需求。

在具体的学校操作层面,要按照"三需求"的理念、内涵制定好人才培养方案。人才培养方案是高职院校专业教学的"规范性文件",具有稳定性、时效性、法规性等特征,是专业教学准确、有效实施的基本制度,是国家职业教育教学标准体系中的重要组成部分,也是教学诊断与改进工作的重要依据。因此,要建立有效的校企联动机制,每年针对新一届学生及时修订人才培养方案,使得高职院校的人才培养与新时代的企业技术升级、生产和服务的管理模式进步相适应。在人才培养方案论证过程中要充分考虑高职学生的生长规律与个性发展诉求,着眼于他们日后可持续发展的潜在需要,适时对人才培养方案中的内容与教学标准进行调整和更新。在进行市场调研、学生学情分析、专业实力对比的过程中,要充分利用大数据分析的方法,使人才培养方案的制定更加科学。人才培养方案要突出德育为先,全人发展的育人要求和基本理念,将为谁培养人、培养什么人的基本要求贯穿于人才培养的全过程。

(本文发表于《中国职业技术教育》2018年第3期。2018年6月收录于中国人民大学书报复印中心《教育学文摘》第2期)

人工智能倒逼职教人才培养模式变革

人工智能是当下的一个"热词"，它改变了人们的生活、工作和学习方式，使得过去繁琐笨重、费时费力的事情，变得便利、简单、迅捷和高效。作为信息技术革命发展到一定阶段的必然产物，人工智能带来的革命性变化，导致工作方式与工作内涵也发生了重大变化。具体表现在，工作标准的变化导致人才标准的变化，岗位工种、工作分工的细化向兼容性、复合型方向转化。在这种情况下，一些企业、社会组织对人才的需求也相应变化，呈现出由知识、技能的单一性，向综合性、复合型方向发展。因此，产业转型升级对职业教育人才培养也提出了新要求，这就倒逼职业教育要以创新的理念对人才培养模式进行改革。

一是要厘清人才培养新理念。在人工智能阶段，需要以哲学的视角，将职业教育的人才培养放在社会这一大的系统中，设计好如何与产业的转型升级实现良好的互动和衔接，如何与学生美好的生活需求和期待有机结合。要坚持"立德树人"的育人方向，努力培养出一大批能够面向未来的具有"工匠精神"和企业家情怀，拥有"一专多能"的高素质产业工人。要进一步更新育人理念，深化职业教育教学改革，改变过去单一化技能人才培养的局限性，培养适应面宽、可持续性强的复合型技能人才。

二是要修订人才培养新方案。要基于产业转型升级、学生可持续发展、专业内涵建设的需求，与行业企业、甚至与学生一起系统修订专业人才培养方案，确定人才培养规格标准。同时，在强化学生信息素养的基础上，突出人工智能应用技术能力的培养，推进"专业＋"、构建专业群，增设人工智能的相关课程；注重培养学生分析问题、解决问题的能力,并强化计算思维素养教育;突出数字化教学资源、网络空间和智能化教学平台建设,为教师在人工智能时代下培养人才创造条件。

三是要推出人才培养新课程。要推进课程＋融合计划,重组课程资源,实现不同专业之间的课程共享。增设人工智能、通识教育、美育艺术、生活技能、综合素养、"双创"教育、数理素养、哲学意识等课程。突出专业核心技能培养,加强"专创融合""专技一体"课程建设,完善实践育人体系。鼓励开发与新技术、新规则"相伴相生"的讲义(课件)教材。开设"机器换人"所不能取代的"心智课程",培养学生的想象力、判断力、理解力和价值观,以及规划和设计未来的思维能力。

四是要构建人才培养新模式。要构建体现人工智能新要素下的人才培养完整体系,即体现学校办学理念的人才培养模式、突出不同专业特点的专业人才培养模式、适应教学需求与教学内容的教学模式、彰显学生多元智能的学习模式。创建学生学习新模式,凸显"学生客户"在学校生活、课堂教学活动中的主体地位和话语权,充分激发他们主动、自主学习的潜能,尊重他们对不同学习方式的选择权。教师在教与学的过程中扮演着策划、编剧、主持人、导演、导师、助演、乐队指挥、朋友等多元角色。

五是要开辟人才培养新路径。要深刻、系统、全面地理解"产教融合、校企合作、工学结合、知行合一"的内涵及其相互关系,创新推进现代学徒制、工学交替等人才培养的多种实现方式,最大化地构建"工作课堂"。加强职业院校的"学习中心"建设,在教育教学活动中形成师生学习共同体,实施"多师同堂"。创设数字化、网络化、智能化环境下的"学习场",建设信息化在线学习平台,开辟私人定制课程的学习空间,努力创设适合学生多样化学习的机会和环境。

六是要创新人才培养新评价。要改变以往单一性、外在化、终结性的结果性评价结构与方式,增加过程性评价、自我评价、发展性评价的比重,建立学习成果与学习状态档案,推行以学习成果满意度为导向的评价。推行学历证书、技能证书与学生经历证书并存的多证书制度,比较客观、相对精细、力求全面地将学生的优势、特质、潜能刻画出来。拓展评价内容,将学生品德素质、身心素质、思维方式,以及干事创业、终身学习、经营家业的能力作为评价的重要内容。

最后尤其要指出的是,在人工智能发展日新月异的新时代下,推进职业教育人才培养模式变革的关键在于教师。教师需要更新职业教育育人理念,掌握人工智能新技术与新模式,提升学术素养和专业水准,探索学生支持服务的有效途径。此外,人工智能的前提还是"人工",它不能取代职业教育的基本功能。因此,在人工智能时代,人工智能教育技术、教学资源等是促进人才培养效能提升的辅助手段和工具,作为职业教育的教育工作者,需要做的是利用先进技术对人才培养模式进行创新,而不能被人工智能"绑架",在这一点上应该保持清醒的头脑。

（本文发表于《中国教育报》2018 年 11 月 6 日 11 版）

论产业转型升级背景下高职教育面临的新问题和对策

人才培养工作与社会经济发展紧密相连。在新时代产业转型升级背景下，高职人才培养工作面临着新要求。积极应对挑战，加快自身转型升级，培养出满足时代和社会需要的具有可持续发展能力的高素质人才，成为高职院校亟待解决的重要课题。

一、产业转型升级背景

习近平总书记在党的十九大报告中指出，中国特色社会主义进入了新时代。进入新时代，中国社会主要矛盾已经转化为人民日益增长的美好生活需要和不平衡不充分的发展之间的矛盾。这就要求在继续推动发展的基础上，着力解决好发展不平衡不充分问题，大力提升发展质量和效益，更好地满足人民在经济、政治、文化、社会、生态等方面日益增长的需要，更好地推动人的全面发展、社会全面进步。

以技术进步、创新驱动为表征的经济发展趋势，推动了全球的产业转型升级。产业转型升级是产业从价值链的中低端向中高端的上升过程，是产业结构的高级化，即向更有利于经济、社会发展方向发展。产业转型升级主要表现在，由低附加值产业向高附加值产业转型，产业发展由粗放式向集约式发展，产业布局由分散型向集聚型转变。这就要求提高劳动生产率和全要素生产率，全面推动劳动力要素的升级和结构优化。高校大学生是产业转型升级的人才基础。高职院校承担着培养高素质技术技能人才的任务，必须深化改革，以快速适应我国经济发展新常态。

二、高职教育面临的新问题

当前,我国高职教育面临着产业转型升级带来的新挑战、新问题。

1. 高职教育发展不平衡不充分

新时代社会的主要矛盾,在高职教育领域可以理解为:求学者日益增长的美好生活需要与高职教育发展不平衡、供给不充分之间的矛盾。我国高职教育经过二十多年的发展,目前已占据高等教育的半壁江山。产教融合不断深化,校企合作不断加强,大批的高素质技术技能人才成为大国工匠,在社会各个岗位上发挥着重要作用。但是,我国高职教育发展历程较短,发展状况还处于"初级阶段"。从外部层面上看,西部内陆地区与东部沿海地区之间高职教育发展不平衡,学校服务地方产业以及高技能人才供给方面发展不充分,校企合作的程度与产教融合的深度既不平衡也不充分。从内部层面上看,专业建设、课程改革、教学改革、教师发展等方面发展不平衡不充分的问题依然制约着现阶段高职教育的内涵发展。

2. 专业课程建设不能完全适应产业转型升级的变化

当前,我国工业生产方式正从"制造"向"智造"转变,产业转型升级带来专业转型升级。有些高校在专业设置上对产业发展、市场需求变化的灵敏度差,专业结构与行业企业岗位需求吻合度不高;专业的职业特征不鲜明,专业设置基于传统的学科划分,体现为大专业,涵盖宽泛,笼统单一;缺乏跨专业的知识整合,专业群建设意识薄弱,相近专业、跨专业缺少资源共享和沟通。课程内容与职业岗位能力对接不紧密,与行业技术应用有一定程度的脱节,不能及时应对新旧动能转换;课程体系与求学者职业发展需求之间不能很好地匹配,偏重显性课程建设,轻视包括文化、环境、课外活动在内的隐性课程建设;课程资源不够丰富,忽略学生接受知识能力和成长需求等方面的差异性,套餐化、模式化的课程不能满足学生的个性化需求。

3. 教师的教育思维需要与时俱进

教师自身的专业化、职业化、信息化素养有待进一步提高。有些教师对高职院校的人才培养模式认知不准确,没有真正确立以学生的"学"为中心的教育理念,布道式、宣讲式、满堂灌式教学法依然大行其道;偏重专业学习,对学生创意思维、合作能力、主动学习意识、敬业精神的培养重视不够;对经济发展、产业转型升级的关注度、参与度不高,市场调研能力、操作能力以及指导学生实践的能力不强。

4. 学生职业能力难以满足职业岗位的需求

产业升级带来生产技术的复合化,专业界限逐渐被打破,多学科融合发展。同时,生产工具的智能化对学生综合素质提出更高要求。然而一些学生在主动学习能力、批判性意识、吃苦耐劳精神等的养成上,难以达到产业转型升级背景下的职业人才标准,导致其知识面过窄、适应能力差、竞争力不强,在职业发展过程中出现诸多问题。

三、高职教育适应产业转型升级的对策

1. 完善职业教育办学体系,提升高职院校办学水平

理解和应对高职教育发展不平衡不充分问题,依然需要重温高职教育的初心和使命——让学生成为德才兼备、全面发展的人才,使他们在为国家社会建功立业的同时,不断提升个人生活的幸福指数。当下,职业教育进入了现代职业教育体系建设的新时代,开启了以质量为生命的优质化、品牌化道路。高职院校必须主动适应需求,实时自主调整,持续改进提升,在改善民生、促进就业等方面发挥积极作用。通过实施高职教育,让求学者好就业、就好业,提升收入水平,在实现个人美好生活诉求的同时,为社会的全面进步做出贡献。

高职院校必须要通过深化改革,明确办学定位,构建起符合时代发展的现代大学治理体系。2014 年发布的《国务院关于加快发展现代职业教育的决定》明确要求,职业院校要依法制定体现职业教育特色的章程和制度,完善治理结构,提升治理能力。通过内外部各主体对高职院校的"共治",使高职院校内外利益相关者在平等和相对自主的基础上共同参与办学,形成与区域社会经济发展良性互动的高职院校办学新模式、新机制。

构建现代职业教育体系,引导高职院校准确把握办学定位,促进办学过程中高等性、职业性、教育性的和谐统一。面对未来社会转型升级、新旧动能转换和信息技术革命带来的变革,高职院校应以创新的思维和改革的勇气,抓住机遇,迎接挑战。

实施产教融合、校企合作、校校合作,要求高职院校创新合作办学机制,推进政校行企融合发展,开展多维度、宽领域、多样化的合作,探索混合所有制改革,创新集团化办学模式,推进现代学徒制试点;多渠道、多形式地推进高职院校与中职学校之间的衔接、合作,以提升中职学校的办学水平。推进工学结合,要求高职院校加强专业

内涵建设,改革传统人才培养模式,形成具有高职特征属性的国家、学校、专业、教学(学习)人才培养的层级体系;强化专业核心技能培养特色体系建设,把实践教学、技能培养落实到日常的教育教学之中;推进二级学院由教学单位向办学单位转变,加快推进专业产业对接,推进校企联手开展应用技术技能积累与研发推广工作。

面对国家终身教育体系构建的新要求,高职院校应积极应对,主动作为,成为国家终身教育体系构建和学习型社会建设的一支重要力量。高职院校以行业企业对技术技能人才的需求为导向,开发职业技术类培训课程资源库,推进优质培训资源跨区域、跨行业共建共享,为行业企业提供多层次、多类型、立足岗位需求的技术技能教育培训服务和学历继续教育。发挥高职院校社区学院的功能,推进新型城镇化建设、加强农村转移劳动者的转岗、加强社区文化教育等。高职院校服务"一带一路"倡议,配合合作企业"走出去",一方面输出高素质技术人才,一方面通过培训等方式提升当地劳动者的技能水平与素质能力。

2. 提升专业建设水平,构建适应学生全面发展的课程体系

高职院校专业建设需要紧密结合产业行业需求,做到适时调整、实时整合,保证新工艺、新业态的适时呈现。《中国制造 2025》提出了新一代信息技术、高档数控机床和机器人、航空航天装备、海洋工程装备及高技术船舶、先进轨道交通装备、新材料、生物医药及高性能医疗器械等十大战略重点领域。这些领域是我国产业转型升级的主攻方向。高职教育在专业建设上要做到资源的聚集和整合,在人才培养上服务这些领域的快速发展。

职业教育要树立"专业+"意识,即"主干专业+拓展专业",突破既有的专业壁垒,实现跨界融合、资源共享,建立开放、协同育人的运行机制;树立专业群建设意识,增强学生的专业迁移能力,提升学生的就业竞争力;通过多维度、多层次、多样化的校企合作,促进专业与职场文化和职业标准的融合,从而进一步拓展专业的空间,丰富专业的内涵。

与此相适应,在课程建设上,强化"课程+"意识,着力构建"生态型"课程体系,推进专业技能课程与素养能力课程的融合,推进多元化、自助式课程实施机制的形成。具体来说,一是在课程设置上,满足社会和企业的需求,满足教育发展规律的需求,满足学生自我发展的需求,并在此基础上,构建纵向贯通、横向联系的促进学生可持续发展的课程体系。二是在课程内容上,根据职业岗位对知识、技能、态度的要求,对接

职业标准,打破专业知识界限,促成专业教育与通识教育的融合,接纳新技术、新工艺、新流程,形成混合式课程新业态,突出学生专业能力、人文素养和可持续发展能力的培养。总之,课程建设不仅关注知识、技能和能力等维度,更关注学生能力发展背后的人格塑造、精神培育和价值引领,从而整合全方位育人元素,优化人才培养过程,构建全员、全域、全程促进学生发展的立体式"大课程"系统。

3. 搭建教师发展平台,助力教师职业成长

人才培养质量的提升,教师是关键。在新形势下,教师不仅要具备"双师"素质,还要拥有国际视野,掌握国际先进教育理念。

教师要掌握现代教育理念,不断刷新知识体系。教师要改变传统教学模式中以自我为中心的居高临下的"布道者"的角色,树立以"学生"的"学"为中心的教育理念,发挥学生在教学中的主体作用,关注学生的学习过程,加强学生实践操作能力培养,促进学生树立终身学习理念。

教师要注重学术性与技术性的统一,将自己的教育理念和行为与社会经济发展相结合,保持教学内容与新技术、新工艺同步;要拥有国际化视野,将国际化生产的工艺流程、产品标准、服务规范等引入教学内容,使高职院校培养的人才更具竞争力。

高职院校要为教师职业成长创造良好的发展环境,逐步构建起涵盖师资引进、培养、使用、评价、激励等各个方面的政策体系,以事业的发展吸引人才,以竞争的机制激励人才,以感情的投入凝聚人才;基于教学能力提升、组织文化认同,结合教师特点制订相应的培养方案;实施教师全员素质提升计划,帮助教师做好职业发展规划,促进教师专业能力与职业素养同步提高。

4. 树立"支持服务"理念,提升学生综合素养

办好高职教育,必须坚持以学生为中心,要以学生向往未来美好生活的要求为目标,不仅培养学生面对职场的就业能力,还应培育学生经营家庭的生活能力。高职院校要创设学生全人、全面、全程发展的良好环境,推进人文素质教育与专业技能教育的融合。在专业技能教育过程中贯穿创新创业教育,着力培养学生创造未来的精神追求、从事事业的综合能力、经营家业的基本素养、终身学习的良好习惯,最终形成面向未来的可持续发展的生存能力。教育是让学生成为他自己,做最好的自己,找到最适合自己的位置。

一方面,高职院校要确立基于学生成长的"支持服务"理念。立足学生自身特点,

指向基于学生自身内在机理与环境充分融合前提下的正向发展,形成"支持性服务"与"服务性支持"的有机结合。将学生从社会对人才标准诉求下的教育产品,转变为源于学生本身作为人的自我发展诉求视域中的真正服务对象,激发学生融入社会的主动性、选择性和创造性,实现学生自我和谐、自我成长。同时,学校教育教学管理功能和方式从单一的行政式的"管理传授"向全面和谐的"支持服务"转变;从单向传输式的教育教学向自主学习、自我建构、自我完善转变;从标准化的人才培养向个性化培育转变。

另一方面,高职院校要构建基于学生成长的"支持服务"体系。以学生成长为中心,从品德、专业、身心和社会生活多方面支持服务学生发展,形成校、企、社、家、生、友协同"支持服务"闭环系统,凝聚各方力量,全方位覆盖学生成长过程。突出从"纵向管理传授"向"多维度支持服务"转变,从"单一学业支持服务"向"全面发展支持服务"转变,从"单一部门支持服务"向"全员、全域、全程支持服务"转变。综合全校的人力物力资源,以及显性和隐性育人因素"协同育人",形成立体式、开放式、全方位聚焦"学生成长"的"支持服务"。在课程体系、教学方法、师资建设、环境营造等方面深化结构性变革,为学生全面、健康、和谐成长搭建平台。

(本文发表于《教育与职业》2018 年第 24 期,获 2019 年全国职业教育优秀论文一等奖)

人工智能时代背景下的"新三教"改革

人工智能、5G、虚拟现实、区块链等新一代信息技术正在并将深刻改变行业企业的生产和经营方式、社会的运行和管理模式以及人们的生活习惯。在此背景下,作为与经济社会发展关系密切的职业教育,如何遵循并顺应信息技术革命发展的规律,因势利导,推动新一代信息技术和人才培养深度融合,成为题中之义和必解命题。

一、背景与问题

当下,相较于新一代技术发展的速度之快、范围之广、内容之新和内涵之深,一些职业院校在专业升级、课程开发、教学改革、评价完善等方面,显得行动迟缓、发展滞后。主要表现在以下几方面。

一是在人才培养模式上,缺乏现代教育的创新理念。现代教育体现"以人为本"、促进受教育者全面发展的特征,着力培养面向未来可持续发展的职场技能、生存能力和信息素养。而工业化社会大规模生产模式影响下的职业院校在人才培养方面呈现统一性、标准化的倾向。学生在学校标配的固定场所里学习,教学标准统一制订,教学内容陈旧落后,教学模式以"满堂灌"为主,评价体系单一僵化。学校中固定的教学场所,不符合职业教育人才培养的特殊要求,也与信息化社会在线、移动学习空间的发展趋势不吻合。以当下职业岗位技术标准与工作规程来固化课程的设置与结构,以昨天的知识和技能来确定今天的教学内容,忽视了受教育者面向未来可持续能力的培养。流水线式的教学进程,"标准答案"为导向的"产品化"质量标准,看似完成了教学内容,但不利于学生创新能力的培养。机械地套用普适性的教学与评价标准,导致了"千校一面、万人同语"的现象。

二是在师资队伍建设上,缺乏具备信息素养的教师团队。信息社会要求教师具有终身学习、资源共享与应用的能力,拥有在信息化环境下有效教学的信息素养与多元角色。而传统教育体制下培养出来的教师不擅长将信息技术应用于教育教学过程中。在培养学生适应信息社会应具备的信息素养方面,一些职业院校的教师显得力不从心,甚至跟不上学生的现有水平。这些教师与学生在思维习惯、智能特点、兴趣特长等方面不对称,加上自身信息素养的缺失,导致在教与学的过程中效能低下。面对这种情况,一些教师并没有将提升信息素养纳入其专业发展的重要内容,没有及时更新教育理念,也没有设法改变自己在教学活动中单一的"讲师"角色,而是一味地要求学生适应自己,导致教学效果不佳。

三是在智慧校园运行上,缺乏整合资源的平台思维。现代化智慧校园使得学校的教育教学环境与校园运行更加智能,现代教育教与学模式的变革更加便捷,泛在学习新体系的形成更加完善。而带有工业化社会传统特征的办学模式在一些职业院校办学中仍占据主流。虽然信息技术条件与环境逐年改善,但缺乏对信息化工作的统筹与规划,建设能力与应用水平还不够高,信息化平台使用率低,智慧的内涵与效能在学校运行中未能充分显现。平台上的数据采集失真与不完整,影响着教学质量和教学管理的监督与评价的信度;存储的教学资源匮乏,不能为课堂建设提供强有力的支撑。各平台数据因存在着孤岛现象,重复投资增加了教学与管理的成本。互联网思维的缺失,与校外信息化资源的耦合度低,专业间、课程间共享度差,导致应用新一代信息技术创新人才模式的动力不足,不能与时俱进地构建出启迪学生张扬个性、开发智慧、优化智能的新型学校。

这些问题导致学生在学校不能很好地学习如何面对新技术革命,以及面向未来职场和生活的新技术、新技能,不能适应新一代信息技术革命下未来工作岗位所呈现的"一人多岗、一岗多能"的新要求。同时,这一现实情况与发展趋势,也将倒逼传统的职业院校在组织构架、专业结构、课程内涵、人才培养模式、教学方式方法等方面发生重大变化,一些传统的"一技之长"订单式的人才标准将被"一专多能"复合型的人才新标准所替代。

二、趋势和要求

人工智能时代加快了职业院校组织结构与运行模式的变革进程。学校的育人载体将由封闭走向开放,从传统的校园延展到与社会组织机构结成合作共同体;由单一的校内固定物理场所拓展到校外自然环境、云端教学共享平台,并向师生共同学习中心演进。在这个阶段中,专业结构、课程内涵、教师构成、教学模式、教学内容、考核评价等诸多方面,无论是形式还是内涵上均将发生深刻变化,特别是"教师、教材、教法"的"三教"改革,直接影响着校企合作的深度和人才培养的质量。

"三教"改革既是一个老话题,又是一个新命题。2019 年 1 月,国务院颁布《国家职业教育改革实施方案》,明确提出"没有职业教育现代化就没有教育现代化"。在此背景下,职业院校必须与社会发展进程相呼应、与经济增长方式相适应、与学习者的学习需求相对应,科学、系统地规划设计好专业人才培养方案,在内涵、标准、质量、生态等方面,体现落实国家职业教育改革实施方案的新精神,体现适应企业转型升级的新要求,以改革推发展,以发展促质量,以质量提水平。

一是加强"双师型"教师队伍建设,改善类型教育教师结构问题。仅局限于专业教师的双师队伍建设还不能充分体现类型教育的特征,需要发挥非专业教师跨学科素养、信息技术和通用技能的优势,组成类型教育的"混编"师资团队。

二是加大活页讲义教材开发力度,确保教育教学内容及时更新。现有以纸质形式所呈现的教材,不能完全体现教学内容的时效性、多样性和选择性,应开发电子、移动交互式数字教材,推进碎片化学习、结构化引导新模式的形成。

三是加快信息技术在教学中应用的进程,推进教学方式方法改革。信息素养不高的短板使教师在课程开发、教学设计、教学实施、质量评价以及共享资源时捉襟见肘。落后的信息化硬件条件也不利于教学信息化的推进。

人工智能时代,"三教"改革的内涵将被不断拓展,"智能化"特征愈加明显。"智能教师""智能教材"和"智能教法"的"新三教"将登上职业院校人才培养的舞台,由此带来的是教师角色、教学内容、学习方式、评价模式的深刻变化。

一是"智能教师"。具备人工智能技术素养的教师将成为教学的主力。一些重复性、可视化、直观性、实操性强的教学环节被"机器人教师"所替代。优质的在线开放课程扩大了共享面。由此带来的是教师岗位的减少,教师的职能由单一的教学职能向智能教学组织与监督管理职能拓展,教师的身份也将出现编剧、剧务、导演、助演、主持人、乐队指挥,以及资源提供、情境创设、人生导师等多元角色。

二是"智能教材"。一些纸质教材甚至纸质活页讲义、说明书因时效性不强、携带不便、呈现单一、可视性差、容量小等问题,将更多地被智能、多样、可视、动态、形象的"云活页"教材和多功能的"电子学材"所替代。另一方面,教学内容因人工智能、智能制造产业的问世而进行整合或更新,以"专业+""课程+"来提升和扩充知识与技能的内涵,新教材与新学材两种资源将呈现出共存互补的新形态。

三是"智能教法"。配合智能教师、智能教材的智能化教学与学习方式应运而生,呈现出混合式、交互式、社交式的学习模式。如,引导学生通过游戏闯关来获得知识或技能的游戏化教学方法;以虚拟仿真方式再现"场景化"工作现场的情境教学法。教法与学法共用,教学方法因教师角色的不断轮换而多元化地呈现,以教师的"教"来引导和激活学生多样化的"学",教学相长的多师同堂团队教学的方式将普遍存在。

综上,以人工智能为特征的"新三教"改革,将加快以智能为特征的"师生学习中心"这一新型学校形成进程,"学生客户"的地位将更加凸显,"教师客服"的作用愈加显现,以学生自我、自主管理为特征的"学生支持服务"新生态逐渐形成。在师生学习中心,"教师主导、学生主体"将逐步由"师生主导、学生主体"所替代。私人定制课程、非正式学习与个性化自调式学习模式,将成为师生学习中心和"移动学校"中学习者学习的另一种新路径。在教学活动中,教师也将由"传话筒"向"赋能手"的方向转化。

三、态度和理念

人工智能时代的职业院校办学模式转型,应该随着工业化升级的进程而推进,这是一个渐进的过程。在工业化转型升级和新一代信息技术革命迅猛发展交互在一起的过程中,职业教育传统与现代的办学模式、人才培养模式,以各式各样的方式共存。但是,信息技术影响社会和经济发展的主流趋势是不以人们的主观意志而转移的。"机器换人"在企业已成为现实,将来也必将影响职业院校。作为与社会和经济发展密切相关的人力资源供给方,职业院校应与产业、企业的发展模式改变相对应,与社会运行和人们生活方式的变化相衔接,只有这样,职业院校办学才会充满生机与活力。

职业院校如何在人工智能时代,借助于新一代信息技术改革传统的办学模式,深化教育教学改革,在很大程度上取决于职教人的态度、理念、模式、能力、环境、资源等诸多方面。

态度是关键。对待新一代信息技术,职业院校是积极迎接这个时代,与这个时代同频共振,还是消极等待、被动地应付,这取决于学校办学的目标与动机,取决于学校的创新意识。对教师而言,在人工智能时代下,要做到不忘初心,时刻牢记教书育人的责任与使命,努力提升适应信息化教学所需要的专业素质,不断提高人才培养质量和教育教学水平。

理念是核心。如果理念陈旧、落后,信息技术再先进,最终还是新瓶装旧药,"新三教"改革不会真正成功。因此,需要坚持创新、协调、绿色、开放、共享的新发展理念,主动迎接信息技术带来的机遇和挑战;增强互联网思维,创新产教融合、合作育人的新模式;树立学生客户意识,形成多维共享学习成果与智慧的生态圈。

当然,新一代信息技术的功能再强大,也不能完全替代学校的基本功能。作为育人的重要阵地,师生的情感交流,个性化辅导、引导乃至管理服务将长期存在。需要注意的是,教师应该与网络环境下生长起来的学生进行有效沟通,尊重并适应他们的生活、学习习惯;应该利用信息技术的媒介来搭建与现实生活、学习的桥梁,将教书育人的职责落实到位。

人工智能时代下的"新三教"改革,在促进职业教育转型升级中,具有举足轻重的积极作用。而这一目标的实现,需要职教人的持续实践与创新探索,这不仅是培养复合型技术技能人才的需要,也是提升职业院校竞争实力的需要,更是彰显职业教育类型特征的需要。

（本文发表于《中国职业技术教育》2019年第30期）

践行发展新理念　彰显育人新模式

进入新时代,我国的经济发展方式由快速发展向高质量发展转换,这就倒逼职业教育在人才供给方面需要走质量提升、内涵建设、特色发展之路。职业院校应该以新发展理念为指导,将《国家职业教育改革实施方案》提出的促进产教融合、校企"双元"育人的要求和任务落实到位,努力培养出数以亿计的劳动者和技术技能人才。

创新校企合作新模式

工业技术革新进程的加快、信息技术的迅猛发展,带来了技术技能职业岗位标准和内涵的重大变化,机器换人使得"一人多岗、一岗多能"的复合型技术技能人才需求量剧增。但是"有岗无人、有人无岗"的人才结构性短缺,也反映出人才需求与供给信息不对称、培养规格与人才标准不对应、培养模式与现实需求不对路。因此,创新校企合作模式,深化校企合作内涵势在必行。

一要建立合作办学体制。发挥产教合作理事会的长效运作机制,使理事会在深化产教融合、校企合作中起到积极的推动作用,形成区域化的"产政学"运行机制。积极探索混合制学院等试点项目,组建本地区中高职贯通培养职教集团。

二要深化育人模式改革。根据地方产业需求、企业需要,推进企业冠名学院、学徒制、工学交替、定制联合培养、校中厂、厂中校、工作室等多样化联合育人模式,发挥校企双方在社会经济发展中的双主体作用。

三要探索类型教育特色。积极争取地方政府政策支持,校企联合推出促进产教融合、校企双元育人举措,开展技术技能、实践教学的学术探索与实证研究,打造与类型教育相匹配的复合型双师结构育人团队。

四要优化培养方案内涵。制订以"一专多能"为特征的复合型技术技能人才培养方案,开设"工作课堂",开发大赛课程、工作室课程,建立工作经历证书制度。创新1＋X证书校本培养模式,设立促进学生培训与考证的多学期制度。

提升协调发展新层次

目前,职业教育发展上的不平衡、不充分问题依然存在,职业院校之间办学质量与办学水平参差不齐,职业教育类型的办学特色彰显不够充分。进入新时代,职业院校应该在质量提升方面与经济和社会发展方式的新要求同步,不断优化专业结构和课程品质。

一要构建利益共存关系。职业院校要走出校门主动寻找"志同道合"的企业,在与企业的合作中结缘、惜缘、续缘,同甘共苦,携手共进。平衡好企业生产用工与学校人才培养的关系,在磨合中结成共同发展、责任分担的命运共同体。

二要树立均衡发展理念。构建学生支持服务体系,帮助学生成为最好的自己。加大素质教育、挫折教育、养成教育等软技能培养的力度,推进积极探索建立职业教育课程思政与全员育人新体系,深化育训结合,破解育人与教学失衡问题。

三要加强专业内涵建设。推进专业群与产业链、职业群、岗位群的深度对接,在与大企业合作中提升专业质量、在与中小微企业合作中发挥服务作用,以行业标准、企业标准对接专业标准、课程标准。

四要提高服务产业能力。加快职业教育现代化建设进程,在提供优质职业教育上狠下功夫,校企合作开发1＋X证书培养与培训课程,联合打造胜任社会技术技能培训的职教师资团队,不断提升承接国家任务、企业项目的能力。

拓展开放办学新领域

职业教育应该是与社会互动性最强的类型教育。但现实中,职业教育与社会的互动性不强,一些职业院校与行业、企业和其他社会组织机构的耦合度差,缺乏联系社会的主动意识,缺少服务社会的能力。开放是赢得发展机遇、抢占发展制高点的先机,唯有开放,才能实现更快、更高、更好的发展。

一要增强开放办学意识。站在未来看今天,精准把握职业院校办学定位,充分履行开放办学的职能,以开放的视野和胸襟,建立广泛、多元、立体化的"朋友圈",拓展产教融合渠道,推进多元化、多样性的校企合作办学模式。

二要建立多维合作体系。搭建"校政企社家生友"的系统化开放性合作平台,形成学校与社会各方良性的育人联动机制。推进学校不同专业之间的合作,打通教学与科研、教学与学习之间的壁垒,推进学校内部、学校之间、培养与培训的学分转换。

三要强化办学整体实力。职业院校要不断增强面向市场策划、聚集和整合社会资源的办学能力,进一步拓展国际视野,强化校企混编双师团队建设,提高师生配合合作企业实施"走出去"战略的专业能力和技术技能。

四要出台配套保障措施。系统规划开放办学推进措施,明确目标定位,完善激励政策,及时总结、推广典型经验,科学制订产教融合、校企合作评价与考核标准。

开辟共享资源新渠道

共享经济、共享资源、共享经验、共享成果,已成为未来发展趋势。但是,一些职业院校在育人过程中,校企双方优质教育资源并没有充分共享,专业建设中"小而全"重复建设、实训设备等利用率低的现象突出,课程之间、教学之间资源的融合度低。如何以共享的理念来深化产教融合、校企合作,是育训结合能否落实到位的重要环节。

一要搭建资源共享平台。成立区域间职业院校对口合作交流协作组织,优势互补,共同发展。牵头或参与组建学术性专业机构,参加标准制订,共享资源。校企共建、互设教师(员工)发展学校(培训基地),推进专业培训课程与企业培训课程融通。

二要凸显统筹融合效能。突出专业群中核心专业的带动作用,推进群内专业或与群外专业群的资源共享,开发跨专业门类的新课程。整合优化项目教学、主题教学与多师同堂等多种教学资源。将合作企业培训与证书课程纳入专业人才培养方案。

三要不断完善制度保障。鼓励、引导校企双方教师员工组成合作共同体,设立校企双方专业教师、技术员工的互聘制度。出台激励政策,让学校与企业、教师与学生感受到职业教育政策与制度所带来的"红利",感受到合作发展所带来的价值与意义。

四要共享双元育人成果。以学生学习成果与教师专业发展成效为追求,共享发展成果,增强师生员工的获得感、成就感。总结双主体联合育人创新模式经验,不断丰富职业教育的独特内涵与比较优势,创造出中国特色、世界水平的成功范例。

(本文发表于《中国教育报》2019 年 11 月 19 日 10 版)

1＋X 证书制度：
促进类型教育内涵发展的重要保障

　　2019 年 1 月,国务院印发《国家职业教育改革实施方案》,明确"启动 1＋X 证书制度试点工作","鼓励职业院校学生在获得学历证书的同时,积极取得多类职业技能等级证书",为进一步畅通高素质复合型技术技能人才培养通道,解决职业教育与经济社会发展不够紧密、类型教育特色不明显的问题提供了标准。如何全面系统、准确深刻地认识和理解这一制度,并在具体实践中准确定位、办出特色、办出水平,需要职业教育利益相关方统一思想,勇于创新,形成合力,持续推进。

一、逻辑起点与价值意义

　　1. 1＋X 证书制度是彰显职业教育类型特色的一项重要举措。专业与岗位对接、知识与技能融合,是职业教育类型特色的重要体现,也是职业院校学生"术业有专攻"的比较优势所在。从系统论角度看,1＋X 证书制度的逻辑起点涉及三个维度,即复合型技术技能人才的市场需求、求学者可持续发展的个体诉求和学校培养培训作用发挥的功能要求。实施 1＋X 证书制度,"书证衔接和融通是精髓所在",不仅可以倒逼职业院校办学模式与人才培养模式改革的进一步深化,更好地实现毕业证书与职业技能等级证书之间的衔接与融通,而且可以加强校企良性互动与有效合作,将技能证书课程融入学历证书课程体系,在办学体制、人才培养模式等方面更好地体现职业教育类型应有的本质特征。

　　2. 1＋X 证书制度是复合型技术技能人才培养的重要体现。随着人类社会的发展进步、经济结构的转型升级和工业化进程的速度加快,特别是以人工智能为代表的新一代信息技术的迅猛发展,一大批新技术、新业态、新职业、新岗位、新工种不断问世,技术技能新标准、职业岗位新要求也随之发布,传统的"一技之长"人才培养要求已经不再符合"一人多岗、一岗多能"的现实需要。面对这些新情况,职业院校只有与时俱进,推出一批复合型新专业、新课程、新技能乃至人才培养新标准,注重专业技能与生活技能的融合培养,才能进一步提升学生面向未来的工作能力、生存能力,为学生高质量就业和体面生活奠定基础。

3.1+X证书制度是深化产教融合、校企合作的重要途径。作为有别于普通教育的职业教育,其类型教育的特征体现在知识与技能学习的即时性,即及时顺应社会发展变化,对接行业、产业对技术技能人才的需求,与用人单位实现零距离衔接。从协同论角度看,1+X证书制度创新了以需求为导向的校企合作运作机制,使学校与企业的合作关系变得更加密切;彰显了"产教融合、校企合作、工学结合、知行合一"独立存在、互相依存、融合发展的耦合关系,使人才需求"供给侧"培养的杠杆作用更加凸显,将有效促进职业教育合作办学体系建设,积极推动职业教育办学模式、人才培养模式变革,改进知识与技能学习方式及学习成果评价模式。

二、机遇挑战与实施路径

1+X证书制度试点对职业院校来说,是新机遇,也是新挑战,面临诸多亟待解决的问题。如职业院校是被动等待获批试点任务,还是积极主动地按照标准要求进行校本化实践探索与能力积累;X证书课程纳入专业人才培养方案后,如何实现知识与技能的融合,而不是简单地替换或累加;X证书的内涵与外延如何体现通用性、先进性、开放性、包容性,并体现软技能的培养要求;从事X证书教学的教师是否充足,是否真正掌握技术技能的内涵,胜任X证书教学;如何调动学生参加X证书培训与考试的积极性,并在教学中发掘所有学生学习技术技能的潜能;培训评价机构、学校、合作企业作为不同利益主体的"三元",能否协同一致形成良性的运行机制;现有的学分制、学期制、实训条件、评价标准如何支持1+X证书制度的试点,等等。这些问题的解决,都需要职业院校本着全面、系统、科学的原则,结合实际做好顶层设计,并将其作为一项基本制度确定下来,统一要求、达成共识、协同推进。同时,以开放的视角加强与国际同行合作,共同为1+X证书制度试点的成功积累经验,形成可复制、可推广的运作模式。

"1+X是相生相长的标准体系",在实施过程中,应系统谋划,着力在以下5个方面实现突破。

1. 建立1+X证书制度试点实施体系

《中华人民共和国职业分类大典》将我国职业归为8个大类,1838个职业。与其相对应,全国职业院校设置专业近千个,专业点近10万个。从时间维度看,如此多专业与专业点,短时间内很难将1+X证书制度试点全部覆盖;从能力维度看,不是所有的职业院校都具有承接、完成试点任务的能力,办学能力不强、资源不足是制约1+X证书制度试点的现实问题。因此,需要自上而下建立国家、地方、学校三级试点实施体系。

从纵向来看,构建三级实施体系,可以调动和发挥地方、职业院校主动参与1+X证书制度试点的积极性。要鼓励那些未获得国家试点任务的职业院校,或者已经获批试点任务的职业院校选择国家尚未启动试点的专业,与业内、社会认可的行业或企业签订1+X证书制度试点协议,进行本土化试点,形成自下而上的梯次结构体系,最终为承接国家试点任务做好储备、奠定基础。各职业院校可结合多年来实施多证书制度的经验,通过1+X证书制度试点,积极探索课证融通,将专业理论教学与技术技能实践结合,提升专业群内涵建设,为学生高水平就业创造更多的机会。

从横向来看,技能等级证书是若干类、若干个证书的组合。学生在获取X证书时,既可以获得与专业门类匹配的专业技术证书,也可以获得跨专业门类的专业技术证书,还可以获得写实性的软技能证书。当前,企业对人才的需求,已经从数量提升到质量,既考核求职者的专业技能水平,也考查求职者跨专业的技术技能,还考量求职者的基本素养与通用能力。因此,应充分处理好硬技能与软技能的关系,按照复合型技术技能人才培养的标准,制订突出X技术技能特色的专业人才培养方案,开发有利于促进学生全面发展的课程,提升学生面向职场的竞争能力。

2. 厘清毕业证书与职业技能等级证书的关系

《国家职业教育改革实施方案》提出,"要进一步发挥好学历证书作用,夯实学生可持续发展基础"。这说明,1+X证书制度试点是以学历证书为基础,建立在学生基础知识、基本技能基础之上的能力拓展与提升,应充分、系统体现职场要素的"职业性"与学校功能的"教育性",体现1与X之间的平衡与和谐。1中的基础知识与基础能力学习影响、反哺、提升着 X 的内涵,提升 X 的含金量;X 中的技术技能培训促进着专业知识内化学习的深入,使知行合一、育训结合的人才培养要求得以落实到位。由此可见,1 与 X 之间是和谐、生态的关系,所开发的兼顾求学者发展需求与技术技能要求的新课程,应体现出职业类型教育的系统性、完整性。

需要强调的是,作为类型教育,应把职业等级证书中的相关内容融入学历教育实践,植入专业学习过程,不能简单地将专业知识与技术技能叠加,也不能简单地将专业教学标准与岗位职业(技术)标准相加,而要通过适当的"加法"或"减法",对原有的课程标准、内容进行重组或重构,形成新的课程标准、教学内容。职业证书中的技术内涵与专业知识结合,可以促进技术知识、"技术学术"的形成与完善,体现出技术知识的无形(有形)与非物质性、"技术学术"内隐与默会的特性,进而进一步强化专业知识与技术技能的融合、互通和内化,这是复合型技术技能人才培养的需要,也是完善职业教育体系的需要。

培训评价组织在开发 X 技术技能等级证书时,应在充分体现技术技能要求的前提下,遵循职业教育育人规律,突出职业院校教育功能。体现在 1+X 证书课程体系上,一方面,学历毕业证书与技能等级证书要实现兼容与融通,专业课程与技能课程也要实现协同与融合,将人才培养过程中的理论与实践、知识与技能的"理实一体"教学运行由离散化、分阶段趋向于聚合与统一;另一方面,要注意"变"与"不变"的关系,从可持续发展的角度,确保学生基础知识与基本技能课程设置的稳定性,同时,针对企业与产品生命周期所带来的变化,及时更新、提升 X 技术技能质量标准与教学内容。

3. 提升教师承担职业技能等级证书的能力

1+X 证书制度的实施主体是职业院校,实施主力则是从事专业教学的一线教师,他们是职业类型教育有效推进的关键。1+X 证书制度的实施,对职业院校教师无论是 1 的素养、还是 X 能力都提出了新的标准和要求。要进一步提升教师的专业化水准,改变其在传统教育模式培养中所形成的素质与能力结构,进一步增强职业与职场意识,提高解决实际问题与开展应用研发的能力。要加强"类型教师"队伍的建设,通过教师到企业开展 X 定制研修、聘用企业兼职教师、整合职业院校内部教师资源等多种途径,解决实施 1+X 证书制度师资不足、能力不强的问题。

要对职业院校教师的岗位任职标准与时俱进地进行更新。现有教师资格证书的学习内容、考核标准主要是对教师的一般性要求,缺少职业类型教育教师的特殊要求。因此,1＋X证书制度试点专业启动后,应配套制订专业教师岗位标准,将教师X技术技能水平列入聘期考核要求,实施复合型教师培养培训计划,激励教师真刀真枪地在生产、工作一线实训中,在专业技术技能内涵体悟中,在专业知识与技术技能课程整合与开发中,真正理解1＋X证书制度的内涵,从根本上解决教师缺乏企业工作经历、X技术技能水准不高等问题。

复合型专业教师应该拥有多种能力:具备驾驭1＋X证书的专业教学能力,不仅能够考取X证书,而且还具有能够运用技术标准、规则指导学生做出产品、方案的策划能力、实操能力;将X中的技术知识和技术标准、实操规范整合到1中的重组课程能力,开发和制订新课程标准或专业人才培养新方案的能力;具有较多的企业人脉资源和较强的沟通能力,与企业合作开发课程资源的意识与资源整合的能力。与此同时,要积极打造多元组合双师团队和多师素质结构团队,加强混编双师素质结构教学团队建设,推进校企教师优化组合,专任教师专业技能补短、企业教师教学能力补缺;挖掘非专业教师、辅导员以及管理人员的技术技能潜能,调动他们在1＋X证书制度试点中形成合力的积极性。

4. 推进学分银行、多学期等配套制度的改革

以学分累积为主要特征的"学分银行",是以需求为导向的一种新型学分与学制形态,呈现了现代职业教育生态化发展的新趋势。这一制度的建立,从形式上看,有利于促进1＋X证书制度的试点推进,影响着微辅修专业设置、学分制改革、微学分课程开发、多学期制度建立、学习模式创新、移动学校构建等诸多方面的改革;从内涵上看,体现了满足技术技能更新速度加快、学生碎片化学习特征、传统教学模式变革等所带来的诸多需求。突破了原有的专业模式与学习时段的限制,拓展了学生自主学习的时空与方式,促进了技术技能培训与专业学历教育的有机结合,同时,也为国家资历框架的构建积累了实践经验。

学分银行制度在实施过程中,需系统化进行顶层设计,包括:将专业知识与技能分解后组成新的学分累积结构,形成微专业、微课程、微课堂、微学分这一新的教学系统;基于专业知识与技能学习进度而配套实施技能等级证书学分课程,满足不同层级知识与技能进阶学习的需要;技能课程进入专业课程后,对一些课程学分和学制学分进行重组,突显新技术、新知识、新规则等内涵;将寒暑假设为学期,安排学业学习与

技能培训课程,学生参加 X 技术技能培训或到企业实习实践后获得的累积学分,存入自己的"学分银行"。另外,院校之间的学分互认,不同时期学习内容与技能水平的质量认证,也需要以共享的思维进行制度设计。

1＋X 证书体系下的学分银行与学分制之间应该建立起通畅的衔接与协同关系。学分银行的特点是累积制、终身化,着眼于面向未来的终身教育,拓展了学习时空。而现有的学分制则受制于在规定时段内完成学业的传统人才培养模式以及"毕业证书"职业准入门槛的限制,弹性有效期只有 6 年。两者之间的不对应、不衔接所产生的不平衡性,不利于学分银行制度的推进。此外,现有学分制所设计的基于整门课程修完后而获得的学分与绩点,也不利于项目教学、工学交替、1＋X 证书技能培训等新型教学模式的实施,不利于学生个性化学习的需求,更不利于新知识、新技能在教学实施中及时补充与更新,亟须将学分"化整为零",创新"微学分"制度设计。

5. 发挥培训评价组织促进校企合作的作用

培训评价组织承担着牵头协调行业龙头、名优企业的职责,该组织的公信力、组织力、号召力以及对职业教育内涵的理解和责任感状况,直接影响着 1＋X 证书制度试点的信度、效度。培训评价机构牵头研制的通用标准,在缺少龙头企业参与的情况下,能否得到业内大多数企业的认可,是很大的考验。因此,必须加强沟通协调,成立业内认可的合作共同体,制订课程标准,健全运行机制。与此同时,评价培训组织机构还应具备引导标准制订、课程开发、评价考核、教师培训等诸多方面的指导能力以及丰富的运作资源,以多种合作方式,帮助职业院校解决设备、师资、课程等方面资源短缺的问题。

培训评价组织还承担着"标准开发、教材和学习资源开发、考核站点建设、考核颁证等"职责,因此,在牵头组织行业企业、院校专家进行 1＋X 证书开发时,应该首先处理好 1 与 X 的关系,不能仅仅从企业、行业技术技能培训的思维来设计 X 证书的标准、内容、模式、评价等,还需同时考虑办学规律、育人标准和高素质复合型技术技能人才培养的要求,将技术技能标准与专业教学标准进行整合形成新的专业人才培养标准。同时,职业院校的办学定位也不能仅仅局限于满足行业企业技术技能人才需求,而是应该首先满足国家建设者乃至于接班人的培养要求,注重学生综合素质能力的培养以及满足学生身心成长、职业生涯等个性化的发展需求。

培训评价组织还承担着在院校与企业之间搭建合作桥梁的作用,在推进产教融合、校企合作方面起到积极的推动作用。通过引进优质资源推进1+X证书制度实施，不仅可以促使职业院校在校企合作中遇到的资源不足、信息不灵、合作不畅的问题得到有效的缓解，还可以就1+X证书制度人才培养要求与合作企业的需求进行深度对接，这有利于职业院校享用优质的职业技术技能课程资源。对于那些尚未开展1+X证书制度试点的院校或专业，评价培训机构也应积极推广试点经验，指导这些院校或专业按照1+X证书制度的标准、要求，着手进行前期的准备或启动校本试点工作。

三、未来展望与发展趋势

1. 新专业：专业内涵向复合型专业方向发展

复合型技术技能人才体现在知识复合、技能复合、思维复合等诸多方面，特别注重跨专业发展素养与能力的培养。原有的一技之长、专门化培养、专业对口的单一化人才培养模式与人才质量评价标准，都要进行深刻的变革和创新。要通过建立1+X证书制度，以专业融合、整合等方式新增专业、设置专业新方向，辅以微辅修专业或微专业课程，为复合型技术技能人才的培养创设载体，提供保障。

2. 新课程：满足多元需求的"大课程"体系日臻完善

面向人人、面向未来的"大课程"体系建设，是职业院校课程改革中的难点问题。1+X证书制度的启动，为促进这一难题的解决提供了方案。技术技能课程与专业教育课程融合所组成的复合型课程，有利于专业群中集成化新课程模块的形成，改变群内各专业课程内容单一、共享性差等问题。1+X证书制度有利于推动专业教师与时俱进地开发和设计体现新技术、新规则、新知识的微课程。因微技能或微知识而开发出来的微课程，或共享于专业群内的各专业，或以微课程群组共享于某一专业，都可以促进"大课程"体系进一步完善，丰富并拓展课程教育资源与教育供给，适应职业院校学生学习需求。

3. 新教学：生态化教学模式凸显学习成果

聚焦每一位学生外显与内隐的X技术技能与能力素养问题，以挖掘每一个学生的成功点为出发点，构建以成果为导向的生态化新教学。充分调动学生自主学习的积极性，引发学生的学习动机，激活学生的学习潜能，在专业知识和技术技能持续积累的基础上，不断完善自身的知识体系和技术技能结构。1+X证书制度将使传统的教学方式、教学时空和教学载体发生重大变化。多样化的教学模式将广泛地运用在教学活动中,同时,非正式学习、泛在学习、"做中学"、在线学习、智能学习等多样化的主动学习模式将在教学中占有重要份额。

4. 新评价:评价模式趋向多元、开放和整合

1+X 证书制度实施后,需要建立 1+X 证书质量认证的标准体系,并从专业、课程、教师、教学等诸多方面调整评价标准,由原有的岗位群向产业链、职业群拓展,将硬技能定量考核与软技能定性考核有机结合,充分体现一专多能。与 1+X 证书制度相契合的多元化、发展性第四代教育评价,引导、激励着学生主动、有效地学习。诊断、改进与微辅修专业及微课程相配套的微评价、书证融通标准与认定程序等,都应根据不同学校所处地区环境、自身基础条件、不同的发展阶段,通过评价资源的整合与有效运用,在 1+X 证书实施中发挥积极的引导作用。

5. 新机制:校企多元办学机制更加充满活力

1+X 证书制度促使原有的校企合作机制和校内运行机制发生深刻变化,"校中厂""厂中校"、学徒制、"混合制"等多种合作模式愈加凸显类型教育特色,与专业群对接的企业也由"一对一"向"一对多"合作方式转变。团队重组、课程重构、教学合作、评价多元等共享机制,可以推进办学模式转型、培养模式升级、教学模式改进、考核模式创新,为多元利益主体发挥"比较优势"搭建平台,建立健全人才共育、过程共管、成果共享、责任共担的紧密型合作办学体制机制。此外,1+X 证书制度还有利于促进集团化合作办学由松散走向紧密,由竞争变为竞合。

(本文发表于《中国高教研究》2020 年第 1 期,收录于人大复印报刊资料《职业技术教育》2020 年第 7 期)

在"产兴民富、家国共融"中为职业教育定局谋篇

　　作为一种教育类型,职业教育在促进社会就业、提高劳动技能、优化人才培养等方面有着不可替代的作用,尤其当下,对缓解就业压力,助推经济供给侧改革更是贡献突出。如何利用好职业教育"一粒棋子",激活"区域经济、产业发展,幸福人生"整盘棋局?结合中央"创新、协调、绿色、开放、共享"新发展理念,产教融合、校企"双元"的新职教改革方案,特提出如下构想。

一、校企互动:创新合作模式,深化合作内涵

　　现代科技快速发展,改革创新一日千里,如何紧跟大势、有所作为?唯有顺势而为、以人振兴,这正是社会对"一人多岗、一岗多能"复合型技术技能人才需求的实际原因。但现实中,"有岗无人""有人无岗"结构性短缺的问题客观存在,造成培养模式与社会需求不匹配,由此,创新校企合作模式,深化校企合作内涵势在必行。

　　建立合作办学体制。发挥好产教合作理事会的长效运作机制,使理事会在深化产教融合、校企合作中起到积极推动作用,形成区域化"产政学"运作机制。积极探索混合制学院等试点项目,组建本地区中高职贯通培养职教集团等。

　　深化育人模式改革。根据地方产业需求、企业需要,推进企业冠名学院、学徒制、工学交替、定制联合培养、校中厂、厂中校、工作室等多样化联合育人模式,发挥校企双方在经济社会中的主体作用。

　　探索类型教育特色。用足、用好、用活现有政策,积极争取地方政策支持,制订产教融合、校企双元育人举措,开展技术技能、实践教学的学术研究,打造与类型教育相

匹配的复合型"双师"育人团队。

优化培养方案内涵。制订"一专多能"的复合型技术技能人才培养方案,开设"工作课堂",开发大赛、工作室等课程,建立工作经历证书制度,创新 1＋X 证书校本培养模式,设立促进学生培训与考证的多学期制度。

二、打铁自硬:提升办学层次,强化职能属性

经过二十多年发展历程,职业教育成果丰硕,但问题颇多,尤其发展"不平衡""不充分"问题依然严重,表现在校企合作"冷热不均",院校层次参差不齐,类型办学特色不强等方面。进入新时代,要有新作为。职业院校应优化专业结构、课程品质,推进职教融合、协同发展。

构建利益共存关系。职业院校应开门办学,在与"志同道合"合作伙伴的共同努力下实现共赢。与企业的合作,应结缘、惜缘、续缘,同甘共苦,携手共进。同时,平衡好企业生产用工与学校人才培养的关系,在磨合中结成共同发展、责任分担的命运共同体。

树立均衡发展理念。构建学生支持服务体系,帮助学生成为最好的自己。加大素质教育、挫折教育、养成教育等软技能培养的力度,积极探索职业教育课程思政与全员育人全新体系。深化育训结合,破解育人与教学失衡问题。

加强专业内涵建设。推进专业群与产业链、职业群、岗位群的深度融合,尤其在大企业的合作中,更要专注于专业素养的提升,以企业标准对接专业标准,改进课程标准。

提高服务产业能力。加快职业教育现代化建设进程,在提供优质职业教育上狠下功夫。校企合作开发 1＋X 证书培养与培训课程,联合打造胜任社会技术技能培训的职教师资团队,不断提升承接国家任务、企业项目的能力。

三、发展方式:发展以人为本,涵养绿色生态

绿色发展不仅体现在人与自然和谐相处、人与社会兼容并蓄,还表现为人之自我的全面发展。而对职业院校而言,其突出问题在于自主办学的能力有待提升,可持续的校企合作机制尚未建立,以生为本的育人理念亟需完善,功利化、短视性的育人模式需要改变。解决问题,必须刀刃内向,要秉持"以人民为中心"新发展思想,建立长

效校企合作育人机制,让完整职业类型教育体系为人的全面发展服务。

坚持全面育人方向。结合立德树人根本遵循,从"需要的人"和"人的需要"两端发力,涵养环境、培养人才,做到德技并修、修能致用。尤其在突出技术技能培养的同时,加强生活技能、生存技能的养成,启发学生多元智能,彰显个性潜能。

厘清校企合作机理。从方向、系统、行动等要素来深刻理解"产教融合,校企合作,育训结合"内涵,全面把握教育与培训双向互动依存关系,弘扬校企双方比较优势,形成相伴相生伙伴关系。

系统调整课程结构。深化课程改革,建构显性课程与隐性课程并存的"大课程"体系,突出行动育人特色。以"类型课程"为导向,推进新教师与新课程、新教材、新教法的联动与融合。创设工匠精神、文化传承、技术遗存、绿色生态等隐性课程。

推进评价模式变革。通过科学制订质量标准,强化多元化、发展性第四代评价体系建设,推进学分银行与学分制改革的有效衔接。创新学生素质能力评价模式,建设信息化数据采集与实时监控平台。

四、办学领域:立足广阔格局,展现开放姿态

职业教育与社会发展之间联系紧密,必须以宽宏开放的格局来看待教育,加强与其他类型教育的沟通、衔接,从而赢得发展机遇,抢占发展先机,实现更快、更高、更好发展。

增强开放办学意识。立足未来,要精准把握职业院校办学定位,充分履行开放办学职能,以开放的胸襟视野建立广泛、多元、立体化的"朋友圈",形成多元化、多样性的校企合作办学模式。

建立多维合作体系。搭建"校政企社家生友"办学生态,让学校与社会形成良性互动,实现不同专业间的横向、纵向合作,打通教学与科研、教学与学习彼此壁垒,推进学校内部、学校之间、培养与培训的学分转换。

强化办学整体实力。职业院校要面向市场做规划、攥起拳头谋发展,集中资源办大事,通过不断拓展国际视野,强化校企混编双师团队,让师生携手,借梯登高、借海扬帆,"走出去""请进来"。

出台配套保障措施。系统规划开放办学措施,明确目标定位。完善激励政策,调动校企双方参与改革试点的积极性。同时,及时总结,推广典型经验,加强舆论引导,

制订产教融合、校企合作评价标准。

五、拓展渠道：跳出一家藩篱，形成共享格局

伴随新兴科技推陈出新，社会分工优势越发显著。共享经济、共享资源、共享经验、共享成果已是大势所趋。因此，职业院校必须跳出一家城池，清除观念藩篱，跨越制度鸿沟，实现"共赢共享，创新创富"发展态势，让产教融合、校企合作、育训结合真正落到实处。

搭建资源共享平台。成立区域间职业院校对口合作交流协作组织，优势互补，共同发展。牵头或参与组建学术性专业机构，参加制订标准，共享资源。校企共建、互设教师（员工）发展学校（培训基地），推进专业培训课程与企业培训课程融通。

凸显统筹融合效能。突出专业群中核心专业的带动作用，推进群内专业或群外专业群的资源共享，开发跨专业门类的新课程。整合、优化项目教学、主题教学与多师同堂等教学资源，将合作企业培训与证书课程纳入专业人才培养方案。

不断完善制度保障。鼓励、引导校企双方教师员工组成合作共同体，设立校企双方专业教师、技术员工的互聘制度。建立激励政策，让学校与企业、教师与学生感受到职业教育政策与制度带来的"红利"，感受到合作发展所带来的价值与意义。

共享双元育人成果。以学生学习成果与教师专业发展成效为追求，共享发展成果，增强师生员工的获得感，成就感。总结双主体联合育人创新模式经验，不断丰富职业教育的独特内涵与比较优势，创造出中国特色、世界水平的成功范例。

（本文发表于《新华社高管信息[山东]》2020年第30期）

高职院校专业群建设定位与内涵发展研究

2019 年 1 月,国务院印发《国家职业教育改革实施方案》,明确提出,"启动实施中国特色高水平高等职业学校和专业建设计划(简称'双高校'),建设一批引领改革、支撑发展、中国特色、世界水平的高等职业学校和骨干专业(群)"。随后,教育部发布"双高校"遴选意见,确定高职院校转型升级发展策略,要求按"专业群"编制建设方案。建设模式由若干重点专业转向重点专业群,这对高职院校来说既是机遇又是挑战,彰显了与时俱进的专业建设理念,体现了示范带动的专业建设导向,是顺应经济发展和社会进步的必然选择,也是适应时代进步、推进职业教育现代化的必然要求,更是践行党的"十八大"新发展理念精神的重要体现。

一、高职院校专业群建设的价值与意义

(一)专业群建设是顺应产业变革、社会发展的新产物

在信息社会迅猛发展、知识经济日新月异的当下,知识更新速度加快,技术成果层出不穷,产业发展转型升级,新职业、新工种、新岗位、新技术、新规则、新产品不断问世。产业链与岗位群形成新业态,岗位群内不同岗位之间,甚至跨岗位群之间的协同关系日益紧密,不仅对生产运行、经营管理模式的变革产生重大影响,也倒逼高职院校加强专业群建设,满足产业和企业的需要。

(二)专业群建设是复合型技术技能人才培养的新载体

与以往传统的"一技之长"岗位相比,行业、企业中"一岗多职"和"一职多岗"的复

合型新岗位不断涌现,急需大量的"一专多能"技术技能与经营管理人才。面对数字经济蓬勃发展和未来人力资本折旧速度加快的趋势,专业在培养具有可持续发展能力的复合型技术技能人才方面往往显得力不从心。专业群建设所构建的复合型专业生态圈,可以很好地提升专业内涵与培养能力,为更好地培养复合型技术技能人才提供了条件。

(三)专业群建设是深化产教融合、校企合作的新路径

专业供给侧结构性改革与资源整合所建构的专业群,其所释放出来的内生动力与办学活力,使产教融合、校企一体化办学关系愈加密切,校企合作的双主体关系逐步趋向平衡。校企双方通过产业链、岗位群,在人力资源开发、技术研发创新、产品换代升级等诸多方面与专业群实现有机对接,能有效改变以往专业在对接产业链、岗位群时的不对称性,降低校企合作的成本,提高了合作效能,实现资源整合与共享发展。

(四)专业群建设是专业转型升级、凸显特色的新机遇

无论是内涵发展还是外延扩展,专业群建设的内涵都不同于专业建设,表现在类型教育的办学理念特色明显,体系构建系统完整,体制机制充满活力,运作模式开放共享,资源配置合理有效等诸多方面。在专业群建设环境下,各专业间通过优势互补、资源共享、带动推进,可将专业潜在的能量激活,提升专业整合与共享资源的能力,提高专业发展的水平,为专业服务经济与社会发展打下良好的基础。

二、高职院校专业群建设的问题与挑战

在一些高职院校,专业群建设无论是方向定位,还是运行机制都存在诸多问题,主要表现为如下几个方面。

(一)逻辑关系不清,结构不够合理

没有权衡好市场人才需求与专业建设规律的关系,目的、定位不准确,导致建群出现盲目、无序的状态;专业设置缺乏系统、科学的设计,专业群所选择专业之间的关联度低,有的专业难以融入专业群;"清一色"的专业结构、因人设置的专业以及低水准的核心专业,使专业群结构僵化,缺少生机与活力。

(二)建设模式封闭,校企合作松散

高职院校主动对接产业的意识不强,专业群与产业链、岗位群对接的吻合度低;

行业、企业参与专业群建设的动力不足、参与度不高,在与学校合作中缺乏稳定性与持久性;校企合作双方的比较优势未能产生和谐共存的优势互补效应,在经济与社会效益的利益博弈中未能形成良性的竞合关系。

(三)内涵特色缺失,竞争实力较弱

以普通教育的人才培养模式替代复合型技术技能人才的培养,职业教育的类型特色不够明显;在应对市场变化与产业结构转型升级方面,专业群结构调整与产业链、岗位群对接滞后,衔接迟缓;片面追求专业技能至上而忽视基本素养培养,与现代社会对手脑并用的数字化人才要求大相径庭。

(四)政策制度乏力,运行机制僵化

支持专业群建设的"红利"政策乏力、执行不畅,推动专业群有效运行的生态环境尚未形成;以教研室为载体的各专业门类自成体系,教学运行与组织管理上条块分割现象严重;学校传统管理体制与企业市场运行模式难以有效沟通,按照产教融合要素组建的专业群往往在实际运行中遇到阻力。

(五)资源供给不足,共享效能低下

职教资源短缺与经费投入不够,导致人才培养缺斤短两、办学质量难以保证;专业条件建设的"小而全"理念与"自给自足"模式,造成重复投入、利用率低、开放性差等问题;"等靠要"的依赖思想、共享资源意识淡薄、资本经营模式落后,使得专业群的融资渠道单一、资源集约利用不足。

(六)建设能力不足,服务功能有限

面对产教融合与类型教育的新要求,专业群在对接产业链、岗位群时存在着诸多不适应;专业群自我提升、融合发展的造血功能有限,不能有效助推现代职教体系的建设;对满足需求的复合型技术技能人才的培养能力缺乏,在精准服务中小微企业时也往往力不从心。

三、高职院校专业群建设的路径与模式

(一)准确把握专业群建设的方向定位

在顶层设计上,要以系统化战略思维确定好专业群的发展定位,充分体现人才培

养、技术研发、社会服务三大功能,推进专业群建设的综合改革。从促进人的全面发展看,人才培养的全过程涉及对学生技能、素养的培养,以及知识传承与价值引领;从助力新旧动能转换看,以面向中小微企业为主开展应用技术研发、提供咨询服务;从与城市建立相伴相生依存关系看,以主动承领地方经济建设和社会发展任务为己任。专业群应该"建设成为基于产业链上互相关联的职业岗位群而构建的,能够实现跨界、协调、互通而又一贯的人才培养新载体",并在此基础上以专业群为载体,整合群外其他专业群与机构资源助推专业集群建设,与产业集群发展趋势相适应,构建职业教育顺应未来社会变迁与技术革命的新模式。专业群建设应以类型教育人才培养目标为导向,准确把握人才培养定位,遵循办学本源性规律,准确把握住专业群的方向定位。

复合型技术技能人才培养是高职院校与合作企业共同的责任,需要两个不同价值追求的办学主体在合作中形成合力。要"建立紧密对接产业链、创新链的学科专业体系",通过校企共建专业群缓解单一专业在人才培养过程中与社会需求脱节的问题,推进产教融合与校企合作的深化,并在应对国际竞争与严峻挑战中形成校企合作命运共同体。要平衡好高职教育与产业行业融合的供需关系,促进资源生态链要素的良性互动与教育资源配置的优化整合。建立产教融合关系是必然的选择,但是融合并不等于替代,而是互相依存并发挥各自比较优势的统一体。在现有的资源、制度与能力下,专业乃至于专业群与产业(产业链)很难真正做到"零距离"、即时性地对接,而正是这种不完全性,使得高职院校教育性具有独特的不可替代性。因此,要在功利化"立竿见影"与可持续协调发展的关系上,处理好职业性与教育性的平衡关系。

(二)系统设计专业群建设的逻辑关系

专业群建设逻辑起点应体现类型教育基本特征,以适应发展、满足需求为导向,切实履行高职院校办学职责。不仅要面向产业链、岗位群培养高素质复合型技术人才,完成社会主义国家接班人和建设者的培养任务,还应该满足求学者个体发展的需求,使社会发展需要与个人发展诉求实现相对平衡。以新发展理念为指导,专业建设要体现系统性、科学性、整体性和共享性,形成与产业互动、融合兼容的专业群平台新生态。首先,要面向行业、企业对专业群建设的需求,对接产业链、岗位群的技术技能标准与岗位规范准则等要求,明确专业群建设的目标定位与重点内容。其次,要面向求学者成人、成长、成才的需要,对标职业教育人才培养自身规律,制订专业群人才培养质量标准,整合群内各专业课程资源,开发出共享型课程群组。最后,要面向专业群内涵建设的自身需要,强化教学基本建设,探索人才培养模式的有效实现方式,不断提高人才培养质量。

专业群建设要与瞬息万变的社会变革和经济发展相适应,处理好与校企合作机制、运行体系设计、课程结构调适、治理体系构建、保障制度支持等诸多方面的关系。在面向产业链、关联岗位群、拓展职业群的前提下,与时俱进地对院系设置、专业群构建进行重组,将真正与市场接轨、行业对应、产业相符、企业融合、地方需要的同类专业组合在专业群内,避免简单拆并和"拉郎配"。专业群人才培养模式改革应体现综合性和完整性,兼顾专业点与专业面的建设,突出专业群内涵建设的理念,强化系统设计、平台思维、整体推进的原则,指导各专业制订满足企业、学生、专业需求的人才培养方案。以学生个性学习需求与价值创造为出发点,进一步完善专业内涵和课程体系,将"平台+个体"的自由职业类微专业开发作为优化专业群结构的创新内容,配套研制精细化、定制化的微课程组,为培养学生适应未来新职业岗位所需要的"双创"能力创造条件。

(三)科学确定专业群建设的实施策略

专业群建设要基于经济与社会发展的需求,适应劳动力市场对技术技能人才的要求,着力破解与产业链、岗位群对接时不够稳定、缺乏持续、信息不对称、衔接有真空的难题,从而以更加主动、开放、创新的姿态深化与行业企业的良性互动机制,将专业群建成双方共建、共用、共享的产学研用新平台。一是考虑专业的类别属性关系,通过撤并整合、精简重组形成专业链的方式来优化专业群结构,构建专业集群系统。二是与产业、行业、职业的生态化变革和内生机制建设同步,创新专业群建设模式,促使专业群内部结构呈现多样性与多元化的形态。三是体现开放性、集约化,将专业群外的一些专业作为本专业群的编外专业,实现资源共享,以减少专业群建设成本。四是提升变与不变的能力,在满足市场动态需求与稳定专业建设上,在培养当下急需"一技之长"专才与面向长远"一专多能"通才上找准平衡点。

不同的思维模式决定着专业群在面向市场组建时的走向,应该在"有所为有所不为"与"可所为能所为"之间权衡利弊,科学选择。"只能做成什么"与"可以做成什么",这是两种不同的思维模式,带来的结果往往截然不同。在面对现有的条件、资源与能力时,前者只是"仅局限于",而后者是"不仅限于"。因此,作为与城市相伴相生的高职院校,在专业群的建设过程中,应着眼于未来,以开放的视野、平台的思维,挖掘潜力、开发潜能,用足、用活、用好已有或潜在的资源,与所在城市的全产业链格局同频共振,主动创造机会承担责任,承接使命。应视不同地区经济发展状况和高职院校自身发展基础条件,采取分类建设、多样化推进的"三对应"多元模式,即对应于某一企业的岗位群,或对应于某一类行业的产业链,或对应于不同行业的职业群。此外,还应确定专业群建设现代化目标,不断提升建设与管理水平,促进专业群建设健康、持续发展。

(四)精准遵循专业群建设的基市要求

专业群建设是一个开放、创新、动态的过程,应随着产业链、岗位群变化而不断地调整建设思路与建设内容,及时完善课程体系,补充、吸纳新的教学内容。然而,由于专业群很难"通吃"社会上所有职业群所需要的专业技能与专门知识,因此,在建设过程中既要基于职业岗位群,又不能仅局限于职业岗位群,要通过与其他类别专业群的跨界合作、共享、交融,实现与产业链、岗位群乃至职业群的有效衔接、协同、共进,促进专业群与所合作行业、企业建立起关系紧密的利益共同体。要通过专业教育为求学者提供基础性、核心性、必要性的知识与技能,为其面向未来的社会学习、岗位学习、职业学习提供可持续的学习力,而不是狭隘地依赖于单一的职业技能,机械地将就业专业对口率作为质量评价的唯一标准。否则,将会带来因中小企业生命周期短暂而导致毕业生转岗择业困难增大的风险。

在专业群建设过程中,应注意处理好目的与手段的关系,深刻理解和把握类型教育的内涵,与职业岗位、工作实际、生活教育、生命生长等类别的课程有机融合,整体规划、系统设计好专业群的职业实践课程体系。职业能力中的基础能力、专业能力、综合能力在专业群人才培养过程中,应充分体现课程体系构建的生态性,形成相互关联、互相渗透的统一体。以职业能力需求为导向的"复合型"课程集群应充分体现出:面向求学者个体需求,促进面向未来可持续发展的人本性;与行业、企业职业标准相匹配,与产业链、岗位群要求相一致的针对性;在突出技术应用课程特色的基础上,课程集群内课程横向融通,并向职业本科技术学术课程拓展的贯通性;跟踪行业、产业发展变化,及时将新知识、新技能纳入人才培养过程的动态性;显性课程与隐性课程相得益彰,实现人全面发展的综合性;凸显新发展理念内涵,与其他专业群中课程群资源共享并协同互动的延展性。

四、高职院校专业群建设的内容与重点

(一)构建结构体系新模式

不论是从专业本位还是从产业角度组建专业群,均应与当地经济与社会发展需求相适应。专业群命名基于与专业目录一致的原则,选择重点专业作为核心专业;或基于与产业发展相匹配的原则,聚焦当地经济发展的新业态。两种命名与组建方式均应以产教融合为导向,以体现专业群建设的目标定位,反映高职院校与当地产业发展趋势的匹配状况。如,高职院校中的机电类院系所确定的"机电一体化技术"或"智能制造应用"专业群,应通过深化专业群与智能制造产业链的有效对接,加强与云计算、物联网、大数据、人工智能等新一代技术的结合,以制造为基础,依智能来驱动,在促进以智能制造应用为核心的专业群内涵建设过程中,加强机械技术、电子技术与人工智能技术的深度融合。专业群建设还应融入地方新基建的建设,与知名企业共建工业(产业、消费)互联网人才培养基地,为地方产业结构优化与转型升级、实现跨越式发展,培优助力、提质赋能。

加强生态化专业群的结构与体系建设,在确定以核心专业为统领的若干专业的同时,通过增设专业方向、开设微专业(微课程组),建设专业群教学资源库,开发专业课程群,使专业群结构得到进一步优化。专业群中的核心专业应具有体现专业能力水平的层次性,把握专业建设发展趋势的引领性,整合专业资源共享协作的协同性,带动专业整体水平提升的辐射性等特征。瞄准战略性新兴产业集群的发展趋势,适应以消费者为中心的价值创造新要求,加快以专业链(链群)为重点的专业群新体系建设。从横向看,一方面,专业链是专业群内部的专业按照与产业链、岗位集所匹配的逻辑关系依次链接而成,另一方面,因拓展到其他专业群而形成覆盖全产业链或对接多个职业岗位群的专业链群。从纵向看,专业链上联职业本科、应用技术本科乃至于专业硕士或博士教育,下接中职教育、技工培训以及社区教育,进而对专业群内涵提升与引领带动创造了条件。

(二)开发人才培养新方案

专业群人才培养方案通过发挥培养定位的引导性、资源整合的共享性、评价标准的一致性、优势互补的协调性的作用,体现学校对专业群建设和专业人才培养的基本要求,反映产业链、岗位群对复合型技术技能人才的客观要求,确定教学质量标准保障的具体要求。专业群人才培养方案应着力加强校企双方在人才培养中的责任与使命,确立专业群人才培养质量标准与核心技能,强化各专业之间资源共享与合作机制,引导各专业人才培养由单一性向复合性方向发展;应充分体现高职院校在复合型技术技能人才培养定位、提升专业建设层次、密切产教融合关系的功能要求。专业群人才培养方案还要与循环经济产业链、数字经济产业链等密切相连,以服务产业链上不同节点企业需求为导向,通过设置专业方向、微专业,推进课程+融合计划,开设微专业选修模块等方式,为各行各业培养所需的一专多能人才。

专业群人才培养方案在制订过程中,应在全面、系统和精准调研上做足功课,在广度、信度和效度上做大文章,使专业群人才培养方案的数据来源广泛、信息准确无误、分析科学到位。专业群视域下的专业调研应该科学把握"职业知识与技能结构"的内涵,避免因"立竿见影"的价值取向而导致急功近利的短视行为。应厘清岗位群中不同岗位之间的相互关系,了解各岗位专业知识与专业技能的知识(技能)交集、共同的工作规范,专业间知识与技能的迁移链。要了解产业链中每一层级内产业集群对职业标准、技术规范的基本要求,了解产业链不同层级之间职业标准、技术规范之间的衔接与内生关系,不仅将某个(某类)职业岗位相对应的知识与技能作为人才培养的要求与内容,还应在此基础上拓展与延伸;不仅关注显性知识与技能,还应将隐性知识与技能有机地结合在显性知识与技能之中,并与非职业技能的生活技能相关联。

(三)打造适应需求新课程

以高素质复合型技术技能人才培养为根本,构建起集群课程与课程群为一体的双维度结构课程体系,应充分彰显类型教育的特色,以课程为纽带构建各专业之间密切融合与协同的新关系,聚合形成以课程群落为特征的专业群课程资源共享新平台,体现出横向拓展、纵向衔接、相互独立、彼此关联、多维互动、开放共享的有机生态圈。群课程或课程群应建立定期更新、调整、优化的制度和机制,及时体现专业群在对接产业链、岗位群后所推出的新知识与新技能，并与培养学生面向未来所需素养有机结合。要处理好专业群共性课程与专业个性课程之间的关系，使专业群内的基础能力、通用能力、资源共享和个性需求等诸多课程，与各专业的课程体系形成相得益彰的联动、共享关系。

以投资的理念、平台的思维深化专业群背景下的课程改革，促使课程理念、内涵、结构、运行、资源、评价等要素发生深刻变革，推动专业群课程资源库的建设，构建起显性课程与隐性课程交互融合的大课程结构。要以课赛融通、课证融合、书证衔接为抓手，将大赛课程、1＋X证书课程以及其他技术技能课程制作成实践类的课程群组，在专业群内以必修或选修方式作为各专业"共享课程"，满足学生多样化应用技能的学习需求，促使育训结合、知行合一落实到位。课程集群的课程资源在专业群内运行中，分别以课程整体输出、课程内容渗透、课程模块植入等多种方式进行共享。课程资源重组或独立开发而形成的序列化的微课程，联系真实生活情境而聚焦单元主题或项目任务而设置的主题教学，将作为课程群组的创新部分，与产业、行业的人才需求规格及时并准确对接，在提高专业人才培养质量和充实人才培养内容方面，起到锦上添花或拾遗补缺的作用。

(四)建设类型教师新团队

专业群建设应该由校企双方专业人员合作共同实施，把行业、企业的职业与岗位标准以及职业知识与职业技能，和高职院校专业人才培养要求与培养模式有机结合，与产业链、岗位群的人才需求标准相适应。要突破以往专业教研室或教师个体单打独斗的局限，通过跨界组建、共享资源、优势互补、合作联动等多种方式，构建起以双师素质结构为主要特征的专业群建设混编团队，通过社会招聘、在职培养、专项引进、岗位聘用等多种途径不断优化教师团队结构，以解决专业群建设中"复合型专业教师"存量不足、质量不高的问题。要加强以专业群(岗位群)为载体的教师发展中心体系建设，形成校企双向专兼结合的双师型教师培养培训机制，强化教师1＋X证书制度试点教学能力的培训。要通过校企共建等方式，建设职教师范大学或在应用型本科高校设立职教师范专业，构建类型教育特征明显、体现技术技能应用特色的职教师资培养新模式。

高职院校应创新"进化型"专业群组织团队建设模式，激活自组织、自适应、自调式、进阶式的双师素质结构团队自主发展的潜能,引导教师从原有的专业舒适区里走出来,去迎接专业群建设的新挑战。要以类型教育的职教教师新要求为标准,增强教师对复合型技术技能人才培养的价值认同,帮助教师深刻理解产教融合、工学结合内涵,提高教师对投身专业群建设的主动意识。要加大教师履行类型教育职责的基本素养与基本能力建设,通过企业研修、挂职锻炼等多种途径,不断丰富和积累教师企业实战经历与经验,在专业群建设的环境下,提升教师1+X证书试点的驾驭能力、"三教"改革的适应能力、现代学徒制的运作能力、资源整合与共享的经营能力。此外,教师还应该具备面对产业链、岗位群人才需求的专业群调研能力,通过数据采集与分析,制订专业群(专业)人才培养方案,开发相应的课程群组,建设专业群(专业)教学资源库,以及编写活页讲义与教材等。

(五)开创人才培养新途径

专业群人才培养模式应突出开放、共享、整合和生态的特征,充分体现复合型技术技能人才培养的根本要求。从纵向维度看,专业群人才培养模式应上接国家层面人才培养的目标方向、学校人才培养模式定位,体现职业教育办学理念与育人导向;下联教师教学方法与学生学习方式,体现产教融合育人模式与培养途径。从横向维度看,专业群人才培养模式应具备行动指南功能,在群内的专业人才培养过程中发挥统领与协同作用;同时,与产业链、岗位群的融合互动,逐步形成特色鲜明、适应发展需求的模式与特色。应与时俱进,与学校人才培养模式动态相吻合,与行业、企业的发展变化相适应,及时调整培养模式定位、质量评价标准和运行方式。推进信息技术与专业群人才培养的融合,以平台思维搭建资源共享与协同育人新平台,进而推动教师教学行为与学生学习方式的深刻变革。

创新专业群共享机制,丰富课程体系内涵,使人才培养质量达到行业、企业所要求的标准。以职业岗位中的典型工作任务为案例,以项目教学等多种教学模式为途径,培养学生举一反三的思维方式与解决问题的能力。加强显性课程与隐性课程为一体的大课程体系建设,整合群内外课程资源,形成分系列、模块化的课程群和课程超市,推行走班制学生自主选课学习模式,以满足学生多元化特色与定制课程学习的需要。与工业互联网革命发展趋势相适应,推进专业群"互联网+"建设,创设职场体验式学习场景新空间,强化学生共享学习意识与资源整合能力的培养,形成以分享智慧为导向的社群学习环境,构建师生之间多维互动、交互学习的新生态。在培养专业技能的同时,培养与专业匹配的生存、生活技能,着力加强学生工匠精神、数字能力、团队精神、职业素养和劳动意识的培养,提升学生面对未来高水平、高质量就业的竞争实力。

五、高职院校专业群建设的保障措施

(一)以新发展理念为统领创新专业群建设运行与模式

专业群协同创新机制应体现"创新、协调、绿色、开放、共享"的整体性系统思维,处理好产业、学校、企业三维的平衡与协调关系,与产业、行业、企业、职业,"多业"联通、链接、耦合,形成"承上启下、横向对接、整合资源"的专业群管理体系与运作机制,从而搭建以产教融合专业群为平台的人才培养新载体。产业、学校、企业各自内部之间应有符合规律、运行畅通的运行机制,并能在产教融合、校企合作的体系构建与机制运行中起到助推作用。深化学校与二级院系专业运行与管理模式改革,构建专业群"大部制"运行机制,强化核心专业"群主"的协调、引导、统筹作用,建立起互动、互补、协同的专业融合关系,推进专业资源的有效整合与集约配置,在专业群对接产业链、岗位群乃至于职业群时形成整体优势。"构建起系统的、柔性的管理机制",完善专业群治理体系,以此调动校内外利益相关方参与专业群建设与管理的积极性,创新专业群办学新模式。

(二)以标准化管理为抓手提升专业群建设层次与水平

在遵循职业类型教育规律和立德树人根本要求的基础上,结合高职院校办学理念、人才培养模式和基本要求,以服务需求为导向研制专业群建设质量标准。在制订专业群人才培养方案(指导性意见)的基础上,分别制订分专业人才培养方案、教学运行基本规范、教学质量考核评价规程、双师素质教师团队建设等诸多标准。要主动对接以集群化、融合化和生态化为发展趋势的国际产业,与跨国企业或有关机构合作对接国际行业标准,共同开发培养国际通用技术技能人才标准。创新专业群运行体系构建、运行机制和模式,强化专业群与产业链、岗位群相匹配的通用核心能力要求,在充分体现专业群公共标准的前提下,突出专业对应职业岗位中工作过程的技术技能标准。专业质量与绩效评价应充分、系统地考量专业建设的生态系统,体现复合型人

才培养的质量标准,构建多元化、多维度就业质量评价标准。

(三)以多元化评价为策略确保专业群建设质量与特色

构建专业群人才培养诊断与改进运行机制,系统设计与学校办学理念、管理文化相吻合的专业群建设与运行体系,增强专业群建设团队在诊断与改进工作中的自律性、主动性和进取心,统筹协调好专业群建设运行过程中与学校其他管理要素的关系。要建立起专业群课程、教材、师资、设备等教学资源整合与共享情况的大数据,通过对数据的科学分析,形成包括诊断与改进、人才培养质量报告、教学督导、目标任务考核、质量评价、绩效评估等在内的多元、多维的组合式评价系统,对专业群建设的良性、个性发展起到保障、完善、监督和促进作用。要组建与行业、企业专业共建、人才共育、质量共评的专业群建设合作共同体,在人才培养质量评价过程中,通过突出用户需求、满意度,提高行业、企业参与度,增大产业链、岗位群育人评价权重,实施差异化评价等措施,确保专业群评价的准确、有效。

(本文发表于《中国职业技术教育》2020 年第 23 期)

后 记

　　寒来暑往,岁月如流。2016 年,我出版了高职教育治学讲话文录《让每位学生成为最好的自己》,收录了担任青岛职业技术学院院长后,2012 年至 2014 年的高职教育治学讲话和文章。时至 2020 年,我又整理了 2015 年至 2020 年的治学讲话和文章,作为姊妹篇结集出版了这本书。一方面是高职教育管理工作与学术研究成果的总结,另一方面也希望以治学经验与思考为高职办学与研究贡献微薄之力。

　　回首往昔,38 年的职业生涯是在教学战线上度过的。大学毕业后,我做过中学教师,从事过政府文教系统的管理工作,担任过高职院校的领导。教育是我毕生奋斗的事业。回想过往历程,那些群策群力的项目,那些众志成城的任务,那些反复探讨彻夜不眠的攻坚之战,依然历历在目,依然激情在胸。青春和激情,努力和奋斗,都与教育事业融为一体。

　　我深情热爱着我的学生们,希望通过自己的履职尽责,努力让每位学生成为最好的自己,让每位学生都有人生出彩的机会。

　　我曾经有过在农村民办小学就读的经历,选择接受高等教育的大学也地处农村地区,深知当时农村孩子求学的艰难和对教育的渴望。大学毕业后,我在担任中学教师、班主任期间,曾多次到班里普通工人家庭背景的学生家中家访,深切体会到学生的成长成才承载了家庭诸多期待。我到青岛职业技术学院工作,特别是担任院长后,通过下午茶座谈、座谈会等渠道,常常与困难家庭学生进行面对面交流,聆听他们发自肺腑的对美好未来的期许。有一次,在得知在四川大凉山支教的一位毕业生,因工作忙不能回校参加毕业典礼的情况后,为支持这位同学的支教选择,也是为调研贫困山区小学支教需求,我便与同事一起跋山涉水赶往大凉山,在这位毕业生任教的山区小学里举行了一个人的毕业典礼。这次经历,也让我深刻体会到贫困山区孩子在简陋环境里对学习的渴望和对理想的向往。日积月累,这些阅历,逐步促成了我的教育信念,同时也强化了教育责任和使命。我热爱教育,热爱学生,愿意为每位学生的成长成才铺路搭桥。

学生,是我教育理念、教育事业的出发点和落脚点。

与许多高职院校一样,在青岛职业技术学院中,大多数学生来自农村家庭、城市普通家庭和新市民家庭。这些家庭对于教育改变学生命运,提升人生质量有着强烈的渴望。但是,这些学生有些带着高考失败的阴影,也有些带着与普通高校大学生相比高职生"低人一等"的自卑,还有些带着被以前的老师甚至家长视为"差生""笨孩"的标签。当然,更有些带着"不服输"的韧劲,带着对美好未来的憧憬,带着到青职学院改变其人生的期待,而慕名来求学……

如此多元、复杂的生源状况以及诸多诉求,让我进一步思考关注对于每一位平凡甚至弱势个体的教育理念,同时也让我提出了一个很重要的命题,即如何满足需求,让每一位学生能够顺利完成学业,找到喜欢、适合的工作,过上美满、幸福的生活。

2012年履职青岛职业技术学院院长以来,无论是会议讲话、工作任务布置,还是论坛观点交流,"学生"均是必不可少的关键词。支持与服务学生成长是我一以贯之的理念与价值追求。

青岛职业技术学院是一所位于青岛的公办高职院校。适应青岛市产业发展,为地方经济繁荣、社会和谐,贡献智慧,奉献力量,这是青职学院的使命之所在。作为院长,我努力做到履职尽责,夙夜匪懈。探索"学教做合一"人才培养模式,凸显学生、学习的主体地位;倡导课程改革,构建全校、全员、全域育人的"大课程"体系;推行教学管理与学生服务一体化学生服务体系,在人才培养的统一目标下形成协调有序的育人系统;推行"三进一上"工作(学院领导、中层干部、教师、辅导员等进教室、进宿舍、进车间、上讲台),形成党政齐抓共管、有关部门各负其责、全院共同参与的工作机制;创设院长"下午茶"座谈交流平台,倾听师生心声;构建家校联动机制,发挥家校互动联合育人作用;完善教师发展学校功能体系,以名师工程引领师资队伍建设……尽管如此,但仍有一些设想和愿景尚未达成,遗憾之余,深感愧疚。"志之所趋,无远弗届。"青职学院未来美好的发展目标,有待同事同仁们再创辉煌吧。

高等职业教育正迎来新的发展机遇。天时地利人和，正是高职院校高水平发展的最好时期。青岛职业技术学院走在中国特色高水平高职学校建设的进程中，也在教育部山东省共建职教创新发展高地的征程中，相信在社会各界的鼎力支持和各位同事同仁的共同努力下，青职学院会发展得越来越好。

2020 年，全国职业教育大会即将召开，相信有中央对职业教育的重视和支持，中国高职教育必将在推进经济发展与社会进步上做出更加突出的贡献，必将在人才培养中，助力每一位学生成就精彩未来。

汇总编辑此书的过程，也是回顾青岛职业技术学院这些年来发展历程的过程。回味所度过的日日夜夜，感受所取得的累累成果，作为一位经历者、见证者，心中的自豪感与幸福感便油然而生。能够为青职学院办学、为高职事业尽一份力量是我一生的荣耀。

此书中，所呈现出的青职学院典型案例、经验做法，是青职人共同努力奋斗的结果，也是各级领导部门，以及合作企业（机构）、友好人士、朋友们支持的结果。在此，作为在青职学院履职院长的我，向他们表达诚挚的感谢，感谢对青职学院发展，对我本人工作的大力支持和相助。

本书在编辑中，得到诸多同事朋友的肯定支持，特别是郑萍萍副教授在本书编辑中提出很多具体中肯的意见，并对本书进行了编校，在此表示感谢。

此书是对自己职业生涯的小结，也是一个阶段的结束。希望通过此书把经验与教训、理想与现实，一一呈现出来，为教育战线上的同行们提供参考。由于本人理论水平和工作能力有限，在岗位履职、表达观点等方面，有这样或那样不足，敬请领导、同行、朋友们批评指正。

覃 川

2020 年 10 月于青岛